# SAI BABA SPRICHT ÜBER ERZIEHUNG

# SAI BABA

## SPRICHT
## ÜBER ERZIEHUNG

## Band 5

Stephan von Stepski-Doliwa

Foto auf S. 5: *Krishna Child* von R. Padmanaban, Puttaparthi.

Dies ist der 5. Band aus der Reihe *Sai Baba spricht ...* ©

1. Auflage 2003
Copyright © 2000 by Govinda Sai Verlag ®
Römerstraße 6a, D - 86947 Weil
Telefon: 0 81 95 / 93 18 78, Fax: 0 81 95 / 93 18 79
E-Mail: verlag@govindasai.de

www.govindasai.de
www.vonstepski.de

Einbandgestaltung: Constanze von Stepski-Doliwa, Stephan von Stepski-Doliwa, Thomas Pflaume
Textlayout: Ulrike Wolter
Satz, Druck- und Bindearbeit: Jos. C. Huber KG
Printed in Germany


ISBN 3-930889-14-5

# INHALT

DANKSAGUNG                                            11

VORWORT                                               13

EINLEITUNG                                            19

DIE WELTSITUATION                                     21
   Verrat, Angst und deren Auswirkungen                23
   Verrat und Angst in der Umwelt                      27
   Verrat und Angst für Tiere und Pflanzen             28
   Verrat und Angst für den Menschen                   32

ERZIEHUNG, VERRAT UND ANGST                           35
   Wodurch entsteht die Angst?                         38
   Eltern sind selber bereits Opfer ihrer Angst        40
   Unklare, wechselnde Beziehungen                     42
   Keine klare Entscheidung für die Kinder             46
   Keine Zeit                                          50
   Kein Nachempfinden und kein Selbstwert              54
   Kein Glück                                          61

LÖSUNGEN                                              65
   Verrat und Angst lösen sich durch Hinsehen          66
   Aktives, *bewusstes*, positives Denken              68
   Neid als Test                                       71
   Durch Herausforderung zur inneren Freiheit          76
   Harte Erziehung ist keine Lösung                    81

AUFGABEN DER ELTERN                                   85
   Die Aufgaben der Männer                             85
   Die Aufgaben der Frauen                             88
     – Negative Bilder, positive Bilder            90
     – Die große Leistung der Mädchen              93
   Erhalte die Freude der Kinder                       95
   Fröhlichkeit und Erfolg                             97
   Lehren von Lösungen                                100
   Lehren von Werten                                  102
   Gesellschaft der Guten                             106

Feste und Bräuche 110
Der *Kairós* 114
Vorleben von Liebe 120
Kritisieren 123
Erziehung durch Konsequenzen 129
Aufbauen von Vertrauen 134
Halten von Versprechen 139
Umgang mit Geld 142
Grundsätze zum Geld 150
AUFGABE DER KINDER 152
Die Eltern ehren 152
Bruderschaft der Menschen und Vaterschaft Gottes 155
Kinder müssen ein Licht für die Welt sein 160
BILDUNG UND AUSBILDUNGEN 161
Das Ziel ist Charakterbildung 161
Kindergärten 166
Die Aufgaben der Schulen 168
Werte, Religion, Spiritualität 170
Meditation ist „praktische" Religiosität 172
Lehrer müssen besondere Menschen sein 173
Motivation 178
Aufschreiben von Zielen 183
Förderung von Kreativität, Gesang und Theater 186
Sprachen und Dialekte 188
Hochbegabte Kinder 190
Legasthenie 194
Aufmerksamkeits-Defizit-Syndrom 198
– Therapiemethoden 205
Ausbildungen 209
Universitäten 213
PRAKTISCHES 218
Klare Vorstellungen und Entscheidungen *vor* der
    Schwangerschaft 218
Positive Ausrichtung während der Schwangerschaft 221
Geschwisterstellung 222
Adoptivkinder 224
Sanfte Geburt 227
Viel Körperkontakt 228
Wolle, Seide, Baumwolle 232

Ernährung 233
– Was du nicht essen solltest 235
– Was du essen und trinken solltest 239
Mäkeln 244
Trockenwerden 246
Durchschlafen 248
Osteopathie 249
Allopathie, Homöopathie 250
Antibiotika 251
Impfen 253
Emla-Pflaster 255
Krankenhausaufenthalt 256
Zahnarzt 261
Das Trotzalter 263
Wut 265
Bestätigungen 266
Benimmregeln 269
Bitte und Danke 274
Sind Kinder die Freunde der Eltern? 276
Pubertät 279
Partnerschaften 282
Gayatri 286
Therapien 287
Kommunikation 292
ANHANG 298
LITERATURLISTE 301

# DANKSAGUNG

Als Erstes möchte ich – natürlich – Sai Baba von Herzen danken. Ich kann sagen, dass ich alles, was ich habe, von Ihm habe.

**Dieses Buch wäre ohne Ihn nie entstanden, denn ich hätte niemals ein Erziehungsbuch geschrieben!**

Ohne Ihn wäre ich nicht verheiratet. Ohne Ihn hätte ich entweder keinen oder einen kranken Sohn.

Zudem wäre ich ohne Ihn schon lange nicht mehr am Leben, denn er hat mich immer wieder gerettet. So wie gestern, als mir ein Auto die Vorfahrt nahm und ich nur deshalb überlebte, weil der Gegenverkehr so weit entfernt war, dass ich auf die linke Fahrbahn ausweichen konnte.

Hat Sai Baba mich gerettet oder war es Zufall?, könnte man fragen.

War es Zufall, als uns auf der Brennerautobahn, gerade als ich einen Lastwagen überholte, ein Geisterfahrer entgegenkam und ich ihm nur deshalb ausweichen konnte, weil ich ihn rechtzeitig kommen sah? War es Zufall, dass kurz danach am hellblauen Himmel ein wunderschöner Regenbogen stand?

War es Zufall, als wir nach Kiel fuhren, um dort ein Seminar zu geben, und meine Frau Constanze meinte: „Die Landschaft ist so schön, es fehlt nur noch Babas Unterschrift!", dass da plötzlich groß im Himmel mit Wolken geschrieben „SAI" stand?

Und die unzähligen Bücher, die stets im passenden Moment zu mir kommen, auch alles Zufall?

Ich kann nur sagen: Vielen, vielen Dank, Baba!

Meiner Frau Constanze danke ich auch sehr, denn sie hat mich nicht nur all die Jahre begleitet, sondern mich immer wieder liebevoll in die Erziehung unseres Sohnes Gopala einbezogen. Constanze hat auch als Erste das vorliegende Buch gelesen und mit sehr viel Einsatz und Professionalität lektoriert. Zudem ist Erziehung ihr Steckenpferd, weswegen sie mit vielen sehr klugen Fragen an Sai Baba die Entstehung dieses Buches begleitet hat.

Sie war mir – wie in so vielem anderen auch – eine sehr, sehr große Stütze.

Meinem Sohn Gopala verdanke ich ebenfalls unendlich viel. Durch ihn lernte ich den Schatz kennen, der darin besteht, Vater beziehungsweise Elternteil zu sein. Ich wusste davor nicht, dass mir dies eine völlig neue Welt eröffnen würde. Er hat mich gelehrt, wie wichtig es ist, Kindern mit großer Achtung zu begegnen. Und dass Liebe das allerwichtigste „Tauschobjekt" ist.

Charlotte Kügler und Kristina Tendel danke ich, dass sie stets mit Rat und Tat für mich da sind.

Ebenso danke ich von Herzen Corinna Pfisterer, Dr. Irene Müller, Detlev Stolle und Hanna Thyssen für das präzise und engagierte Korrigieren.

Besonders möchte ich noch Frau Marianne Glaßer erwähnen und danken, die durch ihre große Professionalität als Lektorin selbst die kleinsten Flüchtigkeits-, Rechtschreib- und Satzfehler entdeckte.

Eine weitere Säule dieses Buches ist Ulrike Wolter. Ihre Hilfe ist wunderbar. Immer ist sie bereit, mit ihrem großen Wissen, ihrer Einfühlsamkeit und ihrem unendlichen Einsatz zu helfen. Ohne sie wäre dieses Buch nicht so schön gestaltet worden.

Venedig, 9. August 2003    Dr. Stephan von Stepski-Doliwa

# VORWORT

Als ich durch die bekannte Jungianische Therapeutin Phyllis Krystal die Kosmischen Eltern, nämlich die idealen Eltern, kennen lernte, wusste ich sogleich, dass ich schon als Kind eine klare Vorstellung von ihnen gehabt hatte. Denn diese „Kosmischen Eltern" fand ich in der Nähe von Venedig, wohin ich mit vier Jahren gezogen war.

Mein Verhältnis zu Italien ist für mich, wie es uns so häufig mit Liebesobjekten ergeht, ambivalent. Ich leide unter der Ungenauigkeit, der mangelnden Planung und darunter, wie die wunderbaren Städte und herrlichen Landschaften durch schreckliche Bauten verschandelt werden.

Ich liebte und liebe aber die Herzlichkeit der Menschen, ihre Fröhlichkeit, ihre Fähigkeit zum Nachempfinden, die Wärme und das Licht – innen und außen.

Die wunderbaren Städte, die vielfältigen Landschaften mit den weißen Ochsen, die goldgelben und dunkelblauen Weintrauben, die schöne braune Erde, die grünen Wiesen und rauschenden Pappeln. Das duftende Brot, den frisch riechenden Käse und die dampfende Pasta.

Die idealen Eltern fand ich in Form der Bauern, die ich sehr liebte und bei denen ich zum Teil aufwuchs. Ebenso gaben mir die Angestellten meines Vaters unendlich viel, was ich immer noch als kostbarsten Schatz in meinem Herzen trage. Es sind da so viele Bilder, die mir tiefe Freude bereiten, wie zum Beispiel die zahlreichen Winter, die ich mit den Bauern im Stall verbracht habe. Hier trafen sich die Familien, hier machten die Kinder die Hausaufgaben, schnitzte der Großvater einen Holzgriff, baute der Sohn einen Stuhl, nähte die Mutter und strickte die Großmutter – auf diese eigene italienische Art, mit einer Nadel unter die Achsel geklemmt. Hier war ich zu Hause. Hier wurde meine Seele genährt.

Dann kam ich zurück nach Deutschland – und es war furchtbar. Ich musste ins Internat, noch dazu in eine Schule auf dem Obersalzberg, wo von Ende Oktober bis Anfang Mai Schnee lag.
Es war ein Schock, der aber insofern gut war, als ich begann, Fragen zu stellen und zu lesen.
Da ich aber den Schnee nicht aushielt und unendlich Heimweh nach meinem italienischen Zuhause hatte – ich starrte Tag und Nacht aus dem Fenster auf die Berge im Süden und dachte: ‚Dahinter ist die Freiheit!‘ –, suchte meine Mutter, die mich gut verstand, eine andere Lösung.
So kam ich ins Internat nach Ising am Chiemsee. Die Landschaft hier fand ich viel schöner, denn durch Venedig liebte ich das Wasser.
Der Internatsleiter war aber schrecklich. So prüfte er zum Beispiel morgendlich mit dem Finger am Kinn der älteren Jungen, ob sie gut rasiert waren. Und wehe, wenn nicht!

Freiheit bedeutete in dieser Zeit stets der schöne Gasthof „Zum Goldenen Pflug“, der dem Internat direkt vorgelagert war. Hier verbrachte ich mit meinen Klassenkameraden wunderbare Stunden bei Tee und Kuchen, und wir unterhielten uns darüber, was wir alles anders als unsere Lehrer und Erzieher machen würden.
Dann ging mein Weg weiter, und ich verlor allmählich Ising und den Gasthof „Zum Goldenen Pflug“ aus den Augen.
Ich machte mein Abitur, studierte und begann meine Therapie.
Dann kam ich zu Sai Baba, der mit mir die allertiefgehendste Therapie machte, denn Er konfrontierte mich, wo immer ich war, mit mir selbst.

Es kamen meine Heirat, der Hausbau in Grafrath, die Geburt unseres Sohns und anschließend unser Wegziehen nach Italien (1999 – 2001), wo wir über eine liebe und engagierte Freundin ein wunderschönes Anwesen in Umbrien fanden. Meine Frau Constanze und ich hatten das Gefühl, dies sei der ideale Ort, um ein Zentrum aufzubauen. Wenn wir schon Deutschland und damit all unsere Freunde und Bekannten verlassen sollten, dann dafür.

Sai Baba rief mich in dieser Zeit vier Monate zu sich nach Puttaparthi und war rührenderweise die ganze Zeit da, sodass ich *Sai Baba spricht über Psychotherapie* in Seiner unmittelbaren Nähe korrigieren konnte. Er segnete bei einem Interview mit Seinem Architekten unser Vorhaben in Italien ab und beauftragte ihn, uns zur Seite zu stehen.
Und wofür das Ganze? Damit ich an die tiefsten Schichten des Themas dieses Zeitalters kam: An das Thema von Verrat und Horror.
Mit Umbrien zog und zog es sich hin. Der Verkäufer ließ uns sogar bis nach Rom kommen, um dann nicht zu erscheinen. Es war tatsächlich Horror. Überdies hatte ich in Venedig einen Architekten, der unsere Wohnung herrichten sollte, auch ganz freundschaftlich tat, mich im Grunde aber betrügen wollte – und er hätte es geschafft, hätte Baba mir nicht geholfen und mich damit gerettet.

Zwei Jahre in der Luft zu hängen, an vielen verschiedenen Orten in Italien zu arbeiten und nicht zu wissen, wohin die Reise wirklich ging, war schrecklich: Kein Zuhause, keine Sicherheit und darüber hinaus all die inneren Prozesse, die zusätzlich abliefen.
Da hatten meine Frau Constanze und ich uns in Grafrath ein wirkliches Zuhause und ein schönes Zentrum aufgebaut und

nun saßen wir stattdessen in Italien auf den unausgepackten Koffern.

Ich hatte aber Entscheidendes kennen gelernt: Wie sich Verrat und Horror anfühlten. Dafür hatte sich all dies allemal gelohnt!

Wir entschieden, nach Deutschland zurückzukehren – und ein Stein fiel uns vom Herzen. Wir mussten zwar unser Haus, das wir um ein Haar verkauft hätten, wieder in Besitz nehmen, was eine Weile dauerte. Aber wir genossen die vertraute Umgebung, und viele Teilnehmer meiner Seminare waren selig.

Da hielt ich in der Nähe vom Chiemsee ein Seminar ab mit dem Thema: *Verrat und Horror*. Es wurde ein unglaublich dramatisches Seminar und ging vom 7. – 11. September 2001.

Am Sonntag, den 9. September 2001 sagte mir Sai Baba, ich solle „Zum Goldenen Pflug" nach Ising fahren, Er würde mir dort die Gliederung von *Sai Baba spricht über Erziehung* diktieren.

Ich fuhr dahin, fand einen gemütlichen Platz in dem Raum, wo ich immer wieder als Schüler gesessen hatte, und Baba diktierte mir die Gliederung in einem Fluss. Es war wunderbar.

Hier, wo ich immer wieder als unglücklicher Schüler gesessen hatte, diktierte Er mir, wie eine gute Erziehung sein sollte.

Mit einem sehr, sehr schönen Gefühl fuhr ich zurück zum Seminarhaus – nie vorher, nie nachher habe ich in dieser Gegend ein Seminar gegeben. Der Kreis meiner Entwicklung schloss sich. Entsprechend tief und beglückend verlief das Seminar. Alle Teilnehmer gelangten zu grundlegenden Erkenntnissen, die mit durch diese besondere Energie getragen waren, die ich an dem Abend des 9. September 2001 erlebt hatte.

16

Das Seminar ging am 11. September 2001 pünktlich um 13,00 Uhr zu Ende. Ich packte meine Sachen ins Auto und fuhr anschließend auf der Autobahn Richtung München, als ich im Radio hörte, dass ein Flugzeug in einen der Türme des World Trade Centers in New York gerast war.

Der Horror, den wir im Seminar so klar erlebt hatten, war plötzlich deutlich sichtbar. Ich war erschüttert – doch ich spürte, dass trotz aller Katastrophen, die dieses Zeitalter begleiten, eine gute Göttliche Hand die Geschicke der Welt lenkt und unendlich viel einsetzt, damit wir das Goldene Zeitalter aufbauen.

Baba hat Constanze und mich über die Jahre in vielen Fragen der Erziehung unseres Sohnes geführt. Die Unterweisungen begannen bereits kurz nach seiner Geburt in Form des Diktats von *Sai Baba spricht über die Welt und Gott*. Wie viel erfuhren wir durch die lehrreichen Geschichten dieses Buches. Wie viele Fragen beantwortete Er uns über die innere Stimme.

Wie viel Grundlegendes lernte ich durch dieses nun vorliegende Buch. Und wie schön ist es zu wissen, dass liebevolle Erziehung, Verständnis, Achtung, Geduld und der feste Glaube an das Beste in unseren Kindern wahre Wunder bewirken und gleichsam Berge versetzen.

Ich hoffe deshalb, dieses Buch möge allen Lesern so viel Hilfe und Stütze geben, wie wir sie immer wieder erfuhren, und ihnen die Fragen beantworten, die sie bezüglich einer liebevollen, achtsamen Erziehung haben.

... und „zufälligerweise" ist heute der 3.3.03! (= 9, die Zahl, die Gott symbolisiert, denn man kann 9 so häufig multiplizieren, wie man will, die Quersumme ist stets 9!)

Goa, 3.3.03                    Dr. Stephan von Stepski-Doliwa

# EINLEITUNG

Erziehung ist das Salz des Lebens. Ohne Erziehung könnten die meisten Lebewesen nicht überleben. Was tun nicht beispielsweise Vögel, um ihre Jungen das Fliegen und Jagen zu lehren? Wie viel müssen unzählige Säuger lernen.

Das Lebewesen aber, das am allermeisten von Erziehung abhängig ist, ist der Mensch. Wie viel muss er lernen, und dies ein Leben lang! Denn das ganze Leben ist Erziehung! So sage ich auch: *Life is the best teacher*, das Leben ist der beste Lehrer.

Erziehung bedingt letztlich, ob ein Mensch erfolgreich, glücklich und gesund ist und ob er mit einem guten oder einem schlechten Karma sterben wird.

Die große Krise, in der die Menschheit und damit die Welt jetzt steckt, bedeutet, dass der Mensch grundsätzlich umdenken muss.

Seine Lebensausrichtung muss sich ändern, sein Glaube, seine Form von Beziehung, seine Ernährung und auch seine Form von Erziehung müssen sich zum Teil grundsätzlich ändern.

Dieses Buch soll dir einen Wegweiser an die Hand geben. Es soll dir sagen, worauf du unbedingt achten und was du vermeiden solltest.

Es möge dir zudem helfen, deinen eigenen und den Selbstwert deiner Kinder aufzubauen. Findest du deinen Selbst-Wert, kommst du irgendwann zum Selbst, und kommst du zum

Selbst, kommst du zu Gott. Und gelangst du zu Gott, erlangst du dauerhaftes Glück.
Und genau dies ist deine Bestimmung.

Sei deshalb glücklich – dann bist du am Ziel.
Den Weg dahin soll dir dieses Buch weisen.
Denk daran: Du bist gesegnet. Deshalb sind Glück, Erfolg und Gesundheit deine wahre Bestimmung, und das Göttliche ist dein wahres Selbst.

Sathya Sai Baba

# Die Weltsituation

Eltern leisten sehr, sehr viel. Unzählige Mütter und Väter opfern ihre Jugend, ihre Gesundheit und nicht selten ihr Leben für ihre Kinder.

Viele Kinder sind aber ihren Eltern nicht dankbar – trotz all dem, was sie bekommen haben. Ist es ein Kennzeichen von Kindern, undankbar zu sein? Sind vielleicht alle Kinder undankbar?

Wir müssen differenzieren. Natürlich geben viele Eltern unendlich viel. Gleichzeitig verletzen sie aber auch ihre Kinder – häufig ohne zu merken, **dass** sie es tun, noch **wann**, geschweige denn **wie** sie es tun. Häufig auch noch im Glauben, das Richtige zu tun.

**Es gibt aber Eltern, die ihr Verhalten reflektieren, die nicht allein bemüht sind, materiell für ihre Kinder zu sorgen, sondern von ihren Kindern wegen ihrer Werte idealisiert werden können und die ihnen darüber hinaus unendlich viel Zuwendung, Nachempfinden und Verständnis geben, das sie selber nie bekamen.**

Wurden sie geschlagen, gedemütigt, übergangen, tief verletzt, so versuchen sie mit allen Kräften, dies ihren Kindern nicht weiterzugeben, vielmehr ihnen mit nicht versiegender Liebe, Fürsorge, Geduld und Nachempfinden zu begegnen.

Diese Eltern schaffen wahrhaft Wunderbares. Sie sind die Gestalter einer goldenen Zukunft: Für ihre Kinder, für die gesamte Menschheit. Sie schaffen das Goldene Zeitalter. Die schützenden Hände ihrer guten Taten schweben über ihnen.

Nun gibt es nach der Kosmischen Ordnung vier Zeitalter: Das Goldene, Silberne, Bronzene und das Eiserne. Das Goldene Zeitalter ist dadurch bestimmt, dass Gott, die Welt, die Menschen, die Tiere und die Pflanzen in vollkommener Harmonie leben. Dieser Einklang nimmt von Zeitalter zu Zeitalter ab, bis er im *Kali Yuga* den absoluten Tiefstand erreicht. Dann inkarniert sich der Herr – wieder einmal – und verwandelt das Eiserne Zeitalter in das Goldene.

Genau an dem Punkt befindet sich die Weltgeschichte in diesem Moment. Vieles scheint zusammenzubrechen. Das Chaos scheint auf alles überzugreifen. Durch Gottes Führung aber wird aus diesem Chaos die goldene Göttliche Ordnung entstehen.
„Warum gibt es vier verschiedene Zeitalter?", wirst du fragen.
Weil Seelen ihre Entwicklung machen müssen.
Etwas allgemein ausgedrückt könnte man sagen, dass sich jede Seele auf jeder der zehn Stufen ihrer Entwicklung als Mensch siebenmal inkarniert. In jedem Zeitalter lernen die Seelen etwas anderes, was sie zu ihrer Vervollkommnung benötigen.
Das *Kali Yuga* mit seinen furchtbaren Schrecken, mit seinem Verrat und seiner Angst, die nicht selten bis zum Horror reicht, lehrt die Seele, dass negatives Verhalten zu Problemen, zu Leiden, zu riesigen Zerstörungen führt. Durch diese Erfahrungen läutert sich die Seele und erlangt Bewusstsein.
All dies aber nur unter einer entscheidenden Bedingung: Dass jemand sie lehrt.

Deshalb sind nun große Seelen auf Erden, die die Menschen lehren. Die Zeit für die entscheidende Veränderung ist gekommen: Das Goldene Zeitalter steht vor der Tür beziehungsweise ist bereits da – wobei dies allein vom Standpunkt des Betrachters abhängt.

Eine neue Zeit benötigt aber eine neue Erziehung, denn es sind die Kinder, die die neue Zeit schaffen und prägen. Es sind die Kinder von heute, die als die Erwachsenen von morgen die Geschicke der Welt bestimmen. Deshalb verändert sich die Welt, wenn die Kinder anders erzogen werden. Härte, blinder Gehorsam, Angst und Verrat schufen das *Kali Yuga*. Liebe, Vertrauen und Nachempfinden schaffen das Goldene Zeitalter.

Dieses Buch beginnt deshalb nicht mit guten Erziehungsratschlägen, mögen diese noch so nützlich sein. Es fängt bei der Wurzel des Problems an. Und diese besteht, etwas verallgemeinernd ausgedrückt, in mangelndem Nachempfinden, in Unklarheit und Härte und der daraus resultierenden Angst.

## Verrat, Angst und deren Auswirkungen

Die heutige Zeit ist immer noch von zwei Geißeln geprägt: Von Verrat und Angst. Und doch, wenn die beiden Begriffe so am Beginn eines Erziehungsbuches stehen, werden sich sicherlich nicht wenige fragen, ob dies die rechte Form zu beginnen, ob dies nicht zu massiv, ob dies nicht gar etwas pathetisch sei. Das Problem besteht darin, dass die Menschen, je weniger sie wissen, desto überzeugter sind, alles zu kennen. Viele sind von Verrat und Angst umgeben – spüren dies in den meisten Fällen aber nicht – und geben sie deshalb vielfach weiter. Und was denken sie? Viele meinen – leider! –, ihr Verhalten sei immer in Ordnung!
Deshalb ist es meine erste Aufgabe, dein Bewusstsein für Angst und Verrat zu wecken. Wenn du weißt, dass diese beiden **das** große Thema im *Kali Yuga* und deshalb auch in deinem Leben sind, kannst du dich – vielleicht zum ersten Mal! – fragen, inwieweit diese Themen dir begegnen, inwie-

weit sie dich und dein Leben bestimmen beziehungsweise du anderen mit Verrat und Angst begegnest.

Ein Buch über Erziehung muss in dieser Zeit mit diesen beiden beginnen, weil die Erziehung von Kindern weltweit von ihnen geprägt ist.

Wahrscheinlich wird dir sogleich einleuchten, dass das *Kali Yuga* von Angst geprägt ist, die nicht selten bis zum Horror reicht. Man denke nur, was während der beiden Weltkriege geschah. Aber auch jetzt, lange danach, gibt es Angst, Schrecken und Horror an unzähligen Plätzen in der Welt.

„Aber Verrat?", fragst du, „ist denn so viel Verrat in der Kindererziehung?". Ja, ist meine klare Antwort. Kinder werden in unendlich vielen Formen verraten.

Zum Beispiel dadurch, dass Kinder bereits vor ihrer Geburt erleben, dass ihre Eltern sie nicht wollen und weil die Eltern ihre negative Haltung ihren Kindern gegenüber nicht verändern, begegnen sie ihnen mit einer Ablehnung, die von den Kindern eindeutig – wenn auch nicht bewusst – als Hass erlebt wird.

Verrat und Angst, die nicht selten sogar bis zum Horror reicht, werden vom Kind deshalb entweder von Anfang an oder spätestens dann erlebt, wenn es sein Ich, sein Nein beziehungsweise seine Selbstständigkeit entwickelt. Kein Wunder, dass zurzeit unzählige Menschen mit den schwersten psychischen Problemen leben und die Psychiatrien häufig völlig überfüllt sind.

Wenn wir das Goldene Zeitalter als die Periode der Weltgeschichte verstehen, in der bereits die Babys im Sinne der Bruderschaft der Menschen und der Vaterschaft Gottes erzogen werden, so ist das *Kali Yuga* dadurch gekennzeichnet, dass viele ihr Herz nicht öffnen können, ihren Egoismus als eine lobenswerte Lebenseinstellung preisen und die Regierenden von großer Unwissenheit, Gier nach Macht und zum Teil weit reichender Brutalität bestimmt sind.

Ein weiteres Kennzeichen des *Kali Yuga*, und damit einer Form der Erziehung, die sich unbedingt verändern muss, damit die Menschen und dadurch die Welt heilen kann, ist folgendes: Offensichtlich kennen viele die entscheidenden Fragen – auf die ich weiter unten eingehen werde – entweder überhaupt nicht oder sie beantworten sie falsch, **glauben** jedoch ganz sicher, im Recht zu sein. Viele gleichen hierin dem kleinen Jungen, der aus tiefster Überzeugung heraus seinem Vater sagte: „Papi, 6 minus 4 ist 3!" – „Ehrlich gesagt, Karlchen", antwortete der Vater liebevoll, „ist 6 minus 4 gleich 2." – „Nie und nimmer, Papi", antwortete Karl, „das weiß ich ganz genau: 6 minus 4 ist 3. Da bin ich absolut sicher!" Der Vater dachte etwas hilflos: ‚Da hat Karlchens Lehrer noch einiges zu tun!'

Falsche Erziehung, mangelnder Kontakt zu dem eigenen Inneren und zu Gott zeigen sich in Selbstüberschätzung (die im Grunde Egoüberschätzung heißen müsste) mit ihren weit reichenden Folgen.
Die Konsequenzen der Blindheit sind, dass Menschen noch so große Fehler begehen können, dass sie noch so Schreckliches anderen – und sich selbst! – zufügen mögen, aber felsenfest davon überzeugt sind, im Recht zu sein.
Auch dies ist der Ausdruck einer falschen Erziehung: Wird jemand in seiner frühesten Kindheit nicht nachempfunden, nicht verstanden, nicht geachtet, so wird er meist hart und verschließt sich **für die feinen Schwingungen des Mitgefühls, der Zartheit, der Wahrheit, der Rechtschaffenheit, der inneren Stimme und der damit verbundenen Göttlichen Ordnung.**

Ist jemand dagegen offen und spürt den Fluss der Liebe und der Wahrheit in sich, so denkt er sie, sagt sie und lebt sie, das heißt, er verbindet harmonisch emotionale und rationale Intelligenz.

Ist er hingegen verschlossen, dann hat er den wahren Kontakt zu sich und seinen tiefsten Wurzeln verloren und lebt wie eine Pflanze, deren Wurzeln nicht in die Erde, sondern in die Luft ragen. Was natürlich nicht lange gut geht, sofern er keine Hilfe bekommt – und, Gottlob, der Hilfen gibt es viele.

Wie sollen aber Erwachsene mit ihrem ganzen Fühlen und Denken für ihre Kinder da sein, wenn sie in Wahrheit so entwurzelt sind – und genau diese Wahrheit nicht kennen, sondern standhaft leugnen?

Kinder spüren genau, wenn etwas nicht stimmt, wie sollen sie es aber ihren Eltern, ihren Erziehern oder Lehrern vermitteln, wenn diese für die Wahrheit über sich und ihr Verhalten nicht zugänglich sind?

Arme Kinder. Arm, weil sie viel leiden und weil sie Gefahr laufen, von der eigenen Wahrheit ebenso abgeschnitten zu werden wie ihre Eltern und Lehrer.

Deshalb kann niemand die Leistung guter Eltern überbewerten. Sie leisten wahrlich Göttliche Arbeit. Deshalb vergeht kein Tag, an dem ich nicht die Mütter lobe, die ihren Kindern so viel Liebe, Mitgefühl, Wertschätzung und Kraft mitgeben.

Sie sind die wahren Helden dieser Zeit, denn sie verändern die Welt durch Liebe – durch die unendliche Liebe, die sie ihren Kindern geben. Deshalb sind die Kinder dieser Mütter und Väter die Erbauer des neuen Zeitalters, denn sie lassen die Saat aufblühen, die ihre guten Eltern in sie gelegt haben.

# Verrat und Angst in der Umwelt

Diese guten Eltern und die durch sie geschaffenen guten Familien haben gegen einige Widerstände zu kämpfen, bis das Goldene Zeitalter für alle sichtbar und erlebbar sein wird. Diese guten Familien stehen aber unter dem besonderen Schutz Gottes, denn Er weiß, was sie leisten, wie gut ihre Herzen und wie unendlich wichtig sie für die Welt sind.

Sie werden noch einiges vollbringen, bis das Zeitalter von Kampf, Hass, Selbstzerstörung und Unberührbarkeit zu Ende geht. Denn einige Menschen gehen immer noch mit einer Unberührbarkeit, mit einem Desinteresse und mit einer Brutalität mit ihrer Umwelt, mit Menschen, Tieren und Pflanzen um, dass die Frage nahe liegt: Wo haben sie dies gelernt? Die Antwort ist leider: **In ihrer Kindheit**!

Der Mensch behandelt alle und alles so, wie er es erlebt und damit gelernt hat. **Erziehung ist deshalb das Aller-, Aller-, Allerwichtigste auf der Welt**. Und da es die Frauen, die Mütter sind, die gewöhnlich erziehen, sind sie die allerwichtigsten Menschen. Kein Mann kann beruflich das aufbauen, was eine liebevolle Frau privat leistet. Das heißt: Verliert ein Mann seine Frau, seine Kinder, sein Zuhause und damit all sein privates Glück, dann kann kein beruflicher Erfolg dies ausgleichen. Frauen, die Beziehung geben, die die Kinder erziehen, das Zuhause gestalten, sind deshalb die wichtigsten Menschen – und aus diesem Grund haben sie eine sehr, sehr große Verantwortung.

**Positive Macht ist stets mit Aufgaben, Auflagen, Entbehrungen und Verzicht verbunden.** Nur wer diese annimmt, wird von den Früchten der Macht nicht verdorben und wird reichen Segen erfahren, wie zum Beispiel die Frauen im Goldenen Zeitalter.

Eine noch so positiv gestimmte Frau kann aber nur wenig gegen einen feindlichen Zeitgeist tun.

Wenn das Verschmutzen der Umwelt als selbstverständlich, wenn das Vergiften der Pflanzen und damit des Obstes und Gemüses als „natürlich", wenn das Quälen und Schlachten von Tieren als „völlig normal" angesehen wird, dann ist die Gesellschaft auf einen Tiefststand gesunken, und die negativen Einflüsse der Umwelt werden alle Familien bestimmen, wenn nicht gar zerstören.

Bedenke aber, dass der Weltgeist, wie Hegel sagte, sich entwickelt. Bestimmte Dinge, die noch vor 50, 100 oder 200 Jahren möglich waren, rufen heute Empörung hervor.

Eine öffentliche Hinrichtung zum Beispiel würde heute einen Sturm der Entrüstung im Vereinten Europa hervorrufen. Ebenso Sklaventransporte von Afrika nach Amerika. Übrigens waren die Sklaven damals genauso zusammengepfercht, wie es heute die Tiere sind. Noch sind! Denn auch dies wird sich ändern.

## Verrat und Angst für Tiere und Pflanzen

Bedenke immer: Die Natur, die Welt, das Universum sind eins. Alles ist der Eine Gott, der durch *Maya*, durch den Schein, die Täuschung, als vieles erscheint. Alles ist eins. Eine Große Seele. Die Weltseele. Gottes Seele.

Wenn du heute als Frau und Mutter deinem Mann und deinen Kindern Fleisch zu essen gibst, dann unterstützt du aktiv den Verrat und die Angst.

Tiere werden von den „Züchtern" verraten, denn sie werden nicht als Lebewesen, sondern allein als Fleischlieferanten gesehen. Und weil diese Menschen so denken, wird es für die Tiere zum Horror.

Gerade ist das Schächten zum großen Thema geworden. Ist es nicht ein Scheinthema? Dass andere Tiere zuerst betäubt werden, bevor sie abgestochen werden, verschleiert doch nur, wie grausam die Aufzucht, der Transport, das Warten im Schlachthof und das Betäuben sind. Viele Tiere werden auch in den regulären Schlachthäusern bei lebendigem Leibe geschächtet. Warum wird über die Art und Weise des Tötens gesprochen anstatt darüber, wie man die Tiere leben lassen kann? Welcher Politiker spricht darüber? Keiner. Welch eine Schande! Welch ein Verrat, welch ein Horror für die Tiere.

Die Diskussion über Schächten ist aber trotzdem nützlich, weil sie deutlich macht, wie verroht die Menschen sind. Wie kann man ein Tier bei lebendigem Leibe abstechen und meinen, dies sei Gottes Wille? Was für eine Vorstellung von Gott haben diese Menschen?

Und wer verkauft ihnen die armen Tiere, wo er doch weiß, wie sie getötet werden?

Frauen, die Fleisch kaufen und für sich und die Familie zubereiten – von welchen Tieren dieses Fleisch auch immer kommen mag! –, sollten sich bewusst sein, welcher Gefahr sie sich und die Ihren aussetzen. Denn nichts ist ohne Konsequenzen im Leben.

So essen manche Eltern mit ihren Kindern täglich Fleisch und wundern sich, dass sie mit so vielen Krankheiten zu kämpfen haben. Ronald Zürrer und Armin Risi schreiben in ihrem überaus informativen Heft *Vegetarisch leben* (S. 4): *„Während im 20. Jahrhundert immer mehr tierische Produkte in die Ernährung aufgenommen wurden, stiegen die tödlichen Herz-Kreislauferkrankungen und Krebsfälle jährlich um 3-5% und machen heute mehr als **zwei Drittel aller Todesursachen des Menschen in den westlichen Ländern aus*** (Hervorhebung durch mich). *Allein in den zehn Jahren zwischen 1975 und*

*1985 nahmen die Herz-Kreislauffälle in Deutschland um 41%
zu, die Tumorbildung bei Kindern und Erwachsenen um 80%,
die Gesamtzahl der Krankenhauseinweisungen um 114% und
die Krankheiten um Schwangerschaft, Geburt und Wochen-
bett um 227% (Information des Bundesverbandes der deutschen Ortskrankenkassen)."*

Und weiter schreiben R. Zürrer und A. Risi (S. 5): „*Vegetarier
haben die geringste Krankheitsanfälligkeit, das normalste
Körpergewicht, die besten Laborparameter sowie die güns-
tigsten Blutdruckwerte. Ihre Infektanfälligkeit beträgt nicht
einmal 20% des Durchschnittswertes, ebenso gering ist die
Frequenz der ärztlichen Behandlungsnotwendigkeit. Und entgegen weit verbreiteten Vorurteilen kennen Vegetarier keine
Mangelerscheinungen und keinerlei Defizite in Bezug auf ihre
körperliche Leistungsfähigkeit. Und trotz ihrer bedeutend län-
geren Lebenserwartung bestehen signifikant weniger Krebs-
erkrankungen*".

Deshalb bedenke stets: Es ist am Ende nicht die böse Umwelt,
sondern das Falsche, das du den Deinen gabst, was dich eines
Tages leiden lässt.
Es nützt nichts, nachher zu klagen, ohne etwas zu lernen und
die entsprechenden Schlüsse zu ziehen. Du klagst heute. Haben dich früher die Klagen der anderen, deiner Nachbarn,
deiner Mitbürger, der Tiere – auch sie drücken aus, wie es
ihnen geht –, haben dich diese Klagen berührt?
Bedenke noch eines: Die alten Römer hatten den sehr, sehr
weisen Spruch *memento mori*, denk ans Sterben. So wie du
anderen begegnest, so wird dir eines Tages begegnet. Du
kümmerst dich nicht um den Verrat an den Tieren und ihren
Horror. Fragst du dich, ob du eines Tages am eigenen Leibe in
irgendeinem Krankenhaus vielleicht das Gleiche erlebst, ob

dir möglicherweise ebenfalls mittels Skalpell und Medikamenten die Hölle bereitet wird, und versuchst du, irgendwelche Zusammenhänge zu verstehen?

Tu meine Worte nicht leichtfertig ab. Wie viele klagen über ihr Schicksal. Haben sie sich aber jemals um das der anderen gekümmert?

Höre auch, was der weise Thich Nhat Hanh in *Vierzehn Tore der Achtsamkeit* (S. 62) sagt: *„Die Getreidemengen, die in den Ländern des Westens zum Schnapsbrennen und zur Viehfütterung verbraucht werden, sind gewaltig. Professor Francois Peroux, Direktor des Instituts für angewandte Mathematik und Wirtschaft in Paris, hat festgestellt, dass sich Hunger und Mangelernährung in der Dritten Welt vollkommen beheben ließen, wenn der Westen seinen Fleisch- und Alkoholkonsum um fünfzig Prozent herabsetzen würde. Die dadurch zur Verfügung stehende Getreidemenge würde dies ermöglichen. Im Westen würden dagegen weniger Menschen durch Verkehrsunfälle und an Herzerkrankungen sterben, wenn weniger Alkohol getrunken und weniger Fleisch gegessen würde."*

Dies ist ein Buch über Erziehung. Ich beließ den Titel bewusst allgemein, denn erstens ist alles Erziehung, und zweitens kannst du erst dann andere erziehen, wenn du selber erzogen wurdest. Dabei verstehe ich nur das als Erziehung, was dich in Kontakt mit dem Göttlichen, mit dem Guten und Schönen bringt, das heißt, dich zu deinem Glück führt, also dich das Goldene Zeitalter erleben lässt. Alles andere ist für mich zumindest Zeitverschwendung, wenn nicht Irreführung. **Denn nur der kann erziehen, sprich positiv lenken und leiten, der selber ein Vorbild ist**. Und ein Vorbild ist allein der, der sich gebildet hat. Erziehung ist Bildung. Und durch die richtige Bildung wirst du zum Vorbild.

**Der entscheidende Satz im Leben ist aber: Alles zählt.** Du kannst nicht, wie manche Dämonen im Zweiten Weltkrieg, zu Hause ein liebevoller Familienvater und draußen ein Monstrum sein. Du kannst aber auch nicht ganz nett zu Hause und zu deinen Mitbürgern sein, Fremde aber hassen. **Alles zählt, denn alles ist eins.**

Ebenso kannst du nicht ganz lieb zu Fremden sein, Tiere und Pflanzen aber mit Antibiotika beziehungsweise Pestiziden voll pumpen und damit sowohl diese als auch die Menschen missachten. Und du kannst nicht nett zu Tieren und Pflanzen sein, die Menschen aber verachten. Denn alles ist eins. Denn alles ist Gott. Und dieser Gott bist du. Nur weißt du dies noch nicht. Das ist das ganze Problem!

## Verrat und Angst für den Menschen

„Alles ist eins" bedeutet ebenfalls, dass **du dir bewusst bist, dass du die Urzelle der Gesellschaft bist.** Der obige Satz, Frauen könnten nichts gegen eine Weltströmung tun, ist nur in der Hinsicht richtig, dass viele in ihrem Bemühen völlig allein gelassen werden und es somit zum Teil unendlich schwer haben. Keine Situation ist aber unveränderbar. Jeder Mensch hat unzählige Möglichkeiten, weil er unermessliche Fähigkeiten hat. Dass ihr meint, euch und damit eure Umwelt nicht (mehr) verändern zu können, rührt daher, dass ihr euch so klein macht. Was Thales von Milet vor 2.500 Jahren sagte, stimmt im übertragenen Sinne immer noch: *„Gib mir einen Punkt außerhalb der Welt, und ich hebe sie aus den Angeln!"* Du hast **in dir** diesen unglaublichen Punkt, mittels dessen du alles verändern kannst. Dieser Punkt ist dein Wahres Selbst. Die Gleichung ist ganz einfach: Je mehr du dein Höchstes Selbst, sprich: Deine Göttlichkeit lebst, desto mehr nehmen

Verrat und Angst ab. **Diese Göttlichkeit drückt sich in Wahrhaftigkeit, Liebe, Opferbereitschaft, Takt, Geduld, Gewaltlosigkeit, Friedfertigkeit, Gerechtigkeit, Nachempfinden, Idealisierbarkeit, Achtung und Achtsamkeit aus (vgl. auch:** *Sai Baba spricht über Psychotherapie*, **S. 286 f.). Du kannst diese Eigenschaften mehr und mehr entwickeln durch den Umgang mit guten Menschen, durch die Wiederholung des Namen Gottes, durch Meditation und durch die Erkenntnis, dass alles eins ist.**

Lebe deine Göttlichkeit, und alles fügt sich durch das Göttliche Selbst.
Und dieses Selbst und nichts anderes ist der Maßstab für eine gute oder eine schlechte Erziehung.

Deshalb gehe ich hier von einem sehr allgemeinen Blickpunkt aus: **Es geht nicht um die einzelne praktische Anleitung zur Erziehung, sondern um die Grundeinstellung.** Auf die einzelnen Punkte komme ich zwar auch zu sprechen. Entscheidend ist aber deine Einstellung. **Ist deine Einstellung falsch, wird alles falsch.**
Unter falschen Einstellungen verstehe ich zum Beispiel: Rechthaberei, Ungeduld, offene beziehungsweise subtile Unterdrückung, Manipulation, Kälte, Desinteresse, Jähzorn.

Und genau hier gelangen wir wieder zum Verrat und zur Angst. Haben Eltern falsche Einstellungen und halten sie diese für richtig, so verraten sie die Gefühle ihrer Kinder, und diese werden in dem Moment und in Zukunft immer wieder Angst erleben.
Das Schlimme an diesem Zeitalter ist aber, dass fast alle von falschen Vorstellungen, Voraussetzungen, Prinzipien ausgehen und sie für richtig, nein, **absolut richtig halten.** Das ist

das wahrhaft Schreckliche an dieser Zeit: Dass Menschen das Falsche tun und absolut überzeugt sind, recht zu handeln!

Solche Menschen können Kriege beginnen, Häuser, Städte, ganze Landstriche in die Luft sprengen und glauben, dies sei rechtens, dies sei gar Gottgewollt. Und sie können Unzählige finden, die das Gleiche denken und tun, weil sie ebenfalls meinen, sie hätten absolut Recht.

# ERZIEHUNG, VERRAT UND ANGST

Deshalb bin ich gegen Revolution, gegen Gewalt, gegen Unterdrückung und selbstverständlich gegen Vernichtung. Ich bin für die Macht der Liebe. Sie wirkt langsam – dafür aber anhaltend. Hast du einen Feind und nützt seine Schwäche nicht aus, bekommst du einen Freund – was nicht heißen soll, dass du nicht wachsam und klar sein musst!

Wie wollt ihr aber zu dieser Erkenntnis kommen, wenn eure dummen und verbrecherischen Medien euch ständig erzählen und glauben machen wollen, dass man mit Gewalt und Brutalität etwas Positives erreichen kann?

Deshalb stelle ich dir an dieser Stelle eine sehr brisante Frage: Wie willst du deine Kinder gut erziehen und eine positive Partnerschaft führen können, wenn du dich von diesen zum Teil wirklich schrecklichen und zerstörerischen Medien beeinflussen lässt?

Müsstest du nicht als Erstes den Fernseher verbannen und die meisten Zeitschriften abbestellen beziehungsweise nicht mehr lesen?

Du meinst, du könntest diese negative Informationsflut handhaben? Woher weißt du das? Woher kennst du dich so gut? Weiß das Kalb, was der Bauer mit ihm vorhat? Weiß das Schaf, was der Händler vorhat, der es an einen schächtenden Metzger verkauft? Und weiß dieser, was er tut?

Du findest, dies sind krasse Beispiele? Ich finde sie sehr milde gegen all die Gräueltaten, die täglich im Fernsehen, in Zeitschriften und in Illustrierten gezeigt werden.

Was du siehst, formt dich. Denk an das Lateinische Verb *informare*, innen formen. Jede so genannte Information formt dein Inneres. Auch hier findet zuerst der Verrat und dann die Angst – oder gar der Horror statt: Zuerst wirst du falsch informiert, und am Schluss ist dein Leben weit von der Erfüllung weg, die du suchtest.

Frag einmal Menschen, die „in der Öffentlichkeit stehen". Wie oft haben sie sich schon verleumdet, verraten, betrogen gefühlt von den Medien?

Und warum tun die Medien dies? Etwa um dich zu in-formieren? Nein, um Erfolg, Macht und Geld zu erlangen. Bedenke deshalb: Du, dein Glück, deine Entwicklung, deine In-formation, all dies kommt bei den genannten Zielen der Medien nicht vor!

Wenn du aber so schlecht für dich sorgst, wenn du zulässt, dass dein Inneres so schlecht geformt wird, wie willst du dann gut für deine Kinder sorgen? Wie willst du wissen, was für sie gut ist? Vielleicht auch eine, zwei oder gar drei Stunden Fernsehen am Tag?

Man kann es kaum glauben, aber viele Eltern handhaben „Erziehung" so. Sie setzen ihre Kinder vor den Fernseher – Hauptsache, diese sind ruhig gestellt. Nur wie lange? Wie lange kannst du Kindern die falsche seelische Nahrung geben, bis es zu einem Eklat kommt? (Vgl. Rainer Patzlaff, *Der gefrorene Blick*).

Viele Eltern sagen dann: „Das ist nicht mehr mein Kind!" Oder noch schlimmer: „Das war noch nie mein Kind!" Wie einfach! Wie töricht! Erstens ist es in dieser Inkarnation immer dein Kind.

Zweitens denke an das, was in den Veden steht: *Die Eltern sind ebenso wie der Guru, der spirituelle Lehrer, für die Kinder Gott*. Was heißt das? Die Eltern sind in einem hohen Maße für das Schicksal ihrer Kinder verantwortlich. Sie sind

Gott, weil die Kinder sie erstens wie Gott verherrlichen, zweitens, weil sie für die Kinder ähnlich allmächtig sind, und drittens, weil sie in einem hohen Maße für die Entwicklung ihrer Kinder verantwortlich sind.

Das heißt, werden die Kinder nicht so, wie die Eltern sich dies vorstellten beziehungsweise ein Elternteil es sich vorstellte, dann müssen sich die Eltern fragen, was sie falsch gemacht haben.

Leider interessiert viele Eltern weder, was sie falsch gemacht haben, noch, was sie lernen müssten. Im zynischen Sinne sind sie wirklich Gott: Sie sind allwissend und machen keine Fehler!

Wie steht es aber mit obigem Satz, *memento mori*? Wie willst du gut sterben können, wenn du kein Segen für deine Kinder warst?

An dieser Stelle wird Karma, das Gesetz von Ursache und Wirkung, unmittelbar deutlich: Kannst du nicht für deine Kinder sorgen, kannst du es auch für dich nicht. Kannst du nicht für dich sorgen, so wirst du früher oder später an Menschen geraten, deren Handeln du zu Recht als schrecklich erlebst. Richtig, es ist furchtbar. Wolltest du es aber vermeiden? Hast du dich überhaupt darum gekümmert, wer alles **durch dich** Schreckliches erlebte und immer noch erlebt? Konnte dir überhaupt jemand etwas sagen? Hast du dich tatsächlich jemals gefragt, ob es gut war beziehungsweise ist, was du deinen Kindern antatest und immer noch antust?

Bedenke: Jeder findet die Antworten, wenn er sie sucht. Oder noch deutlicher auf deine Selbstverantwortung ausgerichtet: **Jeder findet das, was er inständig sucht.** Suchst du wirklich eine Antwort und setzt dich ernsthaft für ihr Auffinden ein, so wirst du sie finden. Dies ist ein Kosmisches Gesetz – im Übrigen auch ein Gesetz von Erfolg und Misserfolg: Du findest immer das, was du von ganzem Herzen suchst. Das heißt: Suchst du von Herzen einen Weg zu deinem Kind, wirst du ihn finden. Findest du ihn nicht, dann liegt es nicht am Kind, sondern du hast nicht ernsthaft genug und nicht mit genug Gefühl gesucht.

Damit kommen wir zu einem weiteren Grundsatz: **Verrat ist immer wechselseitig – jemand, der andere verrät, verrät auch sich selbst.** Dies ergibt sich zwangsläufig aus der Wahrheit, dass alle eins sind. Ich kann mir zum Beispiel nicht eine Hand abtrennen und nicht betroffen sein. Wir sind alle Teile des einen Organismus Welt beziehungsweise Kosmos. So betrifft **alle**, was **einen** betrifft.

Diese große Wahrheit kannst du dir an einem sehr einfachen Experiment verdeutlichen: Bitte eine Gruppe von Menschen, sich so aufzustellen, dass jeder zu zwei Gruppenteilnehmern den für ihn stimmenden Abstand hat. Nach einer Weile werden alle **ihren** Abstand gefunden haben. Bewegt sich nun ein Einziger, das heißt, verändert **nur ein Einziger** seinen Standort, werden sich alle bewegen und ihren Platz neu bestimmen müssen.

Dies ist ein gutes Beispiel auch dafür, dass wir Gott sind: **Eine Bewegung eines Einzigen bedingt, dass alle ihre Position neu bestimmen müssen.**

## Wodurch entsteht die Angst?

Wenn wir alle in dieser Weise miteinander verbunden sind, dann haben wir eine große Macht über jeden anderen. Wer aber eine große Macht besitzt, der hat nach der Göttlichen Ordnung auch eine große Verantwortung.

**Wer Macht ausübt, ohne diese mit Verantwortung, Pflicht und Opferbereitschaft zu verbinden**, geschweige denn anderen ein Vorbild zu sein, **der begeht einen Verrat.**

Das besagt: **Die Angst entsteht durch den Verrat derer, die die Macht haben, sich aber nicht darum kümmern zu wissen, was es bedeutet, Macht zu haben.** Da in diesem zu Ende gehenden Zeitalter so viele sich nicht darum bemühen herauszufinden, was sie der Macht schuldig sind, sondern sich fast ausschließlich fragen, was die anderen ihnen dadurch schulden, dass sie die Beherrschten sind, finden der Verrat und damit die Angst eine so große Verbreitung.

Für die Kindererziehung heißt dies: Eltern fragen sich nicht, was ihre Kinder brauchen, wie sie das empfinden, was ihnen gesagt oder angetan wird – und welche Konsequenzen es für sie hat. Und hier muss ich etwas sehr deutlich sagen, was ich immer wieder in diesem Buch betonen werde: Schlechte Erziehung, das heißt Erziehung ohne Liebe, Nachempfinden, Verständnis, Werte und Achtung ist schrecklich, ist Horror. Warum? **Weil sie eine der wichtigsten Gaben eines Kindes zerstört: Seinen Selbstwert. Du weißt nicht, dass du Gott bist, weil du diesen weit reichenden Selbstwert nicht hast.** Wer dagegen solch einen Selbstwert hat, für den ist alles möglich, denn alle Beschränkung eines Menschen liegt nicht in seinen geringen Fähigkeiten oder Möglichkeiten, sondern einzig und allein in seinem mangelnden Selbstwert. Der Selbstwert, den dir deine Eltern mitgaben, entscheidet, ob du ein König oder ein Bettler wirst. Deshalb trifft es zu, was die Veden sagen: **Deine Eltern sind Gott, denn sie schaffen in der Form, wie sie deinen Selbstwert aufbauen – oder nicht! –, was eines Tages aus dir wird.**

## Eltern sind selber bereits Opfer ihrer Angst

Hier kommen wir zu einem weiteren Punkt, der das ganze Dilemma der heutigen Pädagogik beleuchtet: Menschen sind „Gewohnheitstiere"! Wie heißt es so treffend? *Was Hänschen nicht lernt, lernt Hans nimmermehr!* Woran Hänschen sich nicht gewöhnt hat, wird sich Hans ebenfalls nicht so leicht gewöhnen.

Mit anderen Worten: Was in der Jugend verpasst wurde, wird nachher, wenn überhaupt, nur widerstrebend und mit großem Aufwand oder unter erheblichem Druck gelernt und umgesetzt. Eltern müssen deshalb unbedingt das zarte Alter ihrer Kinder nutzen, um sie an die Verhaltensweisen zu gewöhnen, die für sie segensreich sind beziehungsweise sein werden.

Was geschieht aber, wenn die Eltern selber nicht wissen, was gut ist und was schädlich? Wenn sie überhaupt keine allgemein gültigen, positiven Prinzipien kennen, nach denen sie entscheiden? Wenn sie ihre Kinder nicht verstehen, nicht nachempfinden, nicht liebevoll leiten können? Wenn sie nicht gerecht sind, keine tragfähigen Werte besitzen und nicht idealisierbar sind? Dann wird hieraus die enge Verbindung von mangelndem Selbstwert, von falschen bis katastrophalen Einstellungen, von negativer Sicht der Dinge, von Unsicherheit, Angst und Misserfolg deutlich.

Und wodurch entsteht all dies? Warum begehen Eltern so weitreichende Fehler? Weil sie selbst in ihrem Innersten verletzt sind. Weil sie selber Opfer sind. Weil sie selber das Glück, die Freude, die Leichtigkeit und das Lachen verloren haben.

Deshalb sage ich hier einen etwas provokanten Satz: Wer sich nicht am Leben erfreuen, wer nicht lachen, wer die Leichtigkeit des Lebens nicht empfinden kann, der sollte sich ständig fragen, ob es richtig ist, wenn er seine Einstellungen – bewusst oder unbewusst! – Kindern weitergibt.

Es gibt den etwas platten, damit aber nicht falschen Satz: *Nichts ist erfolgreicher als der Erfolg.* Ich würde ihn abwandeln in: **Nichts ist erfolgreicher als Freude, Kreativität, Positivität, Leichtigkeit und Lachen.** Gibt es einen größeren Erfolg, als täglich zu lachen und sich am Leben zu freuen? Ist es nicht gerade diese Lebenseinstellung, die die Bewohner von Bangladesch, dieser so heimgesuchten Region, zu den glücklichsten Menschen der Welt macht, wie eine Studie ergab?

Für diejenigen, die das Gute und die Wahrheit suchen, ergeben sich zwei Notwendigkeiten: Erstens müssen sie erkennen, dass Verrat, Angst und mangelnder Selbstwert ein großes Thema in diesem Zeitalter sind, und zweitens müssen sie sehen, wie sie stattdessen an ihre Kinder Freude, Kreativität, Positivität, Fröhlichkeit beziehungsweise Selbstwert weitergeben.

**Nur wer sieht, was er tut, kann sein Handeln verändern.** Oder anders ausgedrückt: Wenn deine Kinder unglücklich sind, wenn sie sich ungerecht behandelt fühlen, wenn es viel Streit und viel getrübte Freude gibt, *dann musst du dich als Elternteil nicht nur fragen, was falsch läuft, sondern **dich fragen**, was **du** falsch **machst**.*

Und wie lautet die Antwort? Frage deine Kinder, frage deinen Partner, und du wirst mit Sicherheit einige aufschlussreiche Antworten erhalten. Vielleicht nicht **die eine** Antwort, aber wenn du nur lange genug suchst, werden deine Bemühungen dich gewiss zu hilfreichen Anregungen, zu einer guten Lösung beziehungsweise zu einer wichtigen Einsicht führen.

Denke hier an die Regel: **Menschen können alles erreichen, vorausgesetzt, sie geben nicht zu früh auf.** Die meisten, die angeblich scheitern, geben zu früh auf. Wer sich – für was auch immer – ernsthaft einsetzt und fünf Jahre dranbleibt, hat Erfolg.

**Natürlich kommt es manchmal einer Rettung gleich, rechtzeitig aufzugeben. Aber nur manchmal. In den meisten Fällen ist es ein Verrat an den eigenen Zielen, die nicht die Chance hatten zu wirken, weil ihr euch nicht die notwendige Zeit nahmt, sie zu erreichen.**

**Überlege dir genau, was du erreichen willst. Schreibe es dir minuziös auf und bleibe am Ball, gib nicht auf, und du wirst unendlich viel erreichen – so auch in der Erziehung deiner Kinder** (arbeite z.B. mit dem sehr hilfreichen Buch von Stephan von Stepski-Doliwa: *Ich bin ich und ich bin gut – mein Dank, meine Erfolge, meine Ziele*).

## Unklare, wechselnde Beziehungen

Weiter oben habe ich vor dem negativen Einfluss der Medien gewarnt. Sie sind in den meisten Fällen darauf aus, Erfolg zu haben, und den rechnen sie am verdienten Geld aus. Und wie verdient man – leider! – am leichtesten Geld – und verliert es dann wieder? Indem man die Triebe der Menschen anspricht. Je elementarer die Bedürfnisse, die befriedigt werden, desto leichter scheint sich der Erfolg einzustellen. Aber nicht auf Dauer, denn unethisch verdientes Geld geht verloren. Wie viele in der Film- und Fernsehbranche haben mit der Darstellung von Gewalt, Promiskuität, Verführung, Brutalität, Betrug, Verrat im Handumdrehen ein Vermögen verdient – und verloren.

Zunächst scheint aber alles gut zu gehen, deshalb setzen viele in der Unterhaltungsindustrie auf billigste Unterhaltung mit vielen Toten, viel Sexualität und häufig wechselnden Beziehungen. Das klingt alles nach Freiheit, nach großer, weiter Welt. Stimmt! Große, weite Welt – der Leidenschaft. Und die schafft bekanntlich Leiden. Leiden für Erwachsene, Heranreifende, Kinder und Babys. Alle werden in den Sog der Leidenschaft gezogen. Alle sind dem Leiden, den Streitereien, den Verletzungen ausgesetzt. Das ist typisch für das *Kali Yuga*, ein Zeitalter, in dem alles erlaubt zu sein scheint.

Manche verhalten sich außerdem so, als bereite ihnen das die größte Freude, was am meisten wehtut: Ehebruch und schnell wechselnde Beziehungen.

Hier werden erneut der Verrat und die anschließende Angst beziehungsweise der Horror besonders deutlich. Und deutlich wird auch, wie sie beschönigt werden. Im Deutschen Sprachgebrauch spricht man gerne von „Fremdgehen". Im Italienischen wird die Dramatik des Geschehens dagegen noch deutlicher, denn hier spricht man von *tradire* und von *tradimento*, von Verraten und Verrat.

Und was wird verraten? Der andere? Ja. Aber ist dies das Brisante? Nein. Brisant ist der Verrat an einem selbst. Warum? Weil die meisten Menschen nicht wissen, was sie tun. Sonst gäbe es nicht so viele, die am Ende enttäuscht und unglücklich sind, die bereuen, Dinge ungeschehen machen möchten und darüber klagen, wie dumm sie waren.

Stimmt, sie sind zum Teil wirklich dumm. Aber nur zu einem Teil, dem weitaus kleineren. Zum größeren Teil sind sie Opfer einer üblen Manipulation, Irreführung oder gar von Betrug.

Denn die Wahrheit ist, dass unendlich viele Menschen betrogen werden, damit wenige, sehr wenige Menschen große Reichtümer anhäufen können. Das ist Verrat, denn die vielen merken nicht, wie die wenigen sie manipulieren, um an ihr Geld zu gelangen.

Und wieder kommen wir zum Gesetz des *Kali Yuga*: Zuerst geschieht der Verrat, und anschließend kommt der Schrecken. So glauben viele das, was ihnen in den Filmen gezeigt wird, und meinen es deshalb nachmachen zu können – und erleben die bösesten Überraschungen.

Die heutige Ideologie behauptet: Tu, was du willst, und du wirst glücklich. Lebe deine Bedürfnisse und du wirst Erfüllung finden. Trenne dich von deinem Partner, wann immer es dir passt, und du wirst die wahre Freude erlangen.

Ich sage dagegen: Tust du dies, wirst du mit absoluter Sicherheit Unglück, Misserfolg, Trauer, Unfrieden und Wiedergeburt finden! Und glaube mir: Dies gilt ohne Ausnahme.

Deshalb frage ich: Wo bleiben die Liebe, die Verantwortung, die Opferbereitschaft? Wo bleiben Ruhe, Sicherheit, Leichtigkeit und Vertrauen?

Der große Analytiker Heinz Kohut hat Recht, wenn er in seinem Buch *Narzissmus* immer wieder betont, wie wichtig es für die gesunde Entwicklung eines Kindes ist, wenn die Eltern nachempfinden können und idealisierbar sind. **Idealisierbar** bedeutet nichts anderes, als dass das Kind die Eltern bewundern kann. Wie viele Eltern können heute von sich behaupten, dass sie sich so verhalten, dass ihre Kinder sie bewundern können?

Und wie wollen diese Eltern ihre Kinder nachempfinden, wenn sie weder ein Herz für ihren Partner noch für sich selbst haben?

Sei deshalb sehr vorsichtig mit vorschnellen Entscheidungen und Handlungen. Wie schnell ist ein Glas zerbrochen. Es zu reparieren ist aber sehr, sehr schwer – in vielen Fällen gar unmöglich. Wie viele wollten nur einmal ein Abenteuer erleben und kamen in einen Albtraum, aus dem sie keinen Ausweg mehr fanden.

**Denke immer an die größte Schwäche des Menschen: Er schätzt zu wenig, was er hat, und zu sehr, was er nicht hat.**
Auch eine Form des Verrats, denn alles, was er bekommt, ist automatisch weniger wert!
**Denke deshalb auch an eine der größten Tugenden des Menschen: Zufriedenheit. Der wirklich zufriedene Mensch ist der Glückseligkeit unendlich nahe.**
Die gesamte Wirtschaft ist aber auf Unzufriedenheit aufgebaut, denn nur wer noch mehr will, wer noch etwas anderes, etwas Besseres will, der kauft.

Das Gesetz gegen die Unzufriedenheit, gegen den Verrat und gegen die daraus resultierende Angst und Enttäuschung lautet deshalb: **Reise mit leichtem Gepäck, aber mit tragfähigen Idealen. Das heißt: Überprüfe deine Wünsche stets, indem du sie an deinen Idealen misst.**
Misstraue den scheinbar einfachen, leichten Lösungen. Es gibt sie deshalb nicht, weil sie immer mit sehr viel Leidenschaft verbunden sind.
Tue das Wichtigste, was du im Leben tun kannst: **Erziehe dich zum Glück.** Werde klug und glaube nicht den Unsinn, du könntest etwas im Leben ohne Opfer und Verzicht erreichen.
Das kann schon deshalb nicht sein, weil Opfer und Verzicht die besten Mittel gegen Verrat und Angst sind.
Suche keine billigen, simplen Lösungen, denn es gibt sie nicht.
Jeder hat ein Recht auf Erfolg. Nur hat Erfolg seinen Preis – und den sind viele nicht bereit zu zahlen. Darin liegt das Problem, nicht aber in der Unerreichbarkeit des Erfolges!

Denk daran, dass du eines Tages deinen Körper abgeben musst und dass du so, wie du gelebt hast, auch dein Sterben gestalten wirst: Voller Glück oder voller Leiden-schaft!

# Keine klare Entscheidung für die Kinder

**Der sicherste Weg zum Glück besteht darin, dass du Verantwortung für dein Leben übernimmst.** Mache dich nicht klein. Alle Probleme, all dein Scheitern resultieren aus nichts anderem, als dass du dich klein machst. Und weißt du, was das heißt? Du wurdest falsch erzogen! Du hast in dir die destruktive Vorstellung, du könntest nichts erreichen – zumindest nichts Vernünftiges!

Wer solche bewussten beziehungsweise unbewussten Einstellungen hat, stellt sich immer selber ein Bein. Und warum? Weil ihm in seiner Kindheit immer wieder ein Bein gestellt wurde.

Es gibt nichts Destruktiveres als Sätze wie „Das schaffst du nicht!", „Du kannst das sowieso nicht!", „Gib nicht so an!". Noch schlimmer sind diese Sätze, wenn sie im Beisein anderer gesagt werden, denn dann haben sie eine noch destruktivere Wirkung!

Ich sage immer wieder: Beschimpfe deine Eltern nicht, sie schufen dein Schicksal. Warum sage ich das, wo es doch nicht selten mehr als offensichtlich ist, dass bestimmte Eltern nicht nur versagt, sondern wirklich Schlimmes getan haben?

Ich sage es, weil das Schimpfen, das nicht zum Beispiel im klar gegliederten Rahmen der Therapie stattfindet (vgl. *Sai Baba spricht über Psychotherapie*), nicht nur sinnlos, sondern höchst gefährlich ist. Nun staunst du. Aber es stimmt. Schimpfen ist deshalb höchst gefährlich, weil es dir die Illusion vermittelt, du seiest in Ordnung, nur der andere sei es nicht.

Dieser Gedanke ist in dreierlei Hinsicht falsch: Es hat mit deinem Karma zu tun, dass du erstens im *Kali Yuga* und zweitens gerade bei diesen Eltern geboren und aufgewachsen bist. Drittens löst das Schimpfen nichts. Alles Klagen, das nichts verändert, ist sinnlos. Sowohl im Leben als auch in der Therapie. Aber nicht nur das. Es ist außerdem sehr gefährlich, weil es dir die Illusion vermittelt, du seiest besser, weil du Opfer bist. Die kluge Anna Freud, die sich bezüglich der Therapie von Kindern und durch ihren Einsatz für Kinder größte Verdienste erworben hat, brillierte bereits als junge Frau durch ihren Aufsatz „Das Ich und die Abwehrmechanismen", den ich gerne immer wieder zitiere, weil er so grundlegend ist.

Kinder identifizieren sich unbewusst mit dem Elternteil, den sie am gefährlichsten finden. Das heißt, je mehr du jemanden aus deiner Familie ablehnst, desto mehr hast du mit ihm gemeinsam. Und das Entscheidende: **Desto größer ist die Wahrscheinlichkeit, dass du an deine Kinder genau das weitergibst, was du bekamst und worunter du so sehr gelitten hast und offensichtlich immer noch leidest!**
Wir sind alle Meister im Erkennen der Probleme anderer – und lösen diese auch sehr gerne! Die eigenen wollen wir aber nicht sehen – und mit dem Lösen hapert es ebenfalls.
Wie heißt es so schön? *Treffen sich zwei Therapeuten, sagt der eine zum anderen: „Hallo, wie geht's mir, denn wie es dir geht, seh' ich ja!"*
Eltern müssen deshalb äußerst wachsam sein, wenn sie ungelöste Probleme mit ihren Eltern haben, denn die Wahrscheinlichkeit, dass sie diese auf ihre Kinder übertragen, ist sehr groß (vgl. *Sai Baba spricht über Psychotherapie*).
Wie verbreitet dieses Problem ist, kannst du daran erkennen, wie viele Eltern sich überhaupt nicht oder nicht richtig für ihre Kinder entscheiden.
Auch hier finden wir den Verrat wieder, der – besonders für die Kinder! – bald zur destruktiven Angst mit entsprechenden Folgen für deren Selbstwert führt.

Ein großes Problem besteht heute darin, dass unzählige Menschen Beziehungen eingehen, ohne sich viel dabei zu denken. Und dass ihr Tun weit reichende Konsequenzen haben könnte, ziehen sie nicht einmal in Erwägung. Was geschieht aber, wenn die Frau schwanger wird? Was tun? Manche versuchen es dann auch noch als Familie. **Ein Kind verändert aber alles grundlegend und nachhaltig** – eine Tatsache, auf die Eltern ihre erwachsenen beziehungsweise verheirateten Kinder zu selten und viel zu wenig deutlich hinweisen.

Eine Partnerschaft wird durch ein Kind in allen nur erdenklichen Richtungen verändert. Für eine gute Beziehung, in der Mann und Frau sich ein Kind **wünschen**, ist diese Veränderung mit all ihren Umstellungen, Entbehrungen und Schwierigkeiten ein großes Geschenk.

Will einer oder wollen sogar beide das Kind nicht, wird die gleiche Situation zu einem Drama. Denn plötzlich wird deutlich, wie die beiden zueinander stehen. Lief eine Beziehung „einfach so dahin", ist dies durch ein Kind nicht mehr möglich. Ein Kind fordert sehr viel. Da besteht für Unklarheiten, Halbheiten kein Raum.

Sexualität und Partnerschaft haben aber immer mit der Möglichkeit – zuweilen sogar mit der Wahrscheinlichkeit! – zu tun, dass ein Kind gezeugt wird.

Dieses klare Naturgesetz ist heute derart verdrängt worden, dass unzählige Paare bei einer Schwangerschaft völlig überrascht sind.

**Erziehung, das heißt die Beziehung zum eigenen Kind, beginnt aber nicht mit der Schwangerschaft, sondern *davor*.** Nur wer klare Vorstellungen, wer tragfähige Ideale hat, wer sich einsetzen will, kann eine lebensfähige Partnerschaft aufbauen. Denn er weiß, worauf er sich einlässt, und sucht sich deshalb **bewusst** den Partner, mit dem er eine beständige

Verbindung aufbauen kann. **Nur wer bewusst sein Leben in die Hand nimmt und aufbaut, schützt sich und andere vor Enttäuschung, Verrat, Kampf, Angst und Zerstörung des Selbstwerts.** Nur wer klar und gekonnt ein Fundament baut, kann ein großes Haus darauf errichten. Wer dies nicht tut, sollte sich nicht wundern, wenn das Haus nicht so wird, wie er es sich vorstellte. Beim Schiefen Turm von Pisa wird unmittelbar deutlich, was ein Fundament bewirkt!

Nur wer von Anfang an klar seine Ziele bezüglich einer Partnerschaft anspricht **und aufschreibt**, wird Erfolg in seinem Leben haben (vgl. dazu in *Sai Baba spricht über die Welt und Gott* die Geschichte *Isaak oder Der richtige Zeitpunkt* beziehungsweise das oben erwähnte Buch: *Ich bin ich und ich bin gut*).

**Was brauchen Kinder? Sicherheit.** Natürlich brauchen sie Liebe, Zuwendung, Geborgenheit. Das Wichtigste ist aber außer der Liebe **die Sicherheit**. Wenn ein Kind sich nicht erwünscht fühlt, wenn es sich nicht sicher ist, ob die Eltern es nicht abgeben, zum Beispiel gar zur Adoption freigeben, oder dass sie sich trennen und es deshalb teilweise oder ganz abgeben, dann ist dies für das Kind äußerst bedrohlich und damit destruktiv.

Deshalb sage ich in Anlehnung an Jane Nelsens Buch *Kinder brauchen Ordnung* – auf das ich weiter unten noch näher eingehen werde: **„Die allererste Ordnung, die Kinder brauchen, ist die Ordnung der Beziehung."** Kinder brauchen es, dass die Eltern sich füreinander und für sie entscheiden beziehungsweise **entschieden haben und es bleiben.**

Ich betone immer wieder (vgl. *Sai Baba spricht zum Westen* 17.8., 21.11.), dass Streiten sehr gefährlich sein kann. Das Streiten hat in einer andauernden Beziehung aber einen tatsächlichen Vorteil, sofern die Partner eine Klärung finden. Die

Kinder lernen dann, dass man sich streiten kann, ohne auseinander gehen zu müssen. Sie lernen, dass Meinungsverschiedenheiten keinen Grund für eine Trennung darstellen müssen. Sie lernen außerdem, dass am Ende alles gut wird, wenn Menschen sich klar für etwas entschieden haben und sich an ihren Entschluss, an ihr einmal gegebenes Wort halten. Nur die, die sich entscheiden, sich festlegen, Verantwortung für ihr Tun übernehmen und nicht ständig anderen die Schuld geben, sind gute Eltern. Sie stehen zu ihren Handlungen und den Konsequenzen, die sich zwangsläufig daraus ergeben.

## Keine Zeit

Wer sich nicht entschieden hat, wer nicht sehen will, was er sich und anderen schuldet, der hat häufig auch keine Zeit. **Zeit- beziehungsweise Geldprobleme sind die am weitesten verbreiteten Entschuldigungen** bei Menschen, die ihr Leben nicht in die Hand nehmen, die keine Verantwortung für ihr Leben übernehmen.

Kinder brauchen Zeit. Beziehungen ebenso.

Wer weder für seinen Partner noch für seine Kinder Zeit hat, der wird bald viel Zeit benötigen, denn er wird viele Probleme haben. Selbst hier schaffen es einige, sich kunstvoll herauszuwinden. Früher oder später müssen aber alle Rechnungen beglichen werden. Der Kluge begleicht seine Rechnungen sofort, denn das spart Zeit, Energie und Nerven und schafft außerdem innere Ruhe, Zufriedenheit und Selbstwert. Eine Rechnung, die heute ankommt und morgen beglichen ist, ist morgen bereits aus deinem Kopf. Je länger sie liegen bleibt, desto mehr Energie zieht sie an, und umso mehr Energie bekommt sie: **Deine** Energie. Denn du denkst an sie, handelst aber nicht. Und so beschäftigt sie dich bewusst/unbewusst die ganze Zeit. Darüber hinaus kann durch Liegenlassen aus einer simplen Rechnung eine riesige Geschichte werden, sodass am Schluss sogar der Gerichtsvollzieher vor der Tür steht – und das Ganze nur wegen Verschiebens, Zeitmangels, Nichtmachens. Dieses Verhalten schwächt dich unglaublich.

Bedenke: Ein **Nichtkommunizieren gibt es nicht**. Wirst du angesprochen, kannst du tun, was du willst, du kommunizierst. **Nichthandeln ist ebenso eine Form von Kommunizieren.**
Dies sollten sich Eltern immer vor Augen halten: Kinder interpretieren ihr Nichthandeln, ihren Mangel an Zeit, ihr Nichtdasein als Ablehnung. Und sie haben Recht. Denn wie viel Zeit vergeuden Eltern mit den dümmsten Beschäftigungen, haben aber für ihre Kinder keine Zeit. Dies ist für die Kinder sehr verletzend. Die beste Erziehung besteht nicht in großen Reden, gewaltigen oder gar gewalttätigen Vorhaltungen, sondern **im guten Beispiel.** Kinder sind klug, sie achten Taten höher als Worte! Kinder beobachten sehr genau. Sie sehen, merken, spüren sehr genau, wenn etwas nicht stimmt.
Kannst du guten Gewissens von deinem Kind verlangen, es möge sein Zimmer ordentlich halten, wenn deine Zimmer es nicht sind? Warum verlangst du von deinem Kind, dir zuzuhören, wenn du es nicht hörst? Wieso erwartest du von ihm, dass es nicht schreit, wenn du es ständig tust?
Was sagt Kohut? **Idealisierbarkeit und Nachempfinden.** Wenn Eltern sich an diese beiden Richtlinien halten, dann werden sie wunderbare Kinder haben, weil sie ihnen die Chance geben, so zu sein beziehungsweise so zu bleiben, wie sie von Anfang an sind: Wunderbar!
Bist du idealisierbar, das heißt, bist du ein Vorbild und kannst dein Kind nachempfinden beziehungsweise spüren, was es braucht, dann erlebt es dich als anwesend und wird sich entsprechend gut entwickeln können.

Wer aber vorgibt, keine Zeit zu haben, der ist allein schon deshalb nicht idealisierbar, weil er nicht die Wahrheit sagt. Wer nicht die Wahrheit sagt, schwächt sich. Wer schwach ist und nicht dazu steht (wodurch er wieder stark wäre!), ist nicht idealisierbar. Außerdem empfindet er seine Kinder nicht nach, denn sonst würde er spüren, **dass sie Zeit mit ihm brauchen.** Meine Frage lautet deshalb: Warum verbringen viele Menschen so wenig Zeit mit ihren Kindern? Die Antwort ist recht einfach: Dein Kind bringt dich in Kontakt mit deinem inneren Kind, mit deiner Gefühlswelt. Je abgeschnittener du von dieser Welt bist, desto weniger möchtest du damit in Berührung kommen. Es sind dies die berühmten *Leichen im Keller*, das heißt all jene Gefühle und Erlebnisse, an die wir nicht erinnert sein wollen.

Häufig schlummern hier aber unsere zartesten Empfindungen, genau jene, die unsere Kinder dringend benötigen, um glücklich, leicht, kreativ und **zart** aufwachsen zu können.

Der Keller steht nun für das Fundament, für das Unbewusste. Kannst du dir vorstellen, was es für Kinder bedeutet, wenn das innere Fundament ihrer Eltern beziehungsweise gar ihr Unbewusstes derart gravierende, ungelöste Fragen beinhaltet?

**Kinder brauchen nicht allein Ordnung, Kinder brauchen mindestens ebenso dringend Wahrheit.** Denn Wahrheit drückt sich in innerer Ordnung aus. Kinder brauchen Kontakt. Das heißt: Gibst du deinen Kindern nicht genug Kontakt, gehst du nicht auf ihre Bedürfnisse ein, dann drückst du damit aus, dass du nicht in Kontakt mit deinen tiefsten Gefühlen und Bedürfnissen bist und somit zwangsläufig deinen Kindern nicht die emotionale Lebendigkeit und Flexibilität geben kannst, die sie so sehr brauchen.

Lass mich dieses wichtige Thema nochmals von einem anderen Blickpunkt aus betrachten: Das Bewusstsein wurde euch gegeben, um Gott zu verwirklichen. Das Bewusstsein ist ein hoch entwickeltes Instrument, das dazu da ist, das Richtige vom Falschen zu trennen und die Bewusstseinsinhalte so lange zu reinigen, bis nur noch der strahlende Gott in dir zum Vorschein kommt.

Kinder sollen ihre Hausaufgaben machen. Das stimmt. Sollten Eltern aber nicht auch *ihre* Hausaufgaben machen? Und bestehen die Hauptaufgaben der Erwachsenen nicht darin, Gott zu verwirklichen? Und was heißt das? Es bedeutet, dass Eltern offen sein müssen für all das, was sie unmittelbar angeht. Und was ist das? Nichts anderes als ihre Gefühlswelt. Denn der Kern aller Gefühle ist Liebe, und der Kern der Liebe ist Gott. Wer sich seinem inneren Kind nähert, nähert sich seiner wahren Bestimmung, und das ist die Liebe.

Ziehst du diese verschiedenen Gedanken zusammen, dann ergibt sich Folgendes: Hast du keine Zeit für dein Kind, so hast du keine Zeit für dein inneres Kind, denn das eine verweist auf das andere. Hast du keine Zeit für dein inneres Kind, so hast du keine Zcit für deine wahre Vervollkommnung, und das ist die Liebe. Wofür willst du aber leben, wenn du nicht deine Liebe leben kannst, nicht leben willst?

**Zeit ist unendlich ... kostbar!** Das fällt dir häufig nicht so auf, weil Zeit ein völlig abstrakter Begriff ist. Außcrdem ist Zeit eine Kategorie, die du weitgehend außerhalb von dir erlebst. **Ersetzt du aber den Begriff *Zeit* durch *Leben*,** dann bekommen diese Gedanken eine ganz andere Dynamik. Du hast dann nicht mehr keine Zeit, sondern kein Leben.

Dies entspricht mit seiner Brisanz genau dem, was viele Menschen tun! Sie verschwenden unendlich viel Zeit, ohne zu realisieren, dass sie in Wirklichkeit ihr Leben vergeuden! Du kannst Geld verlieren und es wieder bekommen, du kannst Freunde verlieren und andere gewinnen, du kannst sogar dein Ansehen verlieren und dir ein neues Image aufbauen. Die verlorene Zeit bekommst du dagegen nie mehr zurück. Denn was du verloren hast, sind Teile deines Lebens. Sie sind unwiederbringlich. Auch deshalb ist das Leben so kostbar, und du solltest keine einzige Minute vergeuden, denn sie kommt nie, nie, nie wieder zurück (vgl. Senecas wunderbaren Aufsatz *De brevitate vitae, Über die Kürze des Lebens*).

Deshalb gibt es nichts Schöneres, als sein Leben voll zu genießen und sein Erleben mit anderen und hier besonders mit seinen Kindern zu teilen.

Sag deshalb nicht, du hättest keine Zeit, dich intensiv mit deinen Kindern zu beschäftigen. Genieße es vielmehr, dass du dein Leben mit ihnen teilen kannst. Und hast du Schwierigkeiten, diesen Gedanken zu folgen, dann überlege dir, wie du dich fühltest, wenn heute dein letzter Tag wäre. Wie wäre dein Kontakt zu deinem Partner, zu deinen Kindern und zu dir selbst, wenn dein Arzt dir sagen würde, heute sei dein letzter Tag? Wie würdest du dann deine Zeit, ich meine, dein Leben einteilen?

Im Übrigen solltest du immer so leben, als sei es dein letzter Tag: Erstens weißt du nie, ob es nicht tatsächlich zutrifft, und zweitens gibt es deinem Leben eine Intensität und Tiefe, die dir ganz neue Dimensionen deiner selbst eröffnen wird.

## Kein Nachempfinden und kein Selbstwert

Es ist unmöglich, über Kinder, über Erziehung beziehungsweise über Ziele im Leben etwas zu sagen, ohne von Nachempfinden und Selbstwert zu reden. So sprach ich weiter oben immer wieder von beiden. Denn das Gesetz lautet: Ist ein Elternteil wirklich idealisierbar, so hat es Selbstwert – und sein Kind wird ebenfalls ein gutes Selbstwertgefühl entwickeln.

Hier sehen wir die Dramatik, die sich ergibt, wenn Eltern nicht idealisierbar sind: Sie werden nicht nur viele Probleme im Leben haben, auch ihren Kindern wird es so ergehen, weil sie unbewusst die Lebensprogramme ihrer Eltern übernehmen.

Wir müssen, sofern wir in uns und außerhalb von uns das Goldene Zeitalter errichten wollen, uns unbedingt von falschen Vorstellungen lösen wie *„Die Welt ist schlecht"*, *„Ich bin schlecht"*, *„Keiner liebt mich!"*, *„Keiner sieht mich!"*, *„Ach, was bin ich nur für ein armer Mensch!"* Und weißt du, was wirklich schrecklich ist? Wenn du so denkst, dann hast du auch noch Recht: Du bist ein armer Mensch und dein Leben wird ein Jammertal sein, **denn du wirst immer das, was du denkst!**

Dazu eine Geschichte. **Jeoffry** war einer dieser Verlierer, für die immer das Glas halb leer ist, die in jeder Lösung ein Problem, in jeder Chance ein Scheitern, in jeder Wahrheit eine Ausflucht sehen. Er war von klein an auf Versagen programmiert worden. Sein Vater war einer dieser dummen Menschen, die ihren Kindern nichts zutrauen und es auch noch sagen. *„Das kannst du nicht! Du hast keine Ahnung! Aus dir wird nie was!"* Jeoffry hörte dies so häufig und liebte trotz allem seinen Vater so sehr, dass er diese schrecklichen Aussagen immer mehr glaubte. Am Schluss war er völlig verunsichert, sah nur Probleme, mochte sich und die anderen nicht. Mit einem Satz: Der Arme machte sich das Leben schrecklich schwer. Und das Leben spielte mit, denn das Leben verhält sich immer genau so, wie du ihm begegnest. Bist du froh, bringt dir das Leben Freude, bist du traurig, wirst du immer viel Grund zum Weinen finden – bis du einen neuen Weg einschlägst.

Jeoffry war sehr traurig, und ich finde, er hatte allen Grund dazu, denn einen so negativen Vater zu haben und ein so fatales Programm als Ergebnis der Erziehung mitzunehmen, war Ursache genug, mutlos und unglücklich zu sein.

Jeoffry hatte aber Glück. Er lernte Mary kennen, die zwar auch verletzt war, sich ihm aber zuwandte, weil sie seine Liebenswürdigkeit spürte und außerdem das Gefühl hatte, Jeoffry würde noch eine wichtige Entwicklung machen. Dieses Gefühl fand sie auch dadurch bestätigt, dass Jeoffry neben all seiner Negativität sehr klar und engagiert war. Er hatte allerdings in ihren Augen die erstaunliche Eigenart, sich alles aufzuschreiben. Das schien ihr einerseits gut. Auf der anderen Seite fand sie es manchmal fast schon unerträglich, wenn er ihr vorlas, was sie vor vier Wochen gesagt und was er geantwortet hatte. Manchmal ärgerte sie sich regelrecht darüber, denn er verfügte damit über ein besonderes Gedächtnis, über ein besonderes „Beweisverfahren", wie sie es nannte, von dem sie nicht selten das Gefühl hatte regelrecht erdrückt zu werden.

Erstaunlich war aber, dass Jeoffry zwar deutlich machte, was der eine gesagt und der andere geantwortet hatte, aber dass er dieses „Beweisverfahren" nicht gegen sie verwendete, sondern ausschließlich nutzte, um Klarheit zu schaffen. Das Ganze fand sie eher sonderbar, aber die Art und Weise, wie Jeoffry damit umging, schuf bei Mary immer mehr Vertrauen zu ihm.

Dann wollte Jeoffry unbedingt heiraten. Darüber freute sich Mary zunächst, wunderte sich aber, als Jeoffry immer wieder davon sprach, aber nichts unternahm. Er fragte sie nicht, ob sie ihn heiraten wolle. Er äußerte nicht, wie er sich die Hochzeit vorstelle, geschweige denn, dass er einen Termin ins Auge fasste. Das ging eine Weile so, und Mary fragte nicht nach. Sie konnte Jeoffry zu gut nachempfinden, als dass sie ihn etwas gefragt hätte, was ihm möglicherweise peinlich geworden wäre. Was spürte sie aber? Sie hätte es nicht sagen können. In dieser Passivität wurde Marys Verletzung deutlich, denn sie war vorsichtig und zurückhaltend bis zur Selbstaufgabe.

Bei alledem war ihr aber bewusst, dass irgendetwas in ihm vorging, dass etwas ihn beschäftigte und gleichzeitig auch bremste. Mary wäre niemals darauf gekommen, dass Jeoffrys Verhalten mit seinem inneren Programm bezüglich Ehe und Familie zusammenhing. Aber genau das war es. Er liebte Mary sehr. Es war ihm ganz klar, dass sie die Frau seines Lebens sein würde. Er hatte aber panische Angst vor Kindern – nicht direkt vor Kindern, sondern davor, dass er ein ebenso schlechter Vater für seine Kinder sein könnte, wie er den seinigen für sich erlebt hatte. Dies war ihm aber ebenfalls nicht bewusst. So zögerte und zögerte er von Tag zu Tag.

Nun passierte das, was so häufig geschieht, wenn ein Paar sich sehr liebt, aber nicht in der Lage ist, zu einer Entscheidung zu kommen: Das Leben übernimmt diese. Und wie sollte es anders sein, Mary wurde schwanger. Es geschah das, was beide sich bewusst/unbewusst gewünscht hatten, was aber nun als unumstößliche Tatsache zunächst Jeoffry schockierte, denn es drohte das zu geschehen, was er ja so sehr zu vermeiden versucht hatte: Er wurde Vater und wusste nicht, was für ein Vater er werden würde. Nein, er meinte es genau zu wissen: Ein schlechter! Das bereitete ihm Panik.

Was tun? Es kam nur eines für ihn in Frage: Zu heiraten und ein Zuhause zu schaffen. Mary spürte seine Panik, fand es aber bewundernswert, wie er sich trotz seiner großen Ängste der Situation stellte und zu ihr und dem Kind stand. Sie fühlte sich außerdem in ihrem guten Gefühl Jeoffry gegenüber bestätigt, das ihr immer wieder vermittelt hatte, er habe manchmal einige recht eigenwillige Verhaltensweisen, er sei aber ein sehr geradliniger, sehr wertvoller Mensch.

So heirateten sie, richteten sich ihr Zuhause schön ein, wobei auch Jeoffry immer wieder betonte, dies oder jenes müssten sie machen oder unterlassen, damit das Baby beziehungsweise das Kleinkind sich wohlfühle. Dann kam Benjamin zur Welt, und sowohl Mary als auch Jeoffry waren überglücklich.

Doch dieses Glück hielt nicht lange, denn erstens reichte das Geld immer weniger, und zweitens fühlte sich Jeoffry seinem Sohn beinahe ausgeliefert. ,Der will so viel', dachte er immer wieder, ,das halte ich nicht aus! Kann das überhaupt jemand aushalten?', fragte er sich und spürte seine Verzweiflung. ,Benjamin ist mein Sohn, wie werde ich ihm aber gerecht? Ist das bereits Ablehnung, was ich spüre?'

Jeoffry hatte, wie gesagt, die Angewohnheit, sich alles Wichtige aufzuschreiben. Das hatte er in der Schule gelernt, von seinem Lateinlehrer, den er sehr schätzte. Dieser hatte immer wieder gesagt: *Verba volant, scripta manent*, die Worte fliegen, das Geschriebene bleibt, und hatte wieder und wieder Geschichten erzählt, die beweisen sollten, wie wichtig es ist, einen Beleg zu haben. Der Lehrer hatte sogar von einer Begebenheit berichtet, wo jemand allein durch die Tatsache, dass er einen schriftlichen Beleg hatte, davor bewahrt wurde, ins Gefängnis zu kommen.

So schrieb sich Jeoffry auf einen großen Zettel mit einem pinkfarbenen, dicken Stift: „Ich will und ich werde Benjamin ein hervorragender Vater sein. Die Hilfe dazu bekomme ich!" Diesen Zettel legte er sich obenauf in seine Schreibtischschublade, und jedes Mal, wenn er sie öffnete, las er ihn.

Zunächst geschah gar nichts. Nein, etwas geschah doch: Jeoffry hatte plötzlich immer weniger Zeit für seinen Sohn. Er suchte sich eine bessere Anstellung, antwortete er, wenn Mary ihn darauf ansprach. Doch die bessere Arbeit fand er nicht. Dafür war er viel außer Haus.

Als er eines Abends spät nach Hause kam, war Dorothy zu Besuch, deren Gegenwart er nicht besonders genießen konnte, weil er sich bald mit Mary stritt. Sie warf ihm vor, weder gut für die Familie zu sorgen noch für sie und Benjamin da zu sein. Jeoffry war die Situation sehr peinlich, denn er spürte, dass Mary Recht hatte, tat sich aber schwer, ihr zuzustimmen. So druckste er herum, war irgendwie nicht zu fassen, was Mary in ihrer Meinung bestätigte, er sei nicht da.

Da half ihm Dorothy aus der Patsche, indem sie meinte: „Sag mal, Jeoffry, fühlst du dich eigentlich überfordert?" Bevor er aber antworten konnte, warf Mary ein, die immer noch ärgerlich war: „Wenn jemand überfordert ist, dann ich!" Jeoffry reagierte hier brillant: „Mary, du hast völlig Recht. Du hast allen Grund, dich überfordert zu fühlen, denn du leistest wirklich sehr, sehr viel!" Er sagte dies von Herzen. Mary fühlte sich gesehen und nachempfunden, und ihr Ärger verflog in Windeseile.

Dorothy griff geschickt die Situation auf, indem sie meinte: „Mary, du hast allen Grund, dich überfordert zu fühlen, und ich finde, dass du Unglaubliches leistest. Ich frage mich aber, ob sich Jeoffry nicht auch überfordert fühlt, nur anders. Außerdem kann er sein Überfordertsein nicht handhaben, wie mir scheint." Jeoffry fühlte sich verstanden, das gab ihm das Selbstvertrauen und den Mut, seine Ängste anzusprechen, die ihn beschäftigten und ihm immer bewusster wurden. „Meine Angst ist, als Vater eine Niete zu sein." Mary lag es bereits auf der Zunge zu sagen: „Wenn du so weitermachst, wirst du das mit Sicherheit!" Sie biss sich aber zum Glück auf die Zunge und achtete vielmehr, wie viel Mut Jeoffry aufgebracht haben musste, um das zu sagen. Dorothy meinte an dieser Stelle wie nebenbei: „Wir lernen zu lesen, zu schreiben, wir erlernen einen Beruf, wir legen die Führerscheinprüfung ab, wir lernen aber weder, wie man eine gute Beziehung führt, noch, wie wir gute Eltern werden. Dies bekommen wir in den meisten Fällen von niemandem gelehrt – außer von ganz wenigen guten Trainern. Ich kenne so einen." Jeoffry hatte gut zugehört, obwohl er Mary den Rücken zukehrte und sich ein Brot machte. „Ein Trainer, um ein guter Vater zu werden", murmelte er. „Wenn es dir hilft, warum nicht!", meinte Mary.

Dorothy erzählte noch einiges von diesem Trainer, dann schrie Benjamin, und der Inhalt des Gesprächs verlagerte sich.

Irgendwann ging Dorothy, und keiner sprach mehr über das so wichtige Thema.

Eines Tages aber spürte Jeoffry, dass er unbedingt sein Problem mit Benjamin lösen wollte. Er besorgte sich bei Dorothy die Nummer von dem Trainer und rief ihn an.

Er buchte einige Sitzungen bei ihm und war zunehmend überrascht, dass die Gespräche sich inhaltlich kaum um seine Beziehung zu seinem Sohn, sondern vielmehr um die zu seinem Vater drehten. Und noch etwas erstaunte ihn: Je mehr Klarheit er in seine Beziehung zu seinem Vater brachte, desto leichter wurde es für ihn nicht nur mit Benjamin, sondern sein Kontakt zu Mary vertiefte sich ebenso.

Nach wenigen Stunden hatte Jeoffry nicht nur plötzlich Zeit für seinen Sohn, sondern genoss es unendlich, mit ihm zusammen zu sein und zu erleben, wie wichtig er für Benjamin und Benjamin für ihn war. ‚Welch ein Geschenk ist es zu erleben, wie Benjamin heranwächst', dachte er nun täglich.

Und noch etwas Erstaunliches geschah: Er fand eine neue Arbeitsstelle, die ihn erfüllte und wo er so viel verdiente, dass sie alle gut davon leben konnten.

Was war geschehen? Durch das Nachempfinden, das Können und das Auf-den-Punkt-Kommen des Therapeuten hatte er zu einem ganz neuen Selbstbewusstsein gefunden, das nicht allein von Benjamin und Mary bemerkt, sondern auch von vielen anderen wahrgenommen wurde. Er bekam wegen seines klaren, entschiedenen und gleichzeitig freundlichen Auftretens die neue Arbeitsstelle. Oder anders gesagt: Durch die Arbeit mit dem Trainer hatte er ein neues Programm und mehr Selbstwert entwickelt, welche ihn nun ganz neue Erfahrungen machen ließen.

## Kein Glück

Nichts kennzeichnet das *Kali Yuga* mehr als Streitereien, Kriege, Verrat, Terror, Angst und Schrecken, das heißt die Abwesenheit von Glück. Und warum ist das so? Weil die Seelen, die in dieser Zeit ihre Entwicklung machen, etwas lernen müssen: **Es gibt keine Individualinteressen!** Da alle eins sind, kann es sie nicht geben. Das ist völlig logisch, nur die Menschen des *Kali Yuga* glauben es nicht. Sie denken, sie könnten ihre Interessen auf Kosten anderer durchsetzen. Dass dies nicht geht, glauben sie erst, wenn sie es am eigenen Leibe spüren.

Auch dies ist eines der Grundgesetze von Erziehung: **Zu spüren.**
Früher gab es den schrecklichen Satz: *Wer nicht hören will, muss fühlen!* Damit war gemeint, dass ein Kind, das nicht hörte, geschlagen werden sollte. **Welch ein dummer Satz! Es gibt keinen Grund, ein Kind zu schlagen.** Nur die schwarze Pädagogik behauptet, man müsse Kinder schlagen, auch wenn es einem Leid tue. Für die Kinder sei es wichtig. Dieser Satz ist genauso sinnvoll, wie wenn man behaupten wolle, man müsse einem Läufer die Beine brechen, dann werde er schneller!
So schlagen nur dumme oder brutale Eltern ihre Kinder – und schädigen damit die Seele und den Geist ihrer Kinder, denn der IQ von geschlagenen und autoritär erzogenen Kindern

verschlechtert sich signifikant (vgl. auch James T. Webb, *Hochbegabte Kinder, ihre Eltern, ihre Lehrer*, S. 95). Gottlob werden es aber immer weniger Eltern, die ihre Kinder misshandeln, denn die liebevolle, kindgerechte Erziehung setzt sich mehr und mehr durch.

Hier verstehe ich unter Spüren nicht, dass ein Kind geschlagen wird, sondern dass es seine Erfahrungen macht. Denn das Leben ist der allerbeste Lehrer.

So stellt die heiße Kochplatte bereits ein klassisches Beispiel dar. Denn die meisten Kinder glauben nicht, dass die Platte heiß ist. Sie glauben es deshalb nicht, weil sie sich unter *heiß* nichts vorstellen können. Kaum haben sie den heißen Herd aber berührt, wissen sie es.

Noch deutlicher wird dies an der Elektrizität, denn die stellt ein noch größeres *double bind*, also eine noch größere Doppelbotschaft dar. Auf der einen Seite wird der elektrische Strom als segensreich und völlig selbstverständlich gebraucht, auf der anderen Seite gibt es unzählige Vorschriften, wie er zu handhaben sei, weil er so gefährlich ist.

Kleine Kinder können damit gar nichts anfangen, und wenn sie die Möglichkeit dazu haben, probieren sie es aus und stecken zum Beispiel den erstbesten Nagel in eine Steckdose. Dies kann natürlich höchst gefährlich sein und anders als bei der heißen Herdplatte, von der die Hand schnellstens weggezogen werden kann, tödlich enden.

Denn beim Strom ist alles unwägbar, und **Kinder, die einen Stromschlag erleiden – selbst wenn sie ihn gut überstanden haben –, sollten unbedingt für zwei Tage ins Krankenhaus zur Beobachtung, denn es können sich noch innerhalb dieser zwei Tage fatale Folgen ergeben** – das heißt, das Kind kann dann immer noch an den Folgen des Stromschlags sterben! **Sie dürfen aber auf keinen Fall allein gelassen werden, denn die Einsamkeit, die Kinder in einem Kran-**

**kenhaus** erleben, weil die Eltern sie allein lassen, kann für ihre zarte Psyche noch schlimmer sein als der Stromschlag für den Körper! (Vgl. weiter unten: Krankenhausaufenthalt).

Das Leben ist ein äußerst kostbares Gut. Es ist aber nicht allein zum Lernen, sondern auch zur Freude da. Wozu sollte Gott die Welt und damit das Leben geschaffen haben, wenn es nur Leiden und Lernen ist? Wer möchte so ein Leben? Wer möchte in solch eine Schule?

Gehe deshalb sehr vorsichtig, sehr, sehr liebe- und verständnisvoll mit deinen Kindern um, zum einen, damit sie keine schrecklichen Erfahrungen machen, wie es ein Stromschlag ist, zum anderen, damit du ihnen nicht ihren Selbstwert und damit ihre Lebensfreude zerstörst.

Überprüfe immer wieder, wo du etwas falsch sehen könntest, wo du das Leben als negativ erlebst, wo du unter Selbstwertproblemen leidest. Löse deine Schwierigkeiten. Sieh sie nicht als unüberwindbare Probleme, sondern als Chancen zu Wachstum und damit zu Freiheit an.

Denn **wer sich nicht selbst ansieht**, wer immer die Schuld bei anderen sieht, wer nur nach Problemen, nicht aber nach Lösungen sucht, der **schafft sich genau die Welt, die zu diesen negativen Erwartungen passt**. Denn die Welt ist völlig plastisch – sie passt sich genau an das an, was du denkst und erwartest. **Du bist Gott** – wird der Leitfaden des Goldenen Zeitalters sein. Das besagt nichts anderes, als dass du mit deinem Denken genau das schaffst, was du anschließend erlebst. So mächtig bist du – selbst dann, wenn du arm und hilflos als Clochard unter einer Brücke vegetierst, denn du hast dir diese Existenz geschaffen. Kein anderer als du, durch dein Denken, durch deine Erwartungen, durch deine Ziele, durch deine unbewussten Programme.

Im Grunde könnte das Erziehungsbuch hier bereits aufhören, denn es ist alles gesagt: **Werde dir deiner unglaublichen Macht bewusst, schreibe klare, positive Ziele genau auf – und gib dieses Wissen an deine Kinder weiter, dann schaffst du für dich, für sie und für viele Menschen, die mit dir in Berührung kommen, ein erfülltes Leben.**

# LÖSUNGEN

Ich betone immer, denn dies ist in diesem Zeitalter sehr wichtig, dass das Leben ein wunderbares Gut ist. Dies ist deshalb wichtig, weil viele es heute ganz anders sehen und empfinden. Darüber hinaus ist es das wichtigste Ziel von Erziehung, Kindern zu vermitteln, wie schön, wie wertvoll, welch unendliches Geschenk das Leben ist.

Das Leben ist auch deshalb so wunderbar, weil du, wenn du dich an die Kosmischen Gesetze hältst, fast alles tun kannst. Kaum etwas ist unmöglich. So ist ebenfalls fast alles lösbar.

Warum leidet der heutige Mensch so sehr und außerdem an so vielen Krankheiten? Weil er falsch, schlecht oder gar nicht erzogen wird, weil er sich nicht um die tiefen Wahrheiten des Lebens kümmert, weil er nicht auf die größeren Zusammenhänge hingewiesen wird und weil er damit seine wahre Bestimmung, die da ist Freude und Glück, nicht lebt, mit anderen Worten: **Weil er nach Problemen und nicht nach Lösungen sucht.**

Wer sich nicht um die ewig gültigen Wahrheiten des Lebens kümmert, der kümmert sich nicht um seine wahre Bestimmung. Wer sich nicht um seine wahre Bestimmung kümmert, kümmert sich nicht um sich. Und wer sich nicht um sich kümmert, verliert sich. Dies ist Verrat an der menschlichen Bestimmung. Denn es geht nicht allein darum, dass du dich um dich kümmerst, also um dein leibliches Wohl bemühst, sondern auch darum herauszufinden, was deine Aufgabe als Mensch ist.

Da alle miteinander verbunden sind, verrät jemand, der sich verrät, auch die anderen. Dazu ein Beispiel: Stell dir vor, du bist in einer Festung, die von Feinden umzingelt ist. Stell dir vor, dass jeder Mann in der Festung benötigt wird, um die Angriffe abzuwehren, und nun die Hälfte der Krieger anstatt zu kämpfen dasitzt und Karten spielt. Es ist mit Sicherheit der Untergang der Festung.

## Verrat und Angst lösen sich durch Hinsehen

Wie in jener Festung ist es auch im Leben, denn je mehr Menschen sich nicht um die tieferen Belange ihrer Existenz kümmern, desto weniger Gutes können jene erreichen, die sich um eine positive Ausrichtung ihrer selbst, der Gemeinschaft, in der sie leben, und der Welt im Allgemeinen bemühen.

Verrat und Angst entstehen durch Nichthinsehen. Menschen schauen nicht auf ihre wahren Bedürfnisse, sie achten nicht auf ihre Göttlichkeit und die ihrer Kinder und ihrer Mitmenschen, und schon verraten sie sich und andere und schaffen einen entsprechenden Schrecken für alle.

So ist das Mittel gegen Verrat und Angst einfach: **Du musst hinsehen**. Verrat und Angst sind wie Hunde: Schaust du weg, drehst du ihnen den Rücken zu oder läufst gar davon, dann werden sie zu gefährlichen Bestien. Gehst du dagegen auf sie zu, nimmst freundlich Kontakt zu ihnen auf und bist klar in deiner Determination, dann können sie lammfromm werden.

**So entstehen die meisten Probleme durch Wegsehen**.
Wegsehen hilft aber auf Dauer nicht, denn **das Leben schafft dir so lange Probleme, bis du dich gezwungen siehst, genau hinzusehen – und sie zu lösen.**
Erst das Hinsehen beziehungsweise das Dir-Bewusstwerden macht dich erwachsen, macht dich zum wahren Menschen. Denn der Mensch, der hinsieht, lebt allein schon dadurch seine

Göttlichkeit, dass er sich nicht klein macht, dass er sich nicht vor seinen Aufgaben drückt, dass er nicht verdrängt, sondern aktiv seine Aufgaben lösen will.

**Hinsehen, Sich-Stellen, Sich-Einsetzen baut Selbstwert auf.** Wegsehen baut dagegen Selbstwert ab und verleitet außerdem zu Verrat, Angst, Panik oder gar Horror.

Sei deshalb immer froh, wenn du Probleme hast, wenn du hinsehen, wenn du Position beziehen musst beziehungsweise kannst, denn das gibt dir die Chance, dich weiterzuentwickeln. Darüber hinaus vermittelt es dir, dass du wertvoll bist.

Deshalb sage ich: Sei wie ein Löwe. Kämpfe wie ein Löwe. Kämpfe bis zum Schluss und erringe damit den Sieg!

Handelst du so, baust du nicht nur deinen Selbstwert, sondern auch den deiner Kinder auf. Sie lernen durch dein Beispiel, wie sie sich selbst im Leben verhalten sollen. **„Aufgeben gilt nicht!"**, sagen Kinder, die gelernt haben durchzuhalten. Und sie werden damit zu Siegern, denn wer nicht aufgibt, siegt. Immer! Entweder im Spiel oder der Herausforderung gegenüber oder über die Tendenzen in ihm selbst beziehungsweise über seine Gewohnheiten, die ihn klein machen wollen.

Denn was ist der größte Freund und der größte Feind des Menschen? Es sind seine Gewohnheiten. **Der Mensch gewöhnt sich an eine Verhaltensweise nach einer Zeitspanne von drei bis vier Wochen. Dann ist ein Verhalten zur Gewohnheit geworden.** Und zur Gewohnheit gehören Inhalt und Bedeutung. Wird zum Beispiel ein Kind von klein auf daran gewöhnt, kein Fleisch zu essen, dann ist dies für es völlig selbstverständlich. Isst ein anderes Kind dagegen Fleisch und kommt in einen Haushalt, wo kein Fleisch gegessen wird, so wird es Sojaprodukte essen, wenn sie ähnlich wie Fleisch oder wie anderes schmecken, das dieses Kind kennt. Und nun kommt das Erstaunliche: Dieses Kind isst ein Sojaprodukt ganz normal, weil es wie Fleisch schmeckt. Wird ihm aber gesagt, dass es kein Fleisch ist, dann isst es dies nicht mehr! Ist das nicht erstaunlich? So stark ist die Gewohnheit, dass ein Geschmack, der nicht mit dem bekannten Inhalt, Fleisch, verbunden ist, nicht mehr angenommen wird! Ebenso wie das Fleisch nicht angenommen wird, wenn es nicht danach schmeckt!

## Aktives, *bewusstes*, positives Denken

Wegen der großen Kraft der Gewohnheit und unserer Schwierigkeiten, uns von „lieb gewonnen" Gewohnheiten zu lösen, ist es von überragender Bedeutung, dass **wir genau darauf achten, was uns zur Gewohnheit wird und welche Gewohnheiten unsere Kinder** durch unser Vorbild oder durch das Vorbild anderer annehmen.

Hier muss ich nochmals betonen, wie wichtig es ist zu differenzieren. Es stimmt, das Leben ist schön. Lass dich jedoch durch diese Aussage nicht zu leichtfertiger Blauäugigkeit oder unklarem Handeln verführen. Positives Denken ist sehr wichtig. Nur wer es sich zur Gewohnheit macht positiv zu denken, hat auf Dauer Erfolg. Weil Erfolg zu einem großen Prozentsatz von positiven Bildern, Affirmationen, Umgang mit sich und anderen und vom Durchhalten abhängt. Wer nicht positiv denkt und nicht durchhält, kann auf lange Sicht keinen Erfolg haben. Durchhalten kann jemand aber nur, wenn er glaubt, dass seine Anstrengung sich lohnt.

Aber Durchhalten und positives Denken ersetzen nicht das **vorherige** kritische Analysieren, das kluge Abwägen und das Überprüfen der Erfolgschancen. Sich blindlings in ein fatales Abenteuer zu stürzen, ist nämlich keine bemerkenswerte Leistung.

Eine große Leistung besteht deshalb darin, dass es jemand sich zur Gewohnheit macht, die Gegebenheiten genau zu prüfen, die Gefahren klug abzuwägen, die Möglichkeiten des Erfolgs exakt zu kalkulieren und nach diesen präzisen Studien zu der klaren Überzeugung zu kommen, dass es gut gehen wird und dass er nach der Entscheidung **trotz aller Schwierigkeiten dabei bleiben wird. Und zwar so lange, bis sich der Erfolg einstellt.**

Und wieder sage ich: *Cum granum salis*, wörtlich übersetzt: Mit einer Prise Salz. Die alten Römer meinten damit, genauso wichtig wie die Prise Salz in der Küche sei die Prise Weisheit im Leben, ohne die auf Dauer nichts gelingen kann.

So kann jede Entscheidung gut oder schlecht sein, es hängt „vom Salz", von der Menge an Weisheit ab, mit der sie gehandhabt wird. Du kannst sehr klug vorgegangen sein, aber entweder einen wichtigen Faktor vergessen haben oder eine sehr wichtige Entwicklung nicht vorhersehen können, wodurch das Ergebnis deines Tuns ein völlig anderes werden kann. Ist es dann noch weise, bei der einmal gefassten Entscheidung zu bleiben? Möglicherweise ja, möglicherweise nein. Dies hängt stark von allen anderen Gegebenheiten ab.

Hier hilft dir aber das positive Denken als solches noch nicht viel. Einfach zu sagen, es wird schon gut gehen, reicht möglicherweise nicht aus, sondern kann dich direkt in die Katastrophe führen.

Was hilft aber dann? Erstens, dass du genauestens analysierst, wie deine jetzige Situation ist. Zweitens, dass du dir alles gut überlegst oder dich mit kompetenten Fachleuten berätst, und drittens, dass du nicht einfach sagst, *es wird schon gut gehen*, sondern aktive spirituelle Praktiken anwendest. Diese wären zum Beispiel, dass du Gott um Hilfe und eine Antwort bittest, dass du in deiner Bitte deutlich machst, dass du den Ernst der

Lage erkannt hast und Gott deshalb fragst, ob Er dir helfen kann und will. Zudem Ihn bittest, Er möge dir zeigen, ob es für dich von Vorteil ist, wenn du weiter an der Situation festhältst. Hast du dies geklärt, ist es ebenfalls sehr förderlich, wenn du dir die Situation so vorstellst, als sei sie bereits zu einem positiven Ende gekommen, und dich dafür bedankst. (Sehr hilfreich sind hier die Affirmationen von Cathrine Ponder in *Bete und werde reich*).

Und was heißt das konkret? Was bedeutet das alles für dich und deine Vorstellung von Erziehung? Was bedeutet es für deine Kinder? Die Antwort steht bereits in der Bibel: „Die Lauen spuckt er aus!" Was soll dir das sagen? Engagiere dich, handle, setze dich ein, lass es nicht einfach laufen, sondern laufe vielmehr du. Du wirst nicht dadurch fit, dass du häufig die Sportschau im Fernsehen anschaust, sondern allein dadurch, dass du etwas tust.
Dein Körper ist ein hohes Gut. Warum? Weil du durch ihn handeln kannst. Das Leben besteht aus Handlungen, nicht aus gut gemeinten Absichtserklärungen. Diese zählen zwar auch als Handlungen, wie die unterlassene Hilfeleistung auch eine Handlung ist, da du **handelst**, wenn du dich für das Nichthandeln entscheidest. Dies ist aber ein negatives, passives Handeln. Es führt dich nicht weit. **Aktives, bewusstes, positives Gestalten deines Lebens bringt dagegen Segen.**
Wenn du dir einfach denkst, es wird schon gut gehen, ist dies ein Akt des weniger positiven passiven Handelns. Also tu etwas. **Oder wie sagte Buddha? „Tu dein Bestes!".** Wenn du dich in all deinen Handlungen, besonders natürlich als Vorbild und als Erzieher, an diesen weisen Spruch hältst, wirst du viel erreichen, und dein Leben beziehungsweise das deiner Familie wird aufblühen.

# Neid als Test

Wenn du dich erinnerst, was ich immer wieder über Neid, Hass, Stolz, Gier und so weiter sage, dann wird dich diese Überschrift möglicherweise überraschen. „Neid als Test?", wirst du dich fragen und überlegen, was das wohl bedeuten mag.

Das wichtigste Ziel von Erziehung – ich werde dies in diesem Buch häufig wiederholen! – ist es, die Fröhlichkeit, die Kreativität und den Selbstwert zu erhalten beziehungsweise auszubauen.

Neid hat immer mit Selbstwert beziehungsweise mit Selbstwertproblemen – und mit falschen Programmen zu tun.

Warum sind Menschen neidisch? Weil sie glauben, dass andere mehr als sie besitzen – und sie dies nie erreichen werden! Und wie ist das? Die Antwort ist schlicht und lapidar: **Völlig falsch!**

Neid ist deshalb als Test zu sehen, weil er dir doch mehreres zeigt:

1. Du hast deinen Wert noch nicht gefunden, was besagt, dass du nicht über einen festen und belastbaren Selbstwert verfügst.

2. Du hast ein absolut falsches Lebensprogramm.

3. Du planst zu wenig.

Was heißt das im Einzelnen?

**1.** Zum Selbstwert ist zu sagen, dass Menschen mit einem soliden Selbstwert sich gar nicht so viel mit anderen vergleichen, sondern das Ihre tun. Nach Platon (Rep. IV, 433 b) besteht Gerechtigkeit darin, dass jeder das Seine hat und tut. Erfolgreiche, kreative Menschen sind nicht neidisch, **nicht** weil sie mehr haben als andere, sondern weil sie sich auf ihre Aufgabe konzentrieren. Erfolgreiche sind auch deshalb nicht neidisch, weil sie so viel Selbstbewusstsein besitzen, dass sie nicht befürchten, andere könnten ihnen etwas wegnehmen, oder es reiche nicht für alle. Hat jemand Selbstwert, dann erlebt er **in sich die Fülle** und findet sie deshalb auch außerhalb.

**2.** Zum falschen Lebensprogramm ist zu sagen, dass Menschen, die neidisch sind, ihre meiste Zeit mit ihrem Neid verbringen, anstatt etwas zu tun. Die Welt ist so aufgebaut, dass es ganz einfach ist, nichts zu erreichen, zu versagen, zu scheitern. Vor den Erfolg haben die Götter aber den Schweiß gesetzt. Erfolg erreichst du nur durch Leistung, durch Planung, Einsatz, Disziplin und Beharrlichkeit.

Merkst du den Unterschied? Misserfolg erreichst du „einfach" durch Nichtstun. Fertig.

Erfolg verlangt von dir dagegen: Planung, Einsatz, Disziplin, Beharrlichkeit, Geduld und sogar auch noch Opfer und Verzicht. Verstehst du jetzt den Unterschied? Misserfolg und Neid sind „einfach", Erfolg und Zufriedensein stellen dagegen eine sehr große Leistung dar.

Damit kommen wir zum **3.** Punkt: Planung. Menschen haben häufig keinen Erfolg, weil sie nicht planen. Das gesamte Universum ist auf Ordnung, Klarheit und auf der Einhaltung der Göttlichen Gesetze aufgebaut. Ordnung ist Göttlich, Sauberkeit ist Göttlich, Planung ist Göttlich, Disziplin ist Göttlich. Wer diese vier Gesetze nicht einhält, wird auf Dauer keinen Erfolg haben (vgl. *Sai Baba spricht über die Welt und Gott*, S. 306 f.).

Deshalb ist es deine Pflicht, als Erwachsener durch Ordnung, durch Sauberkeit, durch Planung, durch Disziplin zum ersten und zweiten Ergebnis dieser vier zu gelangen. Welche sind diese?, frage ich dich. *Das erste Ergebnis ist Erfolg, das zweite Selbstwert!*

Eltern sind deshalb verpflichtet, diese positiven Programme ihren Kindern nahe zu bringen. Kinder sind immer wieder neidisch. Eben diese Situation müssen Eltern nutzen, um ihre Kinder zu lehren. Aussagen wie: „Du darfst nicht neidisch sein!" oder noch schlimmer: „Neid ist ein ganz schlechtes Gefühl, das darfst du nicht haben!" verändern nichts, sind vielmehr kontraproduktiv.

Sinnvoll ist dagegen, dass Eltern herausfinden, warum ihr Kind neidisch ist, dass sie es nachempfinden und schließlich aufzeigen, dass der/die andere, auf den/die ihr Kind neidisch ist, **sich etwas aufgebaut hat – was auch ihr Kind erreichen kann. Dass Erfolg jedoch nicht in den Schoß fällt, sondern erarbeitet sein will.**

Kinder müssen deshalb früh lernen, dass sie mit dem Einsatz von Ordnung, Sauberkeit, Kreativität, Planung, Disziplin, Beharrlichkeit und Geduld fast alles, wenn nicht sogar alles erreichen können.

Denke immer daran: Es wurde dir von Gott alles gegeben – als Anlage. **Du musst es entwickeln.** Und genau im Verb „entwickeln" steckt die ganze Wahrheit: **Es ist in dir, es ist eingewickelt in dir. Du musst es auffinden und ent-wickeln.**

Und genau dies ist Gnade, denn durch das Entwickeln deiner Möglichkeiten und Fähigkeiten entwickelst du dich, findest du zu deinem Selbstwert, das heißt zu deinem Selbst. **Dies ist die tiefste Bedeutung von Kreativität.**

Dies alles ist aber allein durch Arbeit, durch Anstrengung zu erreichen. Und genau das ist die Gnade, denn Arbeit ist Gnade. Arbeit ist das große Geschenk. Müßiggang ist dagegen die Geißel, die Neid, Gier, Unzufriedenheit, Missgunst und Hass hervorbringt.

**Freue dich deshalb, wenn du arbeiten kannst.** Gehe deinen Kindern mit gutem Beispiel voran. Zeige ihnen, dass du deine Arbeit als Gnade erlebst. Und vermittle ihnen immer wieder, dass Schule, dass Ausbildung ebenfalls eine Gnade sind, denn sie stellen die Weichen für späteren Erfolg.

Und hier kommen wir zu einem weiteren entscheidenden Thema: Zur Wechselbeziehung von Erfolg und Zufriedensein. **Erfolg führt nicht zwangsläufig zum Zufriedensein und Zufriedensein nicht zum Erfolg.**

Worin liegt dann die Wechselbeziehung? **Darin, dass du siehst, was du hast.** Das ist eines der großen Geheimnisse des Lebens: Suche nicht ewig nach neuen Zielen, sondern **sieh, was du hast!**

Die meisten Menschen sind deshalb nicht zufrieden, weil sie sich zu schnell an das Erlangte gewöhnen und nicht sehen, was sie erreicht, was sie sich aufgebaut, was sie heute im Vergleich zu früher zur Verfügung haben.

**Viele Menschen betreiben eine völlig falsche „Buchführung".** Probleme nehmen sie ganz genau wahr und lassen sich in hohem Maße von ihnen beeinflussen. Positives dagegen sehen sie als „selbstverständlich" an und beachten es deshalb nicht.

Du musst von dieser Haltung unbedingt lassen und deine Kinder darauf hinweisen, dass sie **sich bewusst machen, was sie haben – und wie viel dies ist!**

Erfolg nützt dir nämlich nichts, wenn du nicht gleichermaßen siehst, was du hast, und deshalb nicht zufrieden bist, denn **den größten Erfolg stellt deine Zufriedenheit dar!**

Damit kommen wir zu einer weiteren wichtigen Lehre, die uns der Neid erteilen kann: **Plane, was du erreichen willst!**

Was heißt das? Es ist sehr wichtig, dass du dir aufschreibst, was deine Ziele sind, was du wie, wann, womit erreichen willst (vgl. Stephan von Stepski-Doliwa, *Ich bin ich und ich bin gut*).

**Noch wichtiger ist aber, dass du dir aufschreibst, womit du zufrieden sein wirst. Dies ist das aller-, allerwichtigste Ziel**

**im Leben. Denn das größte Gut ist die Zufriedenheit, da sie zuerst zum Glück und dann zur Glückseligkeit führt.**

Lass deshalb niemals Neid stehen, ohne ihn zu hinterfragen. Frage, frage und du wirst zu den größten Antworten geführt werden. Denn alles legte der Herr in deinen Verstand und in dein Herz – nicht aber in deinen Schoß! Das unumstößliche Gesetz lautet: **Glück ist Fleiß. Dieses Gesetz gilt immer, für alle, ohne eine einzige Ausnahme.** Falls du eine Ausnahme zu entdecken glaubst, sei versichert, dass du entweder etwas falsch deutest oder zu wenig Zeit beziehungsweise Leben überblickst. Die Wahrheit ist aber: Keiner bekommt etwas geschenkt. Jeder muss seine Arbeit vollbringen, jeder, der erfolgreich ist, **hat** sich das Seine erarbeitet.

Somit ist es in Ordnung, wenn du neidisch bist, um etwas zu verstehen, um etwas zu ändern, um etwas zu leisten, um etwas zu erreichen. Neid aber ist eine gefährliche Natter, die dich um deine Lebensenergie bringen kann. Darum: Sei neidisch und tu etwas. Tu viel. Dann wirst du eines Tages nicht mehr neidisch sein, weil du erfolgreich bist, Selbstwert aufgebaut und kein Verlangen mehr nach etwas anderem haben wirst.

Alles kann einen positiven, Glück bringenden Ausgang haben: Es hängt ganz allein von deinem Einsatz, deinem Fleiß, deiner Kreativität, deiner Beharrlichkeit, deiner Geduld, deiner Opferbereitschaft und deinem Glauben ab.

Dies sind die Programme, nach denen du leben und die du deinen Kindern vermitteln musst. Das ist das größte Geschenk, das du ihnen machen kannst, denn erstens werden sie dadurch erfolgreich, zweitens bauen sie Selbstbewusstsein auf, und drittens werden sie zufrieden beziehungsweise glücklich sein.

# Durch Herausforderung zur inneren Freiheit

An dieser Stelle möchte ich auf Jeoffry zurückkommen, der an sich arbeitete, weil er seinem Sohn Benjamin ein guter Vater sein wollte. Ich finde diese Einstellung von Jeoffry bewundernswert und beispielhaft.

Worin bestand seine Leistung? Genau genommen war es nicht nur eine, sondern es waren drei: Dass er seine emotionalen Probleme erkannte, dass er bereit war, sie zu lösen, und es tatsächlich auch tat!

Unzählige Menschen scheitern bereits daran, ihre Probleme zu erkennen. Viele schaffen es nicht, sich zu verändern, weil sie zu früh aufgeben beziehungsweise dem Irrglauben anheim fallen, Erfolg sei leicht zu erreichen. Sie werden es im Leben nicht weit bringen. Warum? Weil **das Leben von zwei Faktoren bestimmt ist: Von der Herausforderung und der jeweiligen Reaktion darauf.**

Alles im Leben wird dadurch entschieden, welchen Herausforderungen du dich aussetzt und wie du auf sie reagierst. Ein zurzeit weit verbreiteter Irrglaube bestärkt die Menschen darin, dass sie in ihrem Leben etwas ohne jegliche Anstrengung erreichen könnten.

Dies ist eine sehr destruktive Ideologie. Wenn du ihr unterliegst, kann es passieren, dass du schneller als geahnt zum Sozialfall wirst.

Und hier kommen wir zu einem grundlegenden Punkt: **Wenn es andere betrifft, musst du Mitgefühl haben. Betrifft es dich, erlaube dir keine Ausreden!** Habe Mitgefühl mit dem Bettler, gib ihm Kleidung, gib ihm Essen. Gib ihm nur im größten Notfall Geld, denn du weißt nicht, was er damit tut – und du bist als Geber dafür verantwortlich, wie mit deinem Geld umgegangen wird. Urteile nicht über ihn, denn du kennst sein Schicksal nicht – du weißt auch nicht, was in nächster

Zukunft aus diesem Bettler wird. Vielleicht muss er in dieser Inkarnation Bescheidenheit lernen, um im nächsten Leben eine wichtige Führungsposition einnehmen zu können. Wer weiß!

**Dir selbst aber begegne in diesem Punkt mit der größten Beständigkeit, Disziplin und Selbstreflexion. Erlaube dir kein Zaudern, kein Rationalisieren, kein Verschieben, kein Wehklagen und keinen Neid,** denn diese Verhaltensweisen schwächen dich und lassen deine Göttlichen Fähigkeiten ungenutzt verkümmern. Erlaube dir kein Wehklagen. Erlaube es deinen Kindern, empfinde sie nach, sei ihnen aber ein Beispiel an Planung, an Kreativität, an Durchhaltevermögen, an Genauigkeit, an Disziplin und Geduld. Klage nicht, **gib niemals anderen die Schuld für dein Versagen, sondern übernimm stets die volle Verantwortung für dein Schicksal.** Wenn Unzählige es vom Tellerwäscher zum Millionär geschafft haben, warum schaffst du es nicht zumindest zu dem Wohlstand, den du dir für dich selbst wünschst?

Es liegt alles **an** dir, es liegt alles **in** dir. Wenn es nicht zu deiner Wirklichkeit wird, dann trägst du dafür die Verantwortung, und es haben weder die Welt, die bösen Umstände noch die schrecklichen Mitmenschen die Schuld. Du kannst alles erreichen, also setze es in die Tat um – das ist außerdem die beste Einstellung, die du deinen Kindern mitgeben kannst: **Mitgefühl für andere, Klarheit und Durchhaltevermögen dir selbst gegenüber. Denn: Woran scheitern die meisten Menschen? Sie geben zu früh auf. Sie geben zu früh auf. Und ich wiederhole es noch einmal: Sie geben zu früh auf! Außerdem haben sie keine tragfähigen Ideale!**

Dazu drei Beispiele: **Hans** lernte Karate. Er trainierte so viel, dass er sich immer sicherer fühlte. Anstatt Karate als Sportart und als mögliche Verteidigung zu benutzen, prahlte er, was er nicht alles könne. Größenwahn kommt vor dem Fall. Er war in einem Lokal und legte sich mit einem bösen Mann an. Hans war so in seinem Größenwahn gefangen, dass er es zuerst auf einen Streit und dann auf einen Kampf ankommen ließ. Er hatte seinen Gegner und die Situation völlig falsch eingeschätzt, und nur durch ein Wunder verlor er nicht sein Leben, sondern landete für längere Zeit „lediglich" mit schweren Verletzungen im Krankenhaus.

**Kaspar** erbte ein gut gehendes Geschäft von seinem Vater. Der Vater hatte sich aber mehr um seinen Betrieb als um die Erziehung seines Sohnes gekümmert. Also lernte dieser unbewusst: „Viel in die Arbeit zu investieren ist schlecht, denn dann bekomme ich wenig" (da der Vater wegen seines beruflichen Engagements seinen Sohn vernachlässigte). Also tat er wenig. Kümmerte sich nicht intensiv um Aufträge, ebenso wenig um die Zahlungseingänge beziehungsweise um die Zahlungsausgänge. Und was geschah? Im Nu war er pleite und hatte alles verloren, was sein Vater ihm vererbt hatte.

**Sabine** propagierte immer die freie Liebe. Sie meinte, jeder könne in einer Beziehung tun und lassen, was er wolle. Man/ frau sei ja emanzipiert. Ihr Mann, Thomas, hielt dies für eine ebenso interessante Idee und „genoss seinerseits sein Leben", wie man dies heute nennt. Dann lernte er aber Roswitha kennen, die eine ganz andere Auffassung vertrat. Sie wollte eine klare, feste Beziehung, wollte heiraten, Kinder und somit ein glückliches Familienleben aufbauen. Thomas fand dies faszinierend. Er fühlte sich gemeint, spürte eine Sicherheit und Geborgenheit, die er bei Sabine vermisst hatte, deshalb trennte er sich von ihr und heiratete Roswitha. Sabine fiel aus allen Wolken.

Diese drei Beispiele haben alle eines gemeinsam: **Scheitern ist immer selbst gemacht.** Und wodurch? Durch falsche Vorstellungen, falsche Ideale, falsche Einstellungen. Und was tun die meisten? Sie fragen nicht nach dem Grund ihres Scheiterns. **Das** ist wirklich traurig. Nicht das Scheitern.

Ich finde Scheitern überhaupt nicht schlimm. Jeder Mensch scheitert in der einen oder anderen Hinsicht das eine oder andere Mal. Das ist überhaupt nicht schlimm. Und genau dies sollten Eltern frühzeitig ihren Kindern vermitteln: **Scheitern beziehungsweise das Noch-nicht-Erreichen eines Ziels gehört zum Leben. Wer nicht gut verlieren kann, der kann auf Dauer auch nicht gewinnen. Außerdem lehrt dich dein Scheitern Bescheidenheit, Mitgefühl und Durchhalten. Und lässt du dich nicht unterkriegen, beschenkt es dich außerdem mit Selbstwert!**

**Schlimm ist es deshalb nicht, zu scheitern oder zu verlieren, schlimm ist es, nichts daraus zu lernen!** Und warum ist das schlimm? Weil es zur Wiederholung führt. Denn jeder erhält viele, manchmal unzählige Chancen. Ergreifst du aber keine einzige, so kommt das Nichthandeln, das Versagen, wie ein Bumerang auf dich zurück.

Deshalb lautet das Gesetz: **Versagen entsteht durch Nichthinsehen beziehungsweise Wegschauen.** Wer, wie Hans' Beispiel zeigt, nicht sieht, mit wem er sich gerade auf einen Disput einlässt, der landet mit gebrochenen Knochen im Krankenhaus und kann froh sein, dass er noch mit dem Leben davonkommt! Wer sein Geschäft nicht führt, der kann schnell in die Insolvenz kommen. Wer sich nicht um seinen Partner kümmert, der verliert ihn. Das ist einerseits sehr schmerzhaft, auf der anderen Seite aber sehr gut! „Warum denn das?", fragst du erstaunt. Weil es bedeutet, dass **das Leben berechenbar ist.** Hältst du dich an bestimmte Regeln, dann hast du Erfolg. Hältst du dich nicht daran, wirst du scheitern.

Stell dir vor, ich erzählte dir, es gäbe keine Regeln, es gäbe einfach Pech und Glück. Die einen hätten Glück, die anderen schlicht Pech. Wäre das nicht furchtbar? Und was solltest du deinen Kindern mitteilen? Dass sie tun und lassen können, was sie wollen, es sei sowieso egal, da alles festgelegt sei? Wie schrecklich!

Ich sage nicht nur wie Volker Michels, der Werke von Hermann Hesse unter dem Titel zusammenstellte: *Die Hölle ist überwindbar*, ich drücke es vielmehr positiv aus: **Das Paradies ist hier und jetzt erschaffbar.** Und ich möchte es auf eine sehr simple, aber umso deutlichere Formel bringen: **Hölle, Angst und Schrecken schaffst *du* dir. Du erreichst sie durch Nichtstun und Schuldzuweisungen. Das Paradies erlangst du durch großen Einsatz, positive Ideale, Kreativität, Selbstverantwortung und Geduld.**
Und was bedeutet demnach Misserfolg? Nichts anderes als die Summe deiner Unterlassungssünden. Dies sind wohlgemerkt nicht die Sünden, die du unterlassen hast (!), sondern die Sünden, die dadurch entstehen, **dass** du unterlässt, dass du nichts tust, dass du zu wenig, dass du das Falsche tust und dass du nicht schnell genug lernst, dass du zu unflexibel bist.

Und damit kommen wir zum springenden Punkt: Es gibt keine Hölle. Nur diejenigen, die nicht hinschauen wollen, die partout keine Schlüsse aus dem ziehen wollen, was ihnen begegnet, schaffen sich Situationen, die sich wie die Hölle anfühlen.
Das Gesetz ist im Grunde ganz einfach: **Wer sich nicht dem stellt, was er lernen muss, wird weder innere noch äußere Freiheit erlangen.** Ganz im Gegenteil: Wer ständig und stur wegsieht, dem kann es leicht passieren, dass er sich eine „höllische" Situation nach der anderen schafft.
Viele leben aber bewusst/unbewusst nach dem Motto: Lieber eine vertraute Hölle als ein unbekanntes Paradies. Und warum? Weil sie nicht umdenken, weil sie nichts verändern wollen! Denn Gewohnheiten sind nun einmal lieb und teuer und haften außerdem fest.

So bleiben viele – bewusst/unbewusst – lieber in ihrer Hölle als umzudenken und geben lieber anderen die Schuld, als dass sie ihr Programm als Verlierer und Versager aufgeben. Und so bleiben sie bis zum bitteren Ende gefangen – gefangen in den schrecklichen Mauern ihres Versagerprogramms – genauso wie ihre Eltern, Großeltern, Urgroßeltern. Das Versagerprogramm wird mit größtem Einsatz von Generation zu Generation weitergegeben.

**Doch: Die Hölle ist überwindbar! Ändere deshalb dein Programm!**

## Harte Erziehung ist keine Lösung

Als Elternteil solltest du unbedingt dein Programm der Härte aufgeben. Natürlich kannst du dein Kind durch Härte zum Erfolg erziehen – beziehungsweise zwingen. Wird es dadurch aber auch glücklich und beziehungsfähig? Wenn es dies nicht wird, was nützt ihm dann aller Erfolg dieser Welt? Bist du dann als Elternteil nicht ein ebensolcher Versager wie dein Kind – trotz all **seines** beruflichen Erfolges?

Versager beziehungsweise Eltern mit einem Erziehungsprogramm der Härte geben nicht nur ihr negatives Lebensprogramm weiter, sie sind häufig auch ungerecht, nicht empathisch, nicht idealisierbar und strafen darüber hinaus auch noch hart. **Sie schaden ihren Kindern damit an Leib, Seele und Geist und bewirken nicht selten eine Lernblockade und „eine signifikante Verschlechterung der IQ-Werte"** (James T. Webb, *Hochbegabte Kinder, ihre Eltern, ihre Lehrer*, S. 95).

Diese Eltern sind diejenigen, die behaupten, Kinder zu schlagen sei eine brauchbare Erziehungsform. Solchermaßen ideologisch Verstörte meinen dazu noch: „Wer sein Kind liebt, züchtigt es!" Dies ist genauso plausibel, wie wenn jemand sagte, wer sein Auto liebt, traktiert es mit dem Hammer, wer sein Haus liebt, schlägt die Fensterscheiben ein, wer seinen Kanarienvogel liebt, besprüht ihn täglich mit eiskaltem Wasser.

Warum wählte ich diese Beispiele? Weil Kinder sich genauso wenig wehren können wie das Auto und das Haus oder der Vogel im Käfig. Sie sind auf **Gedeih und Verderb** ihren Eltern ausgeliefert, sie können ebenso wenig entfliehen wie ein Auto, ein Haus oder ein Vogel im Käfig.

Deshalb müssen sich Eltern ihrer besonders großen Verantwortung bewusst werden.

**Denn die Erziehung entscheidet häufig, ob ein Kind ein Gewinner oder ein Verlierer wird – wobei Schwäche und Desinteresse der Eltern sich ähnlich destruktiv wie Härte auswirken.**

Wer seine Kinder hart erzieht, ohne Liebe, ohne Verständnis, ohne Nachempfinden, der ist weit davon entfernt, ihnen die Achtung zu geben, die sie immer verdienen. Kinder, die ohne Liebe, ohne Mitgefühl, ohne Achtung und ohne positive Erfolgsprogramme erzogen werden, haben es sehr schwer im Leben. Und hier kommt der Teil des Mitgefühls, den du Verlierern gegenüber haben solltest: Sie hatten schreckliche Eltern und waren als Kinder wirklich Opfer. Sie haben Programme vermittelt, zum Teil regelrecht eingeprügelt bekommen, die sie zu Verlierern machen.

Habe Mitgefühl mit ihnen.


**War deine Kindheit so wie die gerade beschriebene, dann heile deine Verletzungen. Verfalle aber niemals in sinnloses Klagen und Anklagen.** Pack dich vielmehr wie Münchhausen „am eigenen Schopf" und „zieh dich aus dem Sumpf". **Lass dich nicht gehen und gib dich niemals auf. Bete und werde erfolgreich.**

Wenn du Schonzeit beziehungsweise Hilfe, Stütze und Nachempfinden brauchst, dann gehe zu hervorragenden Therapeuten und arbeite an deinen Verletzungen und benutze deren Mitgefühl, um zu heilen.

Lass dich aber niemals gehen. Verliere dich nicht in auswegloser Ablehnung deinen Eltern gegenüber. Dieses Verhalten endet in einer Sackgasse: Wie viele Menschen schimpfen von früh bis spät auf ihre Eltern, und ... letztlich haben sie deren Verhalten bereits übernommen – oder sind sogar schlimmer! Schon allein deshalb sind sie schlimmer als ihre Eltern, weil zur Zeit ihrer Eltern bei weitem nicht die Möglichkeiten zur persönlichen Entwicklung zur Verfügung standen, auf die sie selbst heute zurückgreifen können.

Schimpfe daher nicht auf deine Eltern, um anschließend völlig zufrieden deine Hände in den Schoß zu legen, deine Kinder gleichzeitig zu demütigen, schroff und ungeduldig mit ihnen umzugehen, sie zu ohrfeigen oder gar übers Knie zu legen.

Schäme dich stattdessen und ändere noch in diesem Moment dein Verhalten.

Ebenso schrecklich beziehungsweise verwerflich ist es, wenn du, um dein Kind zu strafen, **Tage oder gar Wochen lang nicht mit ihm sprichst. Wisse: Dies hat nichts, aber gar nichts mit liebevoller Erziehung zu tun**, sondern beweist vielmehr, wie verschlossen dein Herz ist. Deshalb: Anstatt zu schweigen, kläre mit deinem Kind. Halte Kontakt zu ihm. Sag, womit du Schwierigkeiten hast. Bleib aber als die wichtigste Bezugsperson erreichbar. Sei mit offenem Herzen auch dann für dein Kind da, wenn es ein Verhalten zeigt, das du nicht billigst.

**Kritisiere das Verhalten, nicht aber das Kind. Sage:** „Dass du die Schule schwänzt, finde ich gar nicht gut!"

Sage nicht: „Wie schlecht bist du, dass du die Schule schwänzt!"

Und bedenke: **Wenn du ein Mal kritisierst, musst du anschließend fünf Mal loben.**

Im Goldenen Zeitalter brauchen wir Menschen, die Liebe, Achtung, Opferbereitschaft, Selbstverantwortung, Einsatz, Mitgefühl, Milde und Geduld leben.
Die Kinder, die diese Eigenschaften verwirklichen, sind jetzt schon auf Erden und werden von Eltern erzogen, die meine ganze Hochachtung genießen. Denn ich liebe die Eltern, die mit Verständnis, mit Liebe und Kreativität ihren Kindern das vermitteln, was diese lernen müssen, um strahlende Lichter dieser Welt zu werden – nein, zu bleiben, denn das große Licht haben sie bereits in ihrem Herzen!

# Aufgaben der Eltern

Wir haben nun immer wieder gesehen, worin wichtige Aufgaben der Eltern liegen und wie groß ihre Verantwortung **und** ihre Leistung sind. Eltern sind die entscheidenden Personen im Leben eines jeden Kindes, die nur dann von anderen ersetzt werden können, wenn sie nicht da sind (zum Beispiel weil sie früh starben) oder weil sie in ihrer Elternrolle so versagt haben, dass andere den Kindern Besseres geben konnten (zur Adoption weiter unten).

Aber auch wenn sie nicht da sind beziehungsweise versagen, so bleiben sie immer entscheidend für ihre Kinder, denn nur durch sie bekamen diese ihren Körper in dieser Inkarnation.

## Die Aufgaben der Männer

Die Männer repräsentieren die Familie nach außen. Der Beruf des Mannes, sein Status in der Gesellschaft und nicht zuletzt sein Einkommen bestimmen zu einem großen Teil das Ansehen einer Familie.

Männer leisten hier häufig sehr viel. Nicht wenige setzen ihre Gesundheit, ihren inneren Frieden oder gar ihr Leben aufs Spiel, um das Geld zu verdienen, das sie zum Erhalt ihrer Familie benötigen.

Viele Männer haben in diesem Zeitalter aber einen, manchmal sogar drei gravierende Fehler: Sie kennen es nicht, zu lieben beziehungsweise geliebt **zu werden**, sie kennen es auch nicht, geachtet zu werden und zu achten, und sie haben keine tragfähigen Ideale.

Viele Männer von heute gebärden sich wie streunende Hunde, die ziellos nach Nahrung, sprich: Geld, Erfolg, Ansehen und Erotik suchen. Sie finden diese oft nicht – zumindest nicht auf Dauer, denn diese vier gedeihen am besten auf einem Nährboden, der aus Verantwortung, klaren Zielen, fundierten Idealen, aus Ruhe und Liebe besteht.

Die meisten Männer lehnen aber Verantwortung ab. Sie lieben es stattdessen, bei anderen die Schuld zu suchen – und gehen damit den allersichersten Weg zum Misserfolg!

Ebenso viele haben entweder keine klaren Ziele, oder sie schreiben sie nicht auf – oder beides! Dies stellt natürlich eine klare bewusste/unbewusste Entscheidung dar, nirgendwohin zu kommen – und schon gar nicht zu Erfolg und Wohlstand!

Schreibe deshalb stets fest umrissene Ziele auf, denn dies ist so, als fragtest du die Auskunft nach der Telefonnummer einer Person, von der du den Namen, die Stadt, die Straße und außerdem auch noch weißt, **dass** sie ein Telefon hat und die Nummer auch eingetragen ist. Die Nummer wirst du bei diesen detaillierten Angaben bald gesagt bekommen. Weißt du aber weder die Straße noch genau den Ort noch ob derjenige überhaupt ein Telefon besitzt und wenn ja, ob es eingetragen ist, dann wird sich die Suche schwierig und das Finden unmöglich gestalten.

Wie nebenbei sind hier zwei entscheidende Termini aufgetaucht: **Suchen** und **Finden**!

Es ist nun leider so, dass viele Männer lieber suchen als finden. Sie werden dies kategorisch abstreiten, letztlich macht es aber nur deutlich, wie wenig sie sich kennen und wie sehr sie Opfer gefährlicher Illusionen sind.

Lebst du selbstverantwortlich, dann gibt es für dich eine einfache Faustregel: Hast du, privat und beruflich, Erfolg, dann machst du wahrscheinlich einiges richtig. Hast du keinen, dann sitzt du mit Sicherheit großen Irrtümern und gewaltig falschen Vorstellungen auf.

**Alessandro** zum Beispiel hat es nicht weit gebracht. Woran das liegt, kannst du einem Satz entnehmen, den er zu Claudio sagte. Sie lernten sich zufällig in einer Bar kennen, als sie beide einen Kaffee tranken. Sie kamen ins Gespräch, und Alessandro staunte, wie weit Claudio im Leben gekommen war. „Deine Eltern haben dir dein Studium gezahlt, nicht wahr?", fragte Alessandro. „Nein, ich habe es mir verdienen müssen", antwortete Claudio. Und was sagte Alessandro darauf? „Ich hatte keine Zeit dazu, denn ich musste bereits früh arbeiten!" Alessandro war so in seinem Programm gefangen, dass er gar nicht erkannte, dass Claudio auch arbeitete – **aber mit einem ganz anderen Ziel!**
Zu dieser Antwort passt der etwas maliziöse Satz: *Wer arbeitet, hat keine Zeit, Geld zu verdienen!* Was heißt das? Viele Männer haben keine Ziele, keine Ideale, keinen Selbstwert und häufig auch nicht viel Liebe. Sie enden wie Alessandro: Klagend, unzufrieden, den anderen die Schuld gebend – besonders den Umständen, den Kollegen und der eigenen Frau!
Sie werden es, solange sie ihr Programm nicht ändern, nicht wie Claudio schaffen, sich ein erfolgreiches Leben aufzubauen.
Claudio gab niemandem die Schuld. **Er sah vielmehr seine große Freiheit darin, dass er für sein Leben allein und voll verantwortlich war.** Er hatte sein Leben in der Hand – kein anderer. „*Deshalb*", so sagte er stets, „*kann ich alles aus meinem Leben machen! Ist das nicht wunderbar?!*" Er kam deshalb weit und hatte sowohl privat als auch beruflich großen Erfolg, war glücklich und zufrieden.

# Die Aufgaben der Frauen

Warum haben Männer, wie ich sie oben beschrieben habe, kein glückliches Familienleben? Weil sie an die „falsche" Frau geraten!

Ein Mann, der keinen guten Selbstwert hat, der anderen die Schuld zuschiebt, der keine klaren Ziele und weiter reichenden Ideale hat, wird mit an Sicherheit grenzender Wahrscheinlichkeit eine ähnlich denkende Frau suchen und finden. Der Streit ist damit vorprogrammiert. Denn beide werden vom anderen die Bestätigung, die Anerkennung, die Achtung und Liebe einfordern, die sie selber nicht geben können, nie bekommen haben und auf diesem Weg nie erhalten werden.

Zu diesem Elend trägt die heutige weit verbreitete Ideologie stark bei. Denn sie vertritt neben vielem anderen Unsinn, dass Menschen, was Partnerschaften betrifft, mehrere oder gar viele verschiedene Erfahrungen machen sollen. Die Anhänger dieser Ideologie wissen natürlich nicht, wovon sie sprechen, sonst würden sie dies mit Sicherheit nicht so vollmundig vertreten.

Ich sage dagegen: Eine Frau, die mehr als maximal drei Beziehungen hatte, ist beziehungsunfähig. Und ein Mann, der mehrere Partnerschaften hatte, entscheidet sich schließlich für eine Frau, die beziehungsunfähig ist. Du kannst dir vorstellen, wie es beiden ergehen wird, wenn sie versuchen gemeinsam eine Familie aufzubauen, Kinder großzuziehen beziehungsweise Erfolg zu haben! Es geht ihnen, wie es den meisten Paaren heutzutage geht: Sie haben Streit, Kampf, Verachtung und innere beziehungsweise äußere Zerstörung. Ist die Situation für einen oder beide unerträglich geworden, trennen sie sich in der Hoffnung, der Horror würde damit enden. Besonders wenn sie gemeinsame Kinder haben, werden sie eines anderen belehrt: Der Horror geht unvermindert weiter und zieht noch weitere Kreise!

Frauen tragen hier einen nicht zu unterschätzenden Teil bei. In allen vier Bänden dieser Reihe habe ich immer wieder die entscheidende Rolle der Frau hervorgehoben. In *Sai Baba spricht über die Welt und Gott* gibt es keine Geschichte, die nicht die Frauen lobt und die Männer ermahnt. Jetzt muss ich den Frauen stark ins Gewissen reden, denn sie sind sich vielfach überhaupt nicht bewusst, was sie anrichten, wie zerstörerisch sie sind, wie wenig Chancen sie Mann und Kindern lassen, weil sie zu wenig – wenn überhaupt! – gelernt haben, für sich zu sorgen, sondern vielfach ein Leben der Selbstaufgabe bis hin zur Selbstzerstörung leben.

Deshalb ist das Hauptproblem der Frau in der heutigen Zeit ihr mangelnder Selbstwert. Dieser entsteht durch schlechte Erziehung (siehe weiter unten) und falsche Formen der Partnerschaft. Die Frau baut ihren Selbstwert auf, indem sie eine glückliche und tragfähige Beziehung und Familie aufbaut. Gelingt ihr dies nicht, wird trotz ihres beruflichen Erfolgs ihr Selbstwert darunter leiden, und sie wird keine Möglichkeit sehen, ihren Selbstwert zu verbessern. Und warum? Weil die Frau unbewusst weiß, wie viel Macht sie hat und wie wenig sie diese positiv lebt – besonders dann, wenn ihre Ehe unerfüllt ist. Entwickelte Frauen verfügen nämlich über eine Beziehungsfähigkeit, die dem Mann nicht eigen ist.
Viele Frauen haben leider nur gelernt, wie sie einen Streit beginnen und wie sie sich darin behaupten können – sie haben durch ihr Elternhaus und die Medien reichliche und reichhaltige (!) Lektionen diesbezüglich erhalten. **Wie sie einen Streit verhindern oder, wenn er bereits im Gange ist, gut beenden können, das haben sie nicht gelernt – und in der Schule gibt es dazu leider auch kein Unterrichtsfach.**

So haben Frauen und Männer in diesem Zeitalter durch ausgiebiges Anschauungsmaterial – zu Hause und in Film und Fernsehen – gelernt, wie man/frau streitet und eine leidenschaftliche Beziehung führt. Wie sie dagegen Glück, Harmonie, Achtung und gegenseitiges Verstehen erreichen können, wird heutzutage kaum thematisiert!

## Negative Bilder, positive Bilder

Frauen sollten deshalb Verantwortung übernehmen. So, wie ein Mann sich nicht herausreden sollte, dass es die „böse Gesellschaft und die schrecklichen Umstände" sind, die seinen Erfolg verhindern und ihn zu wenig Geld verdienen lassen, so sollten Frauen realisieren, dass sie in unzähligen Fällen keine ihrer „Anima-Fähigkeiten" leben, durch die sie schnell einen Streit entschärfen könnten.

**Anima-Fähigkeiten sind**: Beziehung geben, Nachempfinden, Mitgefühl, Ausgleich schaffen, Win-win-Situationen herbeiführen (also Situationen, in denen beide gewinnen können!) und *„die Entwicklungsbedürfnisse anderer erfassen und ihre Fähigkeiten fördern"* beziehungsweise *„die durch die Verschiedenheit der Menschen entstehenden Chancen ausbauen"* (Daniel Goleman, *EQ, Der Erfolgsquotient*, S. 168 f.).

Frauen sollten beginnen, ihre großen sozialen Fähigkeiten zu leben, und sie sollten sehen, wie mächtig, wie einflussreich sie sein können. **Frauen müssen aufhören, sich klein zu machen und anderen**, besonders den Männern, die Schuld zu geben.

Frauen leben nicht im Entferntesten ihre Fähigkeiten, **vor allem ihr außerordentliches Beziehungspotenzial.** Es wird ihnen nichts helfen, sich selbst zu bemitleiden und sich mit Leidensgenossinnen zusammenzutun.

Viele Frauen machen sich letztlich nicht klar, was und wie sie von sich denken. Sie meinen, die anderen, besonders die Männer, dächten schlecht über sie. Stellen sie dies aber einmal in einer Gruppe insofern auf, als zum Beispiel eine Gruppenteilnehmerin sie selbst darstellt und eine andere die „schlechte Frau" spielt, also die Frau, die sich selber ablehnt und/oder schlecht findet, dann können sie sich bewusst machen, wie sie in Wahrheit von sich denken. **Und erleben sie** durch eine solche Aufstellung unmittelbar, wie sie unbewusst über sich selbst denken, dann staunen sie und **bekommen durch Bewusstmachung und Veränderung der unbewussten Programme eine andere Sichtweise** – und alle Vorwürfe fallen weg!

**Viele Frauen denken miserabel von sich, erwarten aber vom Partner, dass er positiv über sie denkt. Dies ist ein unmögliches Unterfangen. Auch hier muss sich die Erziehung grundlegend ändern**, wie ich weiter unten ausführen werde.

Die Wahrheit ist: Sobald eine Frau ihr Bild von der schlechten Frau gesehen, angenommen und verabschiedet hat und zur guten Frau gekommen ist, verändert sich ihre Beziehung dramatisch! Zum Positiven! Was davor noch unüberwindbar erschien, löst sich nun wie von selbst. Es löst sich vom Selbst her, denn die Frauen (ebenso wie die Männer, die zum guten Mann gelangen) finden in sich eine Stärke, eine Ruhe, eine Bereitschaft zu geben und in Frieden zu klären, die ihnen zuvor nicht zugänglich waren.

Liebe Frauen, macht euch nicht klein. Wer stark ist wie ihr und sich klein macht, ist nicht in der Wahrheit. Und wer nicht in der Wahrheit ist, zerstört seinen Selbstwert. Wer seinen Selbstwert zerstört, verliert sich, seinen Partner, seine Kinder.

Wachse innerlich. Sieh deine Kraft. Ergreife deine Verantwortung, die du deiner Beziehung und deinen Kindern gegenüber hast.

Klage nicht, sondern ändere etwas.

Gut, dein Mann ist der schlechteste der ganzen Welt. Was nützt dir das Klagen oder gar eine Trennung? Du würdest nur **ihm die Schuld** geben. **Übernimm stattdessen Verantwortung** und frag dich, warum du ihn gewählt hast. Warum hast du dich mit ihm zusammengetan? Warum hast du damals nicht wahrgenommen, was du meinst heute zu sehen? Siehst du denn heute richtig? Dies ist doch allein schon deshalb nicht möglich, weil du dann als Erstes **deine Verantwortung** und **nicht seine Schuld sähest**. Darüber hinaus hast du viel öfter als du denkst die Möglichkeit, ihn dadurch zu verändern, dass **du** dich veränderst.

Frauen haben unschätzbare kommunikative Fähigkeiten. Warum werden sie so wenig gelebt? Warum laufen die Frauen nicht Sturm gegen die zerstörerische Kommunikation in der negativ männlich-, animus-geprägten Unterhaltungsindustrie? Warum setzen so viele Frauen heute – wie die Männer! – auf Kampf und Streit und nicht auf **die positive Macht der inneren und äußeren Bilder, die automatisch in die Kommunikation einfließen?**

Liebe Frauen, **entwickelt euren Selbstwert!** Lasst euch nicht von denjenigen in die Irre leiten, die euch Egoverwirklichung als Selbstverwirklichung verkaufen. Ich sage euch: Ihr habt riesige positive Fähigkeiten, die ihr kaum, wenn überhaupt, lebt. Findet euch selbst. Findet eure Kraft, macht nicht die ganzen dummen Spielchen mit, die eine extrem negative, animus-gesteuerte Gesellschaft euch vorschreibt. Findet die wahren weiblichen Fähigkeiten und Werte, die besonders in der positiven Kommunikation und der Fähigkeit liegen, stabile, dauerhafte, glückliche Beziehungen zu schaffen und zu führen. Ohne euch zu verlieren, ohne den Mann zu verlieren, sondern indem ihr euch wahrhaft findet!

## Die große Leistung der Mädchen

Viele werden nun sagen: „Na schön, dann bauen wir eben Selbstwert auf. Ob dann aber alles besser geht? Und was können wir als Eltern in der Erziehung anders machen?" Welch eine kluge Frage! Sie beinhaltet die ganze Antwort. Es wird nämlich viel zu wenig gesehen, **was Mädchen leisten und warum Frauen die besondere Fähigkeit haben, Beziehung zu geben.**

Das will ich dir erklären.
Mädchen haben wie Jungen bereits vor der Geburt einen sehr engen Kontakt zur Mutter. Sie werden sodann von der Mutter gestillt, getröstet, getragen, geliebt.
**Das Liebesobjekt der kleinen Mädchen – wie der kleinen Jungen – ist somit die Mutter.**
**Dann kommt die Revolution: In der ödipalen Phase, wie Freud sie nannte – also zwischen dem 3. und dem 6. Lebensjahr –, muss sich das Mädchen völlig umstellen: Nun ist nicht mehr die Mutter das Liebesobjekt, sondern der Vater. Welch eine Leistung das kleine Mädchen hier vollbringt! Was muss sie aufgeben, wie sehr muss sie sich neu orientieren. Wie einsam sie ist!**
**Und wird sie in ihrer Riesenleistung gesehen und nachempfunden? Streichelt ihr die Mutter über das Haar und sagt ihr *innerlich*, was diese spürt: „Meine süße Kleine, ich weiß, was du jetzt leistest, wie schwer es für dich ist, dich ganz neu auszurichten. Aber sei versichert: Ich verstehe dich, ich stehe immer zu dir, ich bin immer für dich da, denn du bist mein über alles geliebtes Kind!"?**

Und der Vater, ist er für seine Tochter da? Ist er für sie erreichbar? Kann sie ihn lieben und idealisieren? Nimmt er sie in den Arm und gibt ihr das Gefühl von Liebe, Sicherheit und Geborgenheit – ohne die wenn auch subtilste Form von Verführung, ohne Kampf gegen die Mutter, die ebenfalls sehr viel leistet, da sie ihre Tochter loslassen muss? Sieht der Mann, dass seine Frau Ähnliches vollbringt wie seine Tochter?

Deshalb ist es die Aufgabe des Mannes zu sehen, wertzuschätzen und sowohl seiner Frau als auch seiner Tochter zu sagen, was sie leisten.

Beide Eltern müssen die Leistung ihrer Tochter sehen, die sie nun vollbringt. Es ist diese Leistung, die ihr eines Tages ihre besondere Beziehungsfähigkeit gibt, denn sie kennt beide Ausrichtungen – auf die Mutter *und* den Vater.

Deshalb sind Frauen, deren ödipale Phase glücklich verlief, so beziehungsfähig, so nachempfindend, so verständnisvoll, so in sich ruhend, so zufrieden mit sich und anderen und so positiv. Sie können sich so gut einfühlen, weil sie sowohl der Mutter als auch dem Vater so nahe, so inniglich verbunden waren.

Erst wenn Mädchen in dieser großartigen Leistung gesehen werden, erst wenn ihre Eltern sie besonders unterstützen, weil sie sehen und *nachempfinden*, was sie leisten, wird es einen Zuwachs an Selbstwert bei den Frauen geben. Und diese gesehenen, nachempfundenen, geachteten und geliebten Frauen werden glückliche, liebevolle, ruhige Beziehungen führen und damit glückliche Familien schaffen.

Sie werden der Kern des Goldenen Zeitalters sein.

Denk deshalb sowohl als Mann als auch als Frau: Wie schön, dass es Mädchen gibt, wie schön, dass es Frauen gibt, denn sie sind das gute Herz der neuen Zeit.

## Erhalte die Freude der Kinder

Glückliche Eltern können die meiner Ansicht nach aller-, allerwichtigste Erziehungsaufgabe erfüllen: **Das Erhalten der Freude ihrer Kinder.** (Vgl. dazu auch das hervorragende Buch von Henning Köhler *Von ängstlichen, traurigen und unruhige Kindern*, in dem er aufzeigt, wie Eltern sich am besten in ihr Kind einfühlen können).

Menschen, die sich vornehmen, jeden Tag zu lachen, haben per se bereits einen der großen Grundsätze des Lebens begriffen: **Immer aus allem das Beste zu machen.** Oder anders gesagt: **Ein Tag ohne Lachen ist ein verlorener Tag!** Geh nicht am Abend ins Bett, wenn du an dem Tag noch nicht gelacht hast.

Lache. Lache allein. Lache mit deinem Partner. Lache mit deinen Kindern. Lache mit deinen Freunden. Lache mit Bekannten, Fremden und mit Unbekannten. Lache, wann immer du kannst. **Sofern du nicht auf Kosten anderer lachst.** Denn das Lachen auf Kosten anderer ist nicht lustig, sondern traurig und daher für ein glückliches Leben nicht erstrebenswert. Wenn du schon **über jemanden** lachen willst oder musst, dann **lache über dich.** Dabei kannst du niemanden verletzen, und alle werden es dir danken.

Lache mit deinen Kindern. Überlege dir täglich, womit du sie zum Lachen bringen kannst. Kinder, die von Herzen lachen können, sind fröhliche Kinder. Fröhliche Kinder sind gesunde Kinder.

**Tu alles, aber auch alles, um das Lachen deines Kindes zu erhalten und zu fördern!**

Achte auf dein gesundes Gefühl. Wenn dein Kind nachts nicht schlafen kann, dann verwende ja nicht die schrecklichen Lehren des furchtbaren Buches *Jedes Kind kann schlafen*, nach dem – mit der brutalen Technik, dein Kind jeden Tag eine Minute länger schreien zu lassen –, bei ihm eine solche Hilflosigkeit erzeugt wird, dass es nicht mehr schreit. Weißt du, wie sehr du damit deinem Kind schadest? Ist dir bewusst, wie sehr du seinen Selbstwert schwächst und wie viele Ängste du erzeugst? Und wer sagt dir, dass dein Kind nicht zum Beispiel **ADS** (Aufmerksamkeits-Defizit-Syndrom, vgl. weiter unten) und/oder ein osteopathisches Problem hat, das möglicherweise durch eine komplizierte Geburt entstand? Wer sagt dir, ob dein Kind nicht deine besondere Fürsorge benötigt, um alte Wunden, vielleicht aus einem früheren Leben, zu heilen?

Ja, manche Nächte sind sehr hart. Manche Nächte scheinen unerträglich zu sein. Du hast vollkommen Recht. **Aber, trotz all der Anstrengung, die sie dir abverlangen, lohnt es sich nicht allemal, das Lächeln in den Augen und das Lachen im Gesicht deines Kindes zu erhalten?**
Sieh alle Mühen unter diesem Blickwinkel: **Ist es nicht beinahe jede Mühe wert, wenn damit die Freude in der Seele, im Herzen, im Gesicht deines Kindes erhalten bleibt oder – o Wunder! – sogar intensiviert wird?**

**Die Freude deines Kindes ist das Wichtigste. Du kannst deinem Kind für sein späteres Leben nichts Größeres mitgeben als Freude verbunden mit Disziplin.** Das ist das allerwichtigste Ziel aller Kindererziehung: **Sie will die Kinder freudig, leicht und gleichwohl verantwortungsbewusst und konsequent aus dem Haus gehen lassen.**

Kannst du Größeres leisten, als Kindern diese Eigenschaften auf ihrem Weg mitzugeben?
Liegt im Weitergeben dieser Werte nicht das allerbeste Erfolgsprogramm?

## Fröhlichkeit und Erfolg

Wer seine Kinder leicht und doch zielgerichtet erzieht, lehrt sie die „*Delfinstrategien*", die Dudley Lynch und Paul Kordis in ihrem so betitelten Buch sehr klug und mit viel Humor beschreiben. Sie unterscheiden vier verschiedene Verhaltensweisen: Die von Karpfen, von pseudo-erleuchteten Karpfen, von Haien und von Delfinen. Und da ihre Unterteilungen so treffend sind und so wunderbar deutlich machen, was Erziehung im guten und im schlechten Sinne erreichen kann beziehungsweise unbewusste Programme bewirken, zitiere ich ihre Definitionen und Unterpunkte (S. 80-82):

*„Karpfen singen: „Ich kann nicht gewinnen." Und sie wiederholen die Botschaft in allen ihren Veränderungen und in ihren die Chancen negierenden Variationen sogar bis zur Leugnung der wahren Konsequenzen des Versagens:*
- *„Unwissenheit ist ein Segen."*
- *„Ich war früher hilflos und ich werde immer hilflos sein."*
- *„Mein Leiden hat einen Sinn."*
- *„Verlieren gehört zum Leben."*
- *„Alle wichtigen Gewinne enthalten ein Element des Opfers."*

*Pseudo-erleuchtete Karpfen glauben: „Alle Fische sollten sich lieben und füreinander sorgen. Damit es so wird, muss ich nur glauben, dass es so ist."*

*Sie fördern diese Philosophie auf unterschiedliche Weise:*

- *„Es spielt keine Rolle, wer gewinnt oder verliert – es kommt darauf an, wie man spielt."*
- *„Es ist nicht das Ziel, das zählt, sondern der Weg."*
- *„Ich muss nur ständig ‚gehen lassen', und alles wird gut."*

**Haie summen: „Ich muss gewinnen." Und ihre Propaganda umfasst die folgenden Variationen:**

- *„Da draußen frisst schließlich ein Hai den anderen."*
- *„Ich wollte dir wirklich nicht die Hand abhacken, aber ich hatte keine Wahl, als du nach deinen Chips gegriffen hast."*
- *„Ich wollte dir wirklich die Hand abhacken, und bevor du nach deinen Chips gegriffen hast, hättest du an meine Warnung denken sollen."*
- *„Ich wollte dir wirklich die Hand abhacken, als du nach deinen Chips gegriffen hast, obwohl ich dir versichert hatte, dass das nie meine Absicht war."*
- *„Konkurrenz ist unvermeidlich."*
- *„Konkurrenz motiviert uns, das Beste zu geben."*
- *„Konkurrenz ist die einzige Möglichkeit, Spaß zu haben."*
- *„Konkurrenz bildet den Charakter."*

**Der Delfin sagt: „Ich möchte, dass wir beide gewinnen, und dass wir elegant und überzeugend gewinnen. Es spielt keine Rolle, wie die Chancen stehen oder wie groß die Schwierigkeiten sind oder wie lange es dauert." (...)**

- *„Wir müssen lernen, die Kraft der Welle zu vervierfachen."*
- *„Wir müssen lernen, zwingende Visionen zu schaffen und nach ihnen zu handeln."*

- „*Wir müssen den Prozess des Freigebens und Loslassens erlernen.*"
- „*Jeder Einzelne von uns muss eine starke Selbstachtung entwickeln.*"
- „*Wir müssen lernen, für Überraschungen und die Zukunft offen zu sein.*"
- „*Wir müssen verantwortlich sein.*"
- „*Wir müssen einen persönlichen Lebenszweck entdecken und danach handeln.*""

Durch diese Definitionen und die Bilder der verschiedenen Fische und ihrer Lebensweise wird wunderbar deutlich, was innere Einstellungen bewirken, sprich: was **Erziehung** bewirkt.

Denke immer daran: **Du wirst, was du denkst. Und noch deutlicher: Dein Kind wird, was *du* denkst!**

Eigne dir deshalb so schnell wie möglich die Delfinstrategien an und gehe ebenso fröhlich, ebenso leicht, ebenso erfolgreich durchs Leben wie Delfine – die großen Menschenfreunde.

Und bedenke: Kein Hai kann Delfinen etwas antun, denn sie leben in festen Familienverbänden, die eng zusammenhalten und so lange einen Hai mit ihrer Nase anstupsen, bis dieser entweder verschwindet oder daran stirbt. Aus dieser Strategie der Delfine kannst du noch eine weitere sehr wichtige Lehre ziehen: **Die Delfine beißen nicht. Die Haie sind aber so auf Kampf ausgerichtet, dass sie einfach nicht fliehen und dadurch umkommen**!

Denke ans Glück, ans Lachen, an Humor, gestalte dir und deinen Kindern das Leben leicht und zielgerichtet wie das eines Delfins, dann werden deine Kinder ebenso erfolgreich, ebenso hilfsbereit (denke an die Delfintherapie, bei der Schwerstbehinderte durch den Kontakt mit den Delfinen Linderung, wenn nicht gar Heilung finden, vgl. den bewegenden

Bericht von Kirsten Kuhnert, *Das Geschenk der Delfine*), ebenso glücklich wie diese wunderbaren Säuger, die ein viel größeres Gehirn als der Mensch haben – und vielleicht deshalb ständig zu lachen scheinen?!

## Lehren von Lösungen

**Der Verlierer** denkt: *Es gibt keine Lösung, und wenn, dann ist sie für mich unmachbar, unmöglich, zu teuer, zu langwierig und bringt am Ende nichts.*
**Der Gewinner** denkt: *Helfe ich mir selbst, so hilft mir Gott! Es gibt immer mindestens drei Lösungen: Eine auf der geistigen, eine auf der seelischen und eine auf der körperlichen Ebene.* Kann ich demnach nichts auf der körperlichen, auf der faktischen Ebene ändern, so denkt der Gewinner, dann bemühe ich mich um eine andere emotionale Einstellung oder denke einfach anders darüber. Warum sollte sich aber nichts ändern lassen? Es gibt doch immer einen Weg!
So denkt ein Gewinner, und weil er so denkt, gewinnt er. Und warum? **Weil er kein Scheitern kennt.** Das ist sein Geheimnis. Gewinner kennen nur verschiedene Etappen auf dem Weg zu dem, was sie sich als Ziel gesetzt haben. Thomas Edison, der unter anderem die Glühbirne (vgl. auch Heinrich Goebel!) und das Grammofon erfand, machte sage und schreibe 10.000 Versuche, bis er die Lösung fand. Und er betrachtete jeden Versuch, der nicht klappte, als einen Hinweis, dass er in einer anderen Richtung weiterforschen sollte. Keine Rede von Scheitern, keine Rede von Versagen, sondern nur von vielen verschiedenen Schritten zu dem einen Ziel hin. Kein Wunder, dass er das Ziel erreichte. Gewinner erreichen immer ihr Ziel, weil sie auch das Noch-nicht-Erreichen des Zieles als einen wichtigen Schritt betrachten. **Sie reden von Noch-nicht-Erreichen**, nicht von Scheitern, nicht von Versagen.

Dies ist das nächste wichtige Ziel von Erziehung: Kindern beizubringen, **ihre Kreativität zu nutzen, um Lösungen zu finden** – wohlgemerkt **finden, nicht suchen.** Es sind diese feinen Unterschiede, die für das Erreichen der Ziele so wichtig sind: Willst du suchen, dann wirst du suchen. Willst du dagegen finden, dann wirst du dein Ziel erreichen.

Rudolf Steiner, Rebeca Wild, Maria Montessori haben dies immer wieder betont: Kinder müssen **so erzogen werden, dass ihre Kreativität nicht zerstört, sondern vielmehr gefördert wird.**

In der heutigen Zeit wird nicht mehr belohnt, wer gut auswendig lernen kann, vielmehr sind **seine Kreativität, seine Flexibilität, seine emotionale Intelligenz gefragt.**

**Gute Noten, hervorragende Anpassung sind nicht mehr der Garant für Erfolg.**

Daniel Goleman beschreibt und belegt immer wieder in seinem hervorragenden Buch *Emotionale Intelligenz*, wie wichtig die seelische Entwicklung des Kindes und des späteren Erwachsenen ist. Diese emotionale Intelligenz entscheidet zwischen Erfolg und Misserfolg, zwischen Glück und Unglück.

Diese grundlegenden Unterschiede müssen Eltern kennen und ihre Erziehung danach gestalten. Das Zeitalter des Kadavergehorsams ist vorbei. Und was hat es der Menschheit beschert? Genau das, was in dem Wort steckt: Kadaver. Die Menschen wurden zum Krieg erzogen, zum Kämpfen, zum Töten, zum willenlosen Gehorchen. Dies führte zu unzähligen Kriegen, Verwüstungen und unendlichem Leid.

Damit muss nun Schluss sein. Wir brauchen keine lebenden Kadaver, die wie Roboter die schrecklichen Befehle ihrer furchtbaren Führer ausführen. Wir brauchen lebendige, glückliche, kreative Menschen, die eine geglückte Verbindung von

Kopf und Herz gefunden haben und deshalb offen sind **für Liebe, für Gemeinsamkeit und kreative Lösungen.** Deshalb müssen die Kinder des neuen Zeitalters in Kontakt mit ihrer Kreativität kommen, denn diese ist die Voraussetzung für dauerhaftes Glück. Warum? Weil Glück nicht durch Starre und Sturheit, sondern durch Veränderung und Leichtigkeit entsteht .

Wie heißt das Göttliche Gesetz? **Halte nichts fest – und es wird dir erhalten bleiben. Binde es fest – und du wirst es verlieren.**
**Erzwinge nichts – und alles kommt zu dir. Lass los – und du behältst.**
Warum ist das so? Weil Sturheit, Halten, Zwingen, Binden Eigenschaften des Ego, das heißt Ausdruck eines mangelnden Selbstwertes sind.
Das Selbst kann dagegen loslassen, denn es weiß, dass alles zu ihm kommt, und dies zur rechten Zeit in der angemessenen Fülle.
Glaube an dich, glaube an deinen Partner, glaube an deine Kinder, glaube an Gott, und du wirst ein wunderbares, kreatives Leben führen, das dir unzählige glückvolle Lösungen bescheren wird.
Und lebst du so, dann bist du damit das größte Geschenk für deine Kinder, denn dieses Vorbild wird sie ein Leben lang begleiten und zum Erfolg führen.

## Lehren von Werten

Damit kommen wir zu dem entscheidenden Thema: **Das primäre Ziel von Erziehung sollte nicht Wissensvermittlung, sondern das Bilden von Charakter sein. Oder anders ausgedrückt: Es geht nicht primär um das Bilden immer**

**größerer „Wissensdepots" auf Kosten der Persönlichkeits-entwicklung, sondern um das Erlangen eines guten Charakters plus fundierter Ausbildung! Alles andere ist vergeudete Zeit! Denn allein der gute Charakter, verbun-den mit profundem Wissen, ist ein Garant von Glück.**

Die Probleme der heutigen Zeit rühren daher, *dass Menschen über immer weniger immer mehr wissen.* War Goethe noch das letzte Universalgenie, so gibt es heute ein Heer von angeb-lichen Fachleuten, die aber deshalb in Wahrheit nicht „vom Fach" sind, weil ihnen sowohl die Ethik als auch das umfas-sende Wissen dazu fehlen.

Unzählige Fachleute haben heute kein Berufsethos mehr. Vor ca. fünfzig Jahren gab es dies beispielsweise in vielen Ländern der EU noch. Damals haben Menschen noch gearbeitet, **um etwas zu schaffen.** Es war ihnen wichtig, dass ihre Arbeit gut und damit sinnvoll war. Heute scheint dies vielfach nicht mehr zu gelten, denn es geht überwiegend nur mehr um Geld.

Geld ist wichtig, und der rechte Umgang damit sollte den Kindern auch gelehrt werden (siehe weiter unten). Geld ist aber kein Ziel an sich, was heute oft missverstanden wird.

Die mit der Natur eng verbundenen Indianer glaubten, wenn der weiße Mann alles vergiftet und alles ausgerottet habe, werde er schließlich feststellen, dass er Geld nicht essen kann. Ähnlich erging es König Midas, dessen Wunsch sich erfüllte, dass alles, was er berührte, zu Gold wurde. Die andauernde Erfüllung dieses Wunsches hätte aber seinen Tod bedeutet, weil er nichts mehr essen konnte! Gold beziehungsweise Geld kann man nicht essen. Geld ist kein Ziel an sich, sondern nur ein Mittel zum Zweck. Die weltweit verbreitete negative Ide-ologie macht den Menschen aber weis, Geld beziehungsweise Macht seien das Ziel aller Wünsche. Und warum propagieren so viele diesen Irrglauben? Weil er die beste Methode dar-stellt, mit der einige wenige viel Geld auf Kosten anderer verdienen! Denn wie stellst du Menschen am sichersten an? Indem du ihnen versprichst, dass sie durch deine Hilfe ganz leicht und ohne viel Anstrengung viel verdienen werden. So funktionieren alle Strukturvertriebe und alle Schneeballsysteme. Was ist aber hier das Gesetz? Den Letzten beißen die Hunde!

Das Ziel von Erziehung ist deshalb, Kindern tragfähige Ideale und immer gültige Werte zu vermitteln, die ich zum Beispiel in den fünf Kardinaltugenden zusammengefasst habe: **Liebe (*Prema*), Wahrheit (*Sathya*), Rechtschaffenheit (*Dharma*), Frieden (*Shanti*) und Gewaltlosigkeit (*Ahimsa*). Liebe zu praktizieren ist Rechtschaffenheit, Liebe zu denken ist Wahrheit, Liebe zu spüren ist Frieden und Liebe zu verstehen ist Gewaltlosigkeit! Es ist die Liebe, die alle und alles verbindet.**
Derjenige, der so lebt, ist ein Segen für die Welt, und hätten wir mehr solche Menschen, dann hätten wir eine bessere Welt, denn viele solche Menschen machen das Goldene Zeitalter aus!
Deine Aufgabe als Elternteil ist es deshalb, deinen Kindern so viele Werte zu vermitteln und vorzuleben, dass sie als Lebensziel wie die Delfine die Verwirklichung von Werten und nicht wie die Haie das Niederringen der anderen ansehen. Delfine stehen deshalb für Lösungen, bei denen beide Parteien gewinnen.

Kinder wollen ebenfalls gewinnen. Lässt man sie gewinnen und führt sie positiv, so streben Kinder Erfolg, Freude, Kreativität, Wahrheit und Liebe an. Kinder hungern nach Inhalten, sie wollen unbedingt wissen, was richtig und was falsch ist. Kinder möchten erfahren, **was wichtige Werte sind.** So ist es nicht verwunderlich, dass Kinder ein ausgeprägtes Gerechtigkeitsempfinden haben. Wird dieses aber immer wieder von ihren Eltern und Lehrern enttäuscht oder verletzt, dann lernen sie, dass Recht das ist, was der Stärkere dazu erklärt. Sie lernen damit etwas äußerst Destruktives. Mit Sicherheit werden sie es eines Tages anwenden und entsprechende Mitmenschen sein.

Eltern und Lehrer sollten deshalb unbedingt Vorbilder an Tugend, an Ethik, an Gerechtigkeit sein, gleichzeitig sollten sie ihre Kinder ihren Weg zur Wahrheit gehen lassen. Denn **die Wahrheit ist zwar eine, die Wege dahin sind aber viele.** Übereifrige Menschen vergessen das zuweilen.

Ein gutes Beispiel ist die Geschichte von **Constantin**. Er hörte mit vier Jahren die Geschichte von Rumpelstilzchen und fand das Ende ungerecht. Es gruselte ihn zwar, dass ein Kind von der Mutter weggenommen werden sollte. Warum Rumpelstilzchen aber gar nichts bekommen sollte, verstand Constantin nicht. Man könnte nun meinen, er habe zum bösen Rumpelstilzchen gehalten, da er fand, dass dieses um seinen Lohn gebracht wurde. In Wahrheit drückte er aber die dramatische Komponente des Märchens aus: Die Müllertochter wird durch die Prahlerei und Lügen ihres Vaters in eine schreckliche Situation gebracht, aus der ihr Rumpelstilzchen hilft, das heißt nichts weniger, als dass es ihr Leben rettet. Rumpelstilzchen verlangt dafür als Gegenleistung ihr erstes Kind, spinnt dafür aber Unmengen an Stroh zu Gold, wodurch sie nicht nur am Leben bleiben kann, sondern sogar Königin wird. Sie heiratet den Herrscher, der ihr angedroht hatte, sie würde ihr Leben verlieren, wenn sie nicht ein ganzes Zimmer voll Stroh in Gold verwandeln würde! Rumpelstilzchen vollbringt das Wunder und rettet ihr damit das Leben. Doch warum heiratet die Müllertochter diesen habgierigen, ungerechten, herz- und gnadenlosen Herrscher? Warum geht sie nicht ihrer Wege, sobald sie frei ist? Ist denn Rumpelstilzchen das einzige böse Wesen in diesem Märchen? Diese wichtigen Fragen konnte Constantin mit seinen vier Jahren natürlich nicht ansprechen, aber gespürt hat er sie genau. Er sprach deshalb diese Ungerechtigkeit an und hatte eine empathische und kluge Mutter, die sogleich die Wahrheit erkannte, die er ansprach.

## Gesellschaft der Guten

Die Überschrift kündigt den nächsten nie zu überschätzenden Erziehungsgesichtspunkt an: *Sathsang*, **wie es in Sanskrit heißt, die Gemeinschaft mit den Guten.** Nichts kann sich segensreicher oder fataler in deinem Leben auswirken als die Gemeinschaft der Menschen, mit denen du zusammen bist.
Viele Eltern heute klagen darüber, dass ihre Kinder sich in keiner guten Gesellschaft aufhalten. Bei diesen Klagen kommen mir die niederschmetternden Fragen: **Waren sie als Eltern gute Gesellschaft für ihre Kinder?** Haben sie sich so verhalten, dass die Kinder durch sie ein gutes Beispiel erhielten und ihre Eltern als Maßstab nehmen konnten, um zwischen guten und schlechten Menschen zu unterscheiden? Haben sie sich bemüht, dass ihre Kinder in guter Gesellschaft aufwuchsen? Haben sie auch danach die Schule ihrer Kinder ausgesucht? **Sind sie ihren Kindern mit Achtung begegnet? Haben sie respektvoll mit ihnen gesprochen?**

Jeder Vater, jede Mutter muss sich diese Fragen selber beantworten. Ich kann nur sagen: Es gibt niemanden, der mehr nachahmt als Kinder ihre Eltern. Die Beeinflussungen gehen so weit, sind so massiv und so subtil, dass **Eltern den Einfluss, den sie auf ihre Kinder haben, niemals überschätzen können.** Ist somit dein Kind nicht so, wie du es dir wünschst, dann frage dich, ob du für dein Kind so warst, wie dieses es von dir gebraucht hätte.

*Sathsang* **beginnt zu Hause.** Entsprechend müssen die Eltern von Anfang, das heißt, von der Empfängnis an gute Gesellschaft für ihr Kind sein. Sie lesen dem Kind bereits im Mutterleib heilige Texte vor, singen heilige Lieder, reden liebevoll und sanft mit ihm. Sie achten auf eine sanfte Geburt, das heißt, dass das Kind nicht dem grellen Licht des Kreißsaals ausgesetzt ist, **nach der Geburt nicht von der Mutter getrennt wird, nicht nach sturen Zeiten gestillt wird, nicht durch strikte und brutale Methoden zum Durchschlafen gebracht wird.**

Das heißt in einem Satz: **Dass die Eltern ihren Kindern mit wirklicher Liebe und Achtung begegnen.** Und dies können sie nur, wenn sie sich selbst achten, und das geht wiederum nur, wenn sie eine gute Ausrichtung auf ihr wahres Selbst, auf Gott haben. Verhalten sie sich so, dann sind sie gute Gesellschaft für ihre Kinder und damit nicht nur ein Segen für diese, sondern für die ganze Welt.

*Sathsang* ist viel zu wichtig, als dass ich es bei diesen wenigen Sätzen belassen könnte. Ich kann es deshalb nicht, weil zu viele Menschen meinen, es habe keine Auswirkungen und sei schon „okay", wenn sie bei Freundschaften Kompromisse eingingen. Vorsicht! Dass du das Englische Wort *okay* an Stelle von *in Ordnung* verwendest, kann verdeutlichen, dass du die Angelegenheit nicht an dich heranlassen willst. Zu meinen, es gäbe Bekanntschaften, die allein auf ein Gebiet beschränkt sind, ist eine gefährliche Illusion, die dich Kopf und Kragen kosten kann. Und die gegebenenfalls die größten Auswirkungen auf deine Familie hat.

**Jacques** liebte schöne, schnelle Autos. Er liebte sie von klein auf so sehr, dass er den Umgang mit diesen Autos zu seinem Beruf machte. Willst du schöne, schnelle und damit teure Autos verkaufen, so musst du eine bestimmte Klientel ansprechen. Diese Klientel fand Jacques anfangs gar nicht angenehm. Mit der Zeit lernte er immer mehr dieser Menschen immer näher kennen, und wenn man Menschen näher kennen lernt und es sich auch noch beruflich lohnt, dann passt man sich ihnen an. Jacques tat das.

So ergaben sich drei Dinge: Erstens florierte sein Geschäft, zweitens lernte er immer mehr Menschen kennen, die ihn auch zu ihren schönen Festen einluden, und drittens wurde er wohlhabend. *Er stieg damit gesellschaftlich auf* – doch was heißt das: *gesellschaftlich aufzusteigen*? Es besagt, dass er sich nun in den Kreisen bewegte, zu denen er vorher mit Recht skeptisch Abstand gewahrt hatte. Nun achtete er aber nicht mehr auf die subtile Negativität, die fast unmerklichen, verächtlichen Spitzen, den wenig versteckten Konkurrenzkampf und die Profilierungssucht auf Kosten anderer und der Wahrheit. Er kleidete sich vielmehr wie seine neuen Freunde und übernahm auch sonst Stück für Stück deren Gewohnheiten.
Er fand sich nun sehr „chic". Im Grunde war er aber nichts anderes als ein schlichter Parvenü, der deshalb immer dumm ist, weil er seine Wurzeln verleugnet. Und was ist ein Baum ohne Wurzeln? Ja, genau!
Und wen lernt ein Mensch kennen, der seine Wurzeln verleugnet? Menschen, die Ähnliches tun! Und wie geht das aus? Sind sie gute Gesellschaft?
Schauen wir einmal, wie die Geschichte weiterging.

Jacques war nun in den neuen Kreisen aufgenommen, strahlte Erfolg und Zuversicht aus und war außerdem weder auf den Kopf noch auf den Mund gefallen. Er war damit eine „Partie", wusste es aber nicht. So lernte er Jacqueline kennen, genauer genommen, sie ihn! Und, schwupps, hatte er zuerst eine Affäre, dann eine Beziehung, dann eine Ehe und schließlich eine Familie mit zwei Kindern. Natürlich kriselte es bald, und was geschah? Jacqueline fand nun plötzlich einen sehr guten Freund von Jacques viel interessanter und zog mit den Kindern und der Hälfte der Firma, die ihr durch die Eheschließung gehörte, zu diesem.

Als wäre dies nicht bereits schlimm genug, wurde es für Jacques noch schlimmer: Jacqueline und ihr neuer Freund hatten großen Einfluss in den Kreisen, die zu Jacques' Lebensader geworden waren, denn hier machte er seine Geschäfte, hier hatte er seine Kontakte, hier hatte er sich ein neues Zuhause eingerichtet. Von alledem blieb ihm kaum etwas, denn die beiden diffamierten ihn derart, dass er von der Gesellschaft in jeder Hinsicht „geschnitten" wurde, bis schließlich auch sein Geschäft zusammenbrach. In kürzester Zeit hatte er alles verloren: Seine Frau, seine Kinder, seine Freunde, sein Zuhause, seine Firma, seinen Lebensstandard und seinen guten Ruf.

Er war aber kein Verlierer, sondern ein Gewinner. Er wehklagte nicht lange, sondern fragte sich, was er daraus zu lernen habe. Da besann er sich seiner guten alten Freunde, die er für die neue „Snobgesellschaft" geopfert hatte. Und die machten ihm deutlich, was er alles für Erfolg, Ansehen und Geld aufgegeben hatte. Er baute eine ganz neue Firma auf und achtete diesmal auf zwei entscheidende Dinge: Auf den Kontakt zu seinen guten Freunden und auf tragfähige Werte als Bestimmung für sein Leben. So fand er zu einem neuen, diesmal aber beständigen Glück.

Nimm dir ein Beispiel an Jacques, der das Glück hatte, auf gute Freunde zurückgreifen zu können, die ihm den Kopf zurechtrückten. Halte dich immer an die Guten. Es gibt nichts Gefährlicheres als negative beziehungsweise böse Menschen, sie können dir die Kehle durchschneiden und immer noch meinen, sie hätten ein Recht dazu (vgl. oben die Sätze über die Haie oder die Geschichte über die Judasziege in *Sai Baba spricht zum Westen,* 14.9.).

**Bedenke aber: „Schlechte Gesellschaft" sind nicht nur offensichtlich böse Menschen oder gar Kriminelle. Schlechte Menschen sind auch die ganz subtil negativen Menschen, die einen schlechten Einfluss auf dich haben, die schlecht über andere reden, keine positiven Ideale haben, die Tieren schaden, sich auf Kosten anderer einen Vorteil verschaffen oder die deinen Selbstwert schwächen.**

## Feste und Bräuche

Kinder – und Erwachsene ebenso! – brauchen Feste und Bräuche beziehungsweise feste Bräuche!
Das Jahr ist angefüllt mit vielen wunderbaren Festtagen. Leider ist der moderne Mensch sehr skeptisch, um nicht zu sagen misstrauisch gegenüber allem, was Tradition, Brauchtum und das Erhalten von Althergebrachtem betrifft. Das ist einerseits verständlich, denn vieles, was von Generation zu Generation überliefert wurde, diente mehr der Unterdrückung als dem Schaffen von Freude und Frohsinn.
Leider ging aber mit dem „großen Reinemachen" einiges verloren, was sehr wertvoll für den Erhalt einer lebendigen Gemeinschaft war und der Kinderseele viel Schönes bot.
Christiane Kutik, Eva-Maria Ott-Heidmann, Bertrun Jeitner-Hartmann, Josef K. Pöllath und Gertrud und Norbert Weidinger, um einige zu nennen, schrieben wunderbare Bücher (vgl. die Literaturliste), in denen man vieles wiederfindet, was für immer verloren zu gehen drohte.

**Kinder brauchen Spiele, Kinder brauchen Rhythmus, Kinder brauchen Tanz, Kinder brauchen Gesang. Kinder**

**brauchen Freude. Kinder brauchen Kreativität. Kinder brauchen viel Stimmungsvolles für ihre wunderbare Seele.**

Deshalb sind die „angestammten" Feste wie Ostern, Pfingsten, Erntedankfest, Weihnachten und Geburtstag so wichtig. Die kindliche Seele muss Raum haben für das Besondere, das Unfassbare, das Spirituelle, das Göttliche.

Erntedank, Ostern, Pfingsten, Weihnachten und Geburtstage haben dieses Spirituelle ganz stark, denn jedes Fest spiegelt die Freude wider, die entsteht, wenn jemand selbstlos dient.

**Ostern** ist das Fest als Symbol für die Erneuerung des Menschen, wenn er sein Ego aufgibt. Der Mensch wird dann schön und farbenfroh wie die Natur, die im Frühling neu erstrahlt.

An **Pfingsten** (vom Griechischen *Pentekoste, fünfzig*), dem dritten hohen Fest der Christlichen Kirche, wird 50 Tage nach Ostern die Ausgießung des Heiligen Geistes beziehungsweise – gemäß älteren, vorchristlichen Traditionen – der Frühling gefeiert.

Zum **Erntedankfest** wird der guten Mutter Erde (*Demeter*) gedankt, die uns alle völlig selbstlos ernährt und erhält.

An **Weihnachten** wird die Geburt Jesu Christi gefeiert, der durch Seine wunderbare Leistung die Welt tief veränderte und dessen vorbildlich gelebte Werte einer der Grundpfeiler des Goldenen Zeitalters sein werden.

Beim **Geburtstag** sollte auch die Mutter gefeiert werden, die durch ihren großen Einsatz das Leben ihres Kindes überhaupt erst ermöglichte.

Und dann gibt beziehungsweise gab es noch unzählige Feste, wie die Heiligen Drei Könige, Lichtmess, Johanni, Sankt Martin und viele andere mehr (vgl. Christiane Kutik, Eva-Maria Ott-Heidmann, *Das Jahreszeitenbuch*).

Die meisten dieser Feste werden kaum noch mit einer besonderen Ausrichtung auf das Gemüt, auf das Spirituell-Göttliche begangen – und der Dank wird häufig auch vergessen. Das

Erntedankfest ist vielfach nur mehr ein besonderer Gottesdienst an einem Sonntag nach Michaelis (29. September), Ostern ein Fest der bunten Eier. Ebenso droht Weihnachten zu einem Fest des Konsumrausches zu verkommen.

Es gibt aber – Gott sei Dank! – auch viele, die daraus immer noch ein Fest der Liebe, der Introspektion, der Freude und des Dienstes am Nächsten zu machen wissen. Denn Weihnachten ist das Fest der Besinnlichkeit, da eine besonders starke spirituelle Energie zu dieser Zeit die Welt beglückt und dem Jahr zu einem besonders schönen Abschluss verhilft (vgl. auch *Sai Baba spricht zum Westen*). Kinder lieben es, in dieser Zeit zu singen, zu backen, vorgelesen zu bekommen und sich im Schoß der Familie geborgen zu fühlen. Besonders schön ist für kleinere Kinder die Geschichte *Marias kleiner Esel* von Gunhild Sehlin oder *Das Licht in der Laterne* von Georg Dreißig.

Und ebenso wie an Weihnachten des Christuskindes gedacht wird, sollte am Geburtstag das Geburtstagskind gefeiert werden, das für die Familie gleichwohl ein großes Geschenk darstellt – sei es nun 8 oder 80! Geburtstag sollte das Fest des Kindes sein. Es sollten aber auch seine Geschwister einbezogen werden. Sehr schön ist der Brauch mancher Familien, etwas Kleines „hinter der Gardine" für die Geschwister zu verstecken. Der Vater sollte an diesem Tag aber auch besonders die Mutter ehren und damit den Kindern ein wichtiges Beispiel geben.

Sehr schön in diesem Zusammenhang ist das Geburtstagslied **Wie schön, dass du geboren bist** (auf der CD von Rolf Zuckowski). Es ist so liebevoll gemacht und erfreut Geburtstagskinder so sehr, dass ich den Text hier wiedergebe. Die Melodie findest du auf der oben genannten CD.

*Heute kann es regnen, stürmen oder schnein,*
*denn du strahlst ja selber wie der Sonnenschein.*
*Heut ist dein Geburtstag, darum feiern wir,*
*alle deine Freunde freuen sich mit dir,*
*alle deine Freunde freuen sich mit dir.*

**Refrain:**
**Wie schön, dass du geboren bist,**
**wir hätten dich sonst sehr vermisst!**
**Wie schön, dass wir beisammen sind,**
**wir gratulieren dir, Geburtstagskind!**

*Unsre guten Wünsche haben ihren Grund,*
*bitte bleib noch lange glücklich und gesund.*
*Dich so froh zu sehen ist, was uns gefällt,*
*Tränen gibt es schon genug auf dieser Welt.*
*Tränen gibt es schon genug auf dieser Welt.*

**Wie schön, dass du geboren bist ...**

*Montag, Dienstag, Mittwoch, das ist ganz egal,*
*dein Geburtstag kommt im Jahr doch nur einmal.*
*Darum lasst uns feiern, dass die Schwarte kracht,*
*heute wird getanzt, gesungen und gelacht,*
*heute wird getanzt, gesungen und gelacht!*

**Wie schön, dass du geboren bist ...**

Sehr hilfreich ist für die Gestaltung eines Kindergeburtstags *Das Kinderfestebuch* von Christiane Kutik. Hierin findest du zusammen mit deinem Kind wunderbare Spiele, Bastelanleitungen, Lieder und Rezepte zum Nachmachen.

Eine wichtige Ergänzung dazu ist das oben bereits erwähnte wunderschöne *Jahreszeitenbuch*. Es ist sehr wichtig, dass Kinder einen Sinn für die verschiedenen Jahreszeiten bekommen und jede einzelne zu lieben und zu schätzen wissen. Dann liegen die Feste nicht „irgendwo" im Jahr, sondern sind eingebunden in einen wunderbaren Rhythmus, der Leben heißt.

Es ist von großer Bedeutung für den Menschen, offen für das besondere Geschenk zu sein und zu bleiben, das Leben heißt. Wenn du mit deinen Kindern vieles feierst, verankert sich in ihren guten Seelen das Bild, dass das Leben schön, das Leben Freude ist! Und der Schluss des Geburtstagsliedes wird sie durch die Jahre tragen: *Heute wird getanzt, gesungen und gelacht, heute wird getanzt, gesungen und gelacht!*

## Der *Kairós*

Es sollte immer einen Grund zu feiern geben, denn das Leben ist mit unendlich vielen Geschenken gesegnet. So ist fast immer der richtige Moment, sich zu besinnen, wie beschenkt wir sind. Die Griechen nannten den rechten Augenblick *Kairós*.

Der Griechische Bildhauer Lysippos stellte diesen Gott als dahineilenden Jüngling dar, mit Flügeln an den Füßen, was heißen soll: Der rechte, der günstige Moment verweilt nicht lange, sondern fliegt in Windeseile dahin.

**Alles im Leben hat seinen rechten Augenblick. Der kommt und geht und bleibt nicht ewig.**

Menschen haben leider – durch einen Erziehungsfehler! – die Neigung, Dinge *auf die lange Bank zu schieben.* Das kann so lange von Vorteil sein, als der rechte Augenblick noch nicht gekommen ist. Ist er aber da und du handelst immer noch nicht, dann kann dieser günstige Moment für immer verloren sein.

**Anastasia** hatte eine sehr schwierige Mutter, aber einen sehr liebevollen Vater. Ihre gute Beziehung zu ihrem Vater half ihr über manch eine Schwierigkeit hinweg. Sie fand so auch einen sehr guten Mann, der sie liebte und gut für sie und die Kinder sorgte.

Musste Anastasia aber etwas entscheiden, dann war es ein Drama: Dies ging nicht, und das musste sie sich noch einmal überlegen, hier brauchte sie noch ein wenig Zeit, und da war sie unsicher ...

Als die Kinder schon etwas größer waren, bekam sie eine hervorragende Arbeitsstelle angeboten. Ihr Chef wäre außerdem auch noch ein guter Freund gewesen. Sie zauderte aber so lange, bis der Platz mit einer ebenfalls sehr tüchtigen Frau besetzt wurde und deshalb nie wieder zur Verfügung stand!

Alles hat seine Zeit. Alles hat **seinen** richtigen Zeitpunkt. Dies geht so weit, dass es Tage im Jahr gibt, an denen man zum Beispiel Holz schlagen sollte, weil es dann nicht brennt und sich nicht verzieht und deshalb ideal für Balken ist. **Es gibt den richtigen Zeitpunkt für alles**. Johanna Paungger und Thomas Poppe haben viel in diese Richtung geforscht und einiges Erstaunliche herausgefunden – zum Beispiel bezüglich des richtigen Zeitpunkts für eine Operation.

Eltern müssen ihre Kinder unbedingt über die Bedeutung des richtigen Zeitpunkts informieren (innen formen, vgl. *Sai Baba spricht zum Westen* 1.2.). Wie viele Kinder wissen nichts vom

Kairós und wundern sich, dass sich plötzlich Konstellationen ergeben, die alles verändern. Dies sind dann die Momente, in denen klar wird, dass die Zeit nicht zurückgedreht werden kann. Kinder – und Erwachsene mindestens ebenso – müssen mit der so wichtigen Frage durchs Leben gehen: **Wann ist für dies oder jenes der richtige Zeitpunkt?**

Menschen neigen dazu, sehr großzügig mit ihrer Zeit umzugehen. Sie verhalten sich zum Teil so, als würde ihre Inkarnation ewig dauern. Und was geschieht? Sie verlieren so viel Zeit, dass sie, wenn sie eines Tages ihren Körper abgeben müssen, das Gefühl haben, nicht richtig gelebt, viel zu wenig erreicht, im Grunde versagt zu haben (vgl. Seneca, *De brevitate vitae*). Und das Schreckliche ist: Sie haben Recht! Sie haben Raubbau an **ihrer** Zeit begangen, als wäre diese Zeit eine Größe **außerhalb** ihrer selbst. Wie ich weiter oben bereits sagte, ist die Zeit nicht viel mehr als eine abstrakte Größe. Denn fünf Minuten sind fünf mal eine Minute oder fünf mal 60 Sekunden. Ja, und? Hat das irgendeine Bedeutung? Kaum. Aber die fünf Minuten, in denen ich etwas besonders Schönes oder Schreckliches erlebe, empfinde ich keinesfalls in beiden Fällen gleich als 5 x 60 Sekunden. Einmal sind sie in einem glücklichen Nu verflogen, ein andermal dehnen sie sich zu einer schrecklichen Ewigkeit aus.
Deswegen bedenke stets: Niemals verschwendest du **irgendwelche** Zeit, die irgendwie, irgendwo, irgendwann abstrakt dahinfließt, sondern du verlierst immer Leben. **Dein Leben.**

Deswegen müssen Kinder durch ihre Eltern darauf hingewiesen werden, dass es nicht nur einen *Kairós* gibt, sondern dass **das ganze Leben aus nichts anderem als günstigen Augenblicken besteht! Sie sind deshalb so günstig, weil du lebst! Deshalb ist jeder Augenblick, jeder Bruchteil einer Sekunde so unendlich kostbar, denn er betrifft dein Leben, dein**

**Verweilen auf Erden, das so, aller Wahrscheinlichkeit nach, nie wiederkehren wird.**
Lebe deshalb so intensiv, wie du nur kannst. Mein Motto ist: **Freizeit ist nur eine andere Form von sinnvoller Tätigkeit.** Dies ist ein sehr guter Maßstab, der hervorragend zu meiner anderen Maxime passt: **Freiheit ist, gerne zu tun, was man tun muss.**

Diese Grundregeln sollten Eltern zumindest kennen, wenn nicht gar leben und somit in Form von Beispielen ihren Kindern vermitteln. Aber Vorsicht: Was sagte ich? Das Wichtigste ist die Freude und das Glück! Die Erziehung ist fehlgeschlagen, wenn Kinder nur mehr verbissen arbeiten und sich an nichts mehr freuen können. Leistung, ja. Viel Leistung, auch. Nur noch Leistung und keine Freude und kein Glück? Auf keinen Fall!

Wozu achtest du auf den rechten Augenblick, wenn du dabei die Freude und das Glück verpasst? **Jedes Lebewesen sucht Glück.** Findest du es nicht, war dein Leben genauso umsonst, wie wenn du deine Lebenszeit totgeschlagen hättest – es sei denn, du hast viel Gutes für andere getan. Warum fandest du dann aber keine Freude?
**Der größte Segen, den jemand erlangen kann, ist deshalb: Mit sehr viel Freude seine Pflicht zu erfüllen und dabei auch noch andere mit dieser Freude anzustecken.** Wer so lebt, der ist oder hat sich richtig erzogen – oder beides. Auf alle Fälle hat er den entscheidenden Zugang zur Essenz des Lebens gefunden. Bei einem Menschen, der so lebt, kann man tatsächlich sagen, dass der Weg das Ziel ist, denn er lebt jeden Augenblick so, dass er mit Freude erfüllt ist.
Für ihn ist jeder Augenblick ein *Kairós* – und der schöne Jüngling mit den Flügeln an den Füßen kann noch so oft

davoneilen, er kommt immer wieder zurück, weil sich hier jemand gleichsam huckepack mittragen lässt!

Bedenke aber noch eines: **Glück ohne Struktur ist nicht von Dauer! Glück ohne Struktur ist Spaß, Glück mit Struktur ist Freude.**
Spaß ist schnell vergangen und hat wenig Tiefe. Freude dagegen ist das Ergebnis einer Leistung und deshalb von Dauer.
Sei vorsichtig bezüglich der Spaßgesellschaft, denn im Grunde versteht sie keinen Spaß – oder, wie das Bonmot so treffend sagt: *Man muss da mit vielen Menschen rechnen, auf die man nicht zählen kann!*
Die Gesellschaft der Freude baut dagegen auf positive Programme, auf Einsatz und auch darauf, dass uns im Leben nichts geschenkt wird.

Plane deshalb deinen Tag und lehre deine Kinder zu planen. Studiere die Bücher von Lothar J. Seiwert, zum Beispiel *Das neue 1 x 1 des Zeitmanagements* oder *Simplify your life*, das er zusammen mit Werner Tiki Küstenmacher schrieb. Lerne dein Leben zu planen. Wie viele Menschen, nein, ganze Völker haben keinen Erfolg, weil sie durch mangelnde Planung den rechten Augenblick verpassen.
Wie viele Menschen halten ihre Verträge nicht ein, weil sie nicht planen können. Wie viele suchen dann Zuflucht zu Unwahrheiten, Lügen und unrechtem Verhalten.
Wie viele sind unpünktlich, weil sie ihre Zeit nicht gut einteilen können. Bedenke aber, dass der Unpünktliche das Leben der anderen nicht achtet. Achtet er dann den anderen? Kann er jemanden achten, dessen Leben er nicht achtet? Und: Achtet er dann sich selbst? Lebt er in der Wahrheit und der Rechtschaffenheit?

Plane dein Leben, strukturiere dich, und du wirst viel Zeit für Spontanes, Unbekümmertes, Fröhliches und viel Freude haben.

Zum glücklichen Leben gehört auch, dass du nichts verbissen, nichts zwanghaft machst. **Lebe sehr ernsthaft – und gerade deshalb leicht und unbekümmert!**

Behandle die folgenden Informationen als wichtige Hinweise, die dich aber nicht zum zwanghaften Aberglauben führen sollen.

So wisse, dass es **an jedem Tag** eine **besonders gute Zeit,** *Gulikala,* und eine besonders **schlechte,** *Rahukala,* gibt (vgl. Diana Baskin, *Divine Memories of Sathya Sai Baba*, S. 246)

|     | **Die gute Zeit** *Gulikala* | **Die schlechte Zeit** *Rahukala* |
|-----|-----------------|-----------------|
| **Mo** | 7:30 –  9:00 | 13:30 – 15:00 |
| **Di** | 15:00 – 16:30 | 12:00 – 13:30 |
| **Mi** | 12:00 – 13:30 | 10:30 – 12:00 |
| **Do** | 13:30 – 15:00 | 9:00 – 10:30 |
| **Fr** | 10:30 – 12:00 | 7:30 –  9:00 |
| **Sa** | 9:00 – 10:30 | 6:30 –  7:30 |
| **So** | 16:30 – 18:00 | 15:00 – 16:30 |

Wenn ihr Sommerzeit habt, musst du jeweils eine Stunde hinzurechnen.

Diese Zeiten können für dich von Bedeutung sein, wenn du etwas besonders Wichtiges vorhast. Plane dann deinen Tag, das heißt deine Reisen, eine Operation, den Abschluss von Verträgen, das Treffen mit einer besonderen Person, das Zelebrieren von etwas Wichtigem, den ersten Spatenstich beim Bauen, um einiges zu nennen, so, dass **der Beginn deiner Unternehmung** in *Gulikala* fällt.

An ganz gewöhnlichen Tagen lass los, bitte Gott um Hilfe und Segen und lebe dadurch leicht. Wie gesagt kann zwanghaftes Festhalten an starren Regeln sogar ein Unglück sein, denn es führt leicht zu Aberglauben und damit zum Anfang des Endes jeder Freiheit!

## Vorleben von Liebe

Wie ich bereits weiter oben sagte, gibt es keine Nichtkommunikation. Wird jemand angesprochen, dann kann er **nicht** nichtkommunizieren. **Alles, was er tut beziehungsweise unterlässt, ist Kommunikation** (Paul Watzlawick et al., *Menschliche Kommunikation*).
Genauso wie es keine Nichtkommunikation gibt, gibt es keine Kommunikation, die nicht irgendwann und irgendwie ins Stocken geriete, die nicht von Missverständnissen bestimmt wäre, die nicht Probleme verursachen würde.
So auch die Kommunikation zwischen Eltern und Kindern.
Es gibt Eltern, die mit ihren Kindern einen rauen Ton haben (den ich nicht als ideal ansehe) und dennoch glückliche und zufriedene Kinder haben. Und dann gibt es Eltern, die freundlich und sanft mit ihren Kindern sprechen, während diese nur rebellieren, unausstehlich und unfreundlich sind. Wie kommt das? Du hast völlig Recht, den gravierenden Unterschied macht die Liebe. Natürlich ist ein rauer Umgangston nicht ideal, ist er aber mit Liebe verbunden, dann ist er tausendmal besser als ein scheinbar freundlicher Ton, dem die Liebe fehlt.
Alle Lebewesen brauchen Liebe. So benötigen Kinder nicht leere Worte und gute Formulierungen, die sanft vorgetragen werden. Sie benötigen vielmehr klare Grenzen, Sicherheit und Liebe. **Denn klare Grenzen und Sicherheit sind nichts anderes als verschiedene Formen der Liebe.** Wer liebt, gibt dem Geliebten Sicherheit. Wer keine Sicherheit gibt, liebt nicht.

Sicherheit, klare Grenzen und Liebe sind für Kinder der notwendige Nährboden, auf dem und in dem sie gedeihen können. Haben sie diesen nicht, entbehren sie etwas – wobei die Entbehrung so weit gehen kann, dass sie regelrecht verkümmern.

Das Vorleben von Liebe besteht deshalb auch darin, dass Eltern klare Grenzen setzen, dies aber empathisch tun. Selbstverständlich sind klare Grenzen wichtig. Natürlich ist das Verziehen von Kindern schlecht. Stur und trocken seinen Erziehungsstil durchzuziehen, ohne auf das Kind zu achten, ohne wahrzunehmen oder gar wahrnehmen zu wollen, wo das Kind innerlich ist und was es benötigt, ist jedoch keineswegs hilfreich, sondern herzlos und damit schädlich.

Dazu ein Beispiel. **Tobias** sollte ins Bett. Es war schon sehr spät. Die Mutter hatte ihm viel Zeit gelassen, mit den anderen Kindern zu spielen. Tobias hatte dies sehr genossen, denn gewöhnlich hatte er nicht so viele Kinder, mit denen er spielen konnte. Nun war es spät, sehr spät geworden und die Zeit des Schlafengehens gekommen. Tobias wollte aber nicht. Seine Mutter erklärte ihm, es sei spät, er müsse nun schlafen. Tobias erreichten diese Worte aber nicht. Er dachte an die vielen Kinder und die schönen gemeinsamen Spiele. Das wiederum erreichte seine Mutter nicht.

Da Tobias sich weiterhin entschieden sträubte, wurde die Mutter ungeduldig und meinte: „Warum machst du dieses Theater? Warum ist es nie genug? Es ist so spät, und morgen bist du todmüde und kannst den Tag nicht genießen." Aber auch das erreichte Tobias nicht. Da wurde die Mutter ärgerlich und ließ ihn da stehen, wo er war, und ging ins Haus. Tobias setzte sich auf die Treppe und weinte. Tobias' Mutter liebte ihren Sohn sehr. So war sie berührt von dessen Weinen und hörte auch, dass dieses Weinen eine Not ausdrückte. So ging sie zu Tobias, nahm ihn in die Arme und fragte ihn liebevoll:

„Mein Süßer, was macht dich denn so traurig? Du hast doch einen ganzen Tag spielen können, warum ist es nicht genug?" „Mami, ich hab doch so selten Kinder, und übermorgen reisen alle wieder ab. Dann bin ich wieder allein. Außerdem spielen die anderen Kinder noch, hörst du sie? Und ich muss ins Bett!" „Verstehe ich", antwortete die Mutter, „ich verstehe, dass dich das traurig macht. Gut, geh wieder spielen, aber unter der Bedingung, dass du, wenn die Kinder abgereist sind, wieder früher ins Bett gehst, nämlich dann, wenn wir es sagen. Abgemacht?" „Abgemacht, Mami!", sagte er, küsste seine Mutter, und schon war er weg.

Die Mutter ging zurück ins Haus. Bereits eine Viertelstunde später kam Tobias zu ihr, kuschelte sich auf ihren Schoß und schlief ein!

Was sagt uns das? Die *logique du cœur*, die Logik des Herzens, wie Pascal sie nannte, hatte Tobias' Mutter genau das Richtige tun lassen. Hätte sie auf einer starren Regel bestanden, hätte sie ihren kleinen Sohn nur unglücklich gemacht. Wäre sie nicht auf dessen berechtigte Einwände eingegangen, wäre Tobias mit Sicherheit nicht so schnell und besonders nicht so friedlich und so glücklich eingeschlafen.

Was sagt dir diese Geschichte noch? **Dass es keine harten, starren Regeln gibt!** Wie heißt es im Volksmund so treffend? *Was für den einen sin Uhl ist für den anderen sin Nachtigall!* Das heißt, wir sind erstens nicht alle gleich, und zweitens sind die Umstände nicht immer dieselben! Nur das Herz kann entscheiden, was richtig und was falsch ist.

**Und nur das Herz schafft Brücken.** Menschen, die nicht durch Liebe miteinander verbunden sind, brechen die Beziehung zueinander früher oder später ab. Eltern, die ihre Kinder nicht lieben, finden immer einen Grund, diese als ungenügend zu erklären, sie ständig zu kritisieren, sie zu demütigen, sich von ihnen zurückzuziehen oder sie gar wegzustoßen. Es ist typisch für das *Kali Yuga*, dass viele Eltern einen nicht besonders liebevollen Umgang mit ihren Kindern pflegen. Sie ermahnen und verbessern sie ständig, sind desinteressiert, kümmern sich nicht um sie, schlagen sie, geben sie ab. So leiden viele Kinder still vor sich hin, verlieren den Glauben an ihre Eltern, an sich, an das Leben und an Gott.

Viele Eltern sind so schlecht, so gemein zu ihren Kindern, weil sie negative, das heißt Verliererprogramme in sich haben. Deshalb haben sie so viel Not und geben sie auch so reichlich weiter.
Not ist schrecklich. Völlig richtig. Keine Not ist aber so groß, dass man mit Gottes Hilfe nicht einen Ausweg fände. Verlierer, die immer nur Probleme, aber keine Lösungen finden, weil sie selber das größte Problem sind, sehen nie wirkliche Auswege, vielmehr nur neues Ungemach. **Keiner muss sein Kind schlecht behandeln, der es nicht will. Keiner muss sein Kind schlagen, der es nicht will.** Keiner muss sein Kind demütigen, der es nicht will. Wie viele Eltern leben in der schlimmsten Not und sehen gerade deshalb in ihren Kindern das größte Geschenk und tun alles nur Erdenkliche für sie. **Es ist ihr offenes Herz, es ist ihre Liebe, die das Unmögliche möglich machen.**
Deshalb: Sei ein Vorbild der Liebe, und alles wird sich fügen. Denn die, die wirklich lieben, sind Gott nah. Und wer Gott nah ist, für den sorgt Er bis ins Kleinste.

## Kritisieren

Viele Eltern glauben, einen Ausweg aus ihrer Not in der Kritik zu finden. Ist Kritik aber sinnvoll? Die Antwort ist: Nein!

Warum nicht? Weil viele Eltern, wie ich bereits sagte, ihre Kinder ständig kritisieren. Sie schaffen damit in ihren Kindern negative Gedanken, negative Programme, viel Angst, zudem ein äußerst destruktives Über-Ich beziehungsweise einen sehr starken und sehr negativen inneren Richter, der ihre Kinder immer klein machen und klein halten wird.

Ich finde deshalb die Worte „Grenzen setzen" und „Spiegeln" sehr viel besser als das Wort „Kritik".
Mit Kritik assoziieren die meisten Menschen etwas Negatives. Und genau deshalb wollen wir den Begriff vermeiden: Erstens, weil wir den anderen nicht verletzen wollen, und zweitens, weil wir mit anderen Worten besser sagen können, was wir denken.
Hinzu kommt, dass viele Menschen ihr Augenmerk besonders auf das Negative richten – vor allem bei Menschen, die ihnen nahe sind. Das Positive wird nicht gesehen und nicht gesagt. Das Negative dagegen wird auf subtile oder gar direkte Weise ständig ausgedrückt.

Ein Hauptproblem der Kritik besteht zudem im **Ansammeln**. Weil wir Kritik so negativ bewerten – und so negativ beziehungsweise so destruktiv erlebt haben – sprechen wir, was uns stört, nicht dann aus, wenn es gerade geschieht, sondern „schlucken" ... und sammeln. Eines Tages schließlich ist unser „Speicher" voll und beim geringsten Anlass explodieren wir und sagen dem anderen „deutlich unsere Meinung".
Und was tun wir damit? Wir bestätigen uns unser Programm, dass Kritik etwas Negatives sei. Denn die Vehemenz, mit der wir „unsere Meinung" sagen, und die Menge der Vorwürfe, die wir dem anderen entgegen schleudern, bedingen, dass er sich verschließt beziehungsweise zur Waffe des Gegenangriffs greift.

Das bedeutet für dich:

1. Mach dich nicht klein.

2. Sammle deine Kritik nicht an.

3. Äußere sie nicht im Affekt. Sage deinem Gegenüber nicht „die Meinung", denn diese Art der Meinungsäußerung, das heißt eine Tirade von Vorwürfen, bringt nichts.

4. Sage, was du denkst, nicht in Form von Kritik, sondern als Spiegelung. **Sage nicht**: „Du machst immer ...", „Alles, was du sagst ..."
   **Sage vielmehr**: „Ich habe ein Problem mit ..."

5. Führe nur einen Kritikpunkt pro Gespräch an und verbinde ihn mit einem Lob. Zum Beispiel: „Ich finde dich sehr differenziert und sehr offen. Wenn du aber das und das sagst, kann ich das so gar nicht mit dem in Einklang bringen, wie ich dich sonst erlebe."
   Bedenke: Wenn du **ein Mal kritisierst, musst du anschließend fünf Mal loben.**

6. Sprich all dies unter vier Augen an und lass dein Gegenüber sowohl zu Wort kommen als auch **aussprechen.**

7. Rede nicht zu lang. Dies könnte vom anderen als Predigt beziehungsweise als „Standpauke" erlebt werden.

8. Frag deinen Gesprächspartner, was er von dir braucht. Sollte er dir nun seinerseits Vorwürfe machen, bleib beim Loben. Steige nicht in die „Kritiktirade" ein.
   Verwässere deinen Kritikpunkt aber nicht.

9. Suche nach einer gemeinsamen Lösung.

10. Bleibe im Kontakt. Sieh dein Gegenüber an beziehungsweise berühre ihn.

11. Und das Allerwichtigste: Begegne deinem Gegenüber mit Achtung und Respekt.

12. Und schließlich denke an die Bedeutung des Indischen Grußes *Namasté*: „Das Göttliche in mir grüßt das Göttliche in dir!"

Ich spreche diese Punkte so allgemein an, da sie nicht nur im Kontakt mit Kindern, sondern auch für die Kommunikation zwischen Erwachsenen einen guten Leitfaden bieten.

Sie liefern dir aber auch die Möglichkeit, deinen Kindern zu erklären, wie sie Freunden oder gar Lehrern gegenüber Dinge **ansprechen** können.

Kritik ist immer schwierig. Spiegeln, Grenzen setzen beziehungsweise Klären sind dagegen äußerst wichtige kommunikative Fähigkeiten, die über das Schicksal einer jeden Beziehung entscheiden. **Wer nicht klären kann, kann keine glückliche Beziehung führen.**

Wer nichts anspricht, ist nicht beziehungsfähig.

Wem man nichts – auch noch so freundlich und konstruktiv – sagen kann, der ist nicht konfliktfähig. Und ist er nicht konfliktfähig, wird eine Beziehung oder Freundschaft mit ihm beim ersten Problem sehr schwierig werden wenn nicht gar zu Ende gehen.

Kinder sollten deshalb so viel gelobt werden, so positiv Grenzen gesetzt bekommen. Es sollten ihnen Dinge so konstruktiv gespiegelt werden, dass sie konfliktfähig werden, das heißt **eine hohe Frustrationstoleranz entwickeln und große Achtung sich und anderen gegenüber haben.**

Denn: Kritik gibt es immer in der Welt. Der Kritik entkommt man nicht. Wer aber in seiner Kindheit gelernt hat, konstruktiv mit dem umzugehen, was ihm an anderen nicht gefällt beziehungsweise mit dem, was andere an ihm kritisieren, der hat nicht allein ein wunderbares Erfolgsprogramm von seinen Eltern mitbekommen, sondern hat zudem alle Voraussetzungen dafür, gute, tragfähige und lang andauernde Beziehungen zu führen.

Kritisiere dein Kind also nicht. Spiegle ihm vielmehr wohlwollend und liebevoll, was es verändern sollte. Halte Kontakt. Sei positiv und nicht nachtragend.

Darüber hinaus stütze dein Kind bei aller Kritik, die von außen kommt. Hilf ihm, die wichtige Botschaft anzunehmen, die sie gegebenenfalls enthält, und **lass es durch deine Stütze konfliktfähig werden.**

Denn wie sagte Buddha so wahr?

> *Du wirst kritisiert, wenn du zu viel redest.*
> *Du wirst kritisiert, wenn du zu wenig redest.*
> *Du wirst kritisiert, wenn du genau so viel sagst, wie notwendig ist.*
> *Es gibt keinen Schutz vor Kritik.*

Das bedeutet, dass du auch als Elternteil der Kritik nicht entkommen kannst: Du wirst von deinen Kindern kritisiert werden.

Und wie verhältst du dich dann?

Es kann nun sein, dass deine Kinder nicht den richtigen Ton finden. Gib du dich aber nicht als Formalist. Sei großherzig. Sag, dass du den Ton schwierig findest, dass du aber den Inhalt, die Aussage, ernst nimmst.

Damit vermittelst du deinen Kindern ein ausgezeichnetes inneres Programm. Der erste Teil dieses Programms besteht darin, dass sie von dir gehört werden, dass sie erleben, ein Recht auf ihre Gefühle zu haben, dass sie diese ausdrücken dürfen und dass sie auch dann gehört werden, wenn die Form nicht ideal ist.

Der zweite Teil dieses so wichtigen inneren Programms drückt sich in Folgendem aus: **Das Ernst-Nehmen bedeutet auch, dass du dich entschuldigst**, wenn die Kritik deiner Kinder berechtigt ist. Rede ja nicht herum. Versuche dich auf keinen Fall herauszuwinden. Das wäre schrecklich, denn keine idealisierbaren Väter beziehungsweise Mütter winden sich, um das Eingestehen eines Fehlers zu vermeiden.

**Entschuldige dich vielmehr. Sage schlicht:** „Das tut mir leid. Das war falsch ... das habe ich vergessen ... Das habe ich übersehen ...“

**Frage, nachdem du dich entschuldigt hast**: „Ist es gut so oder brauchst du noch etwas?“

Sei deinem Kind ein Vorbild im Umgang und im Annehmen von Kritik beziehungsweise von Spiegelung. Durch dich lernt es, wie jemand sich verhält, der positiv und konstruktiv mit Klärungen umgeht.

Achte auch darauf, ob dein Kind deine Entschuldigung annimmt. Eine Entschuldigung ist sehr wichtig und sollte weder nebenher gesagt noch beiläufig angenommen werden.

**Auf ein „Tut mir leid“ sollte ein klares „Vielen Dank!“ folgen, verbunden mit dem entsprechenden Gefühl.**

Kommt es nicht und auch nichts Ähnliches, dann ist es gut möglich, dass die Entschuldigung nicht angenommen wurde.

Es besteht dann wahrscheinlich noch Klärungsbedarf, dem du unbedingt nachkommen solltest.

Es kann auch sein, dass dein Gegenüber noch lernen muss, auf eine Entschuldigung zu reagieren beziehungsweise zu sagen, was diese bei ihm bewirkt.

Mit anderen Worten: Spiegelungen sind gut, wenn konstruktiv, beziehungsgebend und achtsam mit ihnen umgegangen wird.

Überlege dir ebenfalls sehr genau, was du ansprichst, denn **ständiges Spiegeln** ist zermürbend. Mache dir bewusst, was du überhaupt nicht anzurechen brauchst, weil du den anderen so sein lassen kannst, wie er ist. **Doch Vorsicht: Lass wirklich los, und tu diesen Rest, den du nicht ansprichst, nicht – unbemerkt! – in die „Sammelkiste".**

Eltern, die so vorgehen, wenn sie spiegeln beziehungsweise ihrerseits kritisiert werden, geben ihren Kindern ein hervorragendes Programm mit, das diese vor sinnloser Überempfindlichkeit bewahren wird.

Denn wodurch entsteht Überempfindlichkeit? Durch viele Verletzungen und/oder dadurch, dass jemand nicht gehört wird beziehungsweise sich nicht gehört **fühlt.**

Höre dein Kind, nimm es ernst, empfinde es nach, und du gibst ihm das beste Beispiel, wie es eine gute, dauerhafte, konfliktfähige Beziehung führen kann.


## Erziehung durch Konsequenzen

Ich liebe Kinder. Ich finde ihre Augen, in denen sich der ganze Himmel zu spiegeln scheint, so wunderbar. Und das Strahlen ihrer Gesichter erlebe ich als das Widerstrahlen der Schönheit und Makellosigkeit Gottes. Leider werden sie in diesem dunklen Zeitalter so schlecht behandelt, weswegen sie ihr Strahlen, ihre Freude und schließlich ihre Schönheit verlieren. Das schmerzt mich.

**Deshalb sage ich: Dumme, harte, lieblose Eltern erziehen mit Strafen. Kluge, liebevolle, sanfte Eltern erziehen durch Konsequenzen.**

Ein Buch, das deshalb alle Eltern nicht nur lesen, sondern in ihre tägliche Praxis umsetzen müssen, ist ***Kinder brauchen Ordnung*** von **Jane Nelsen.** Es ist ein wunderbares, weises Buch, denn es zeigt auf, wie Eltern ihre Kinder ohne Zwang, ohne Strafen, sondern allein durch Konsequenzen erziehen. Dies ist auch deshalb so weise, weil es sich an die Kosmischen Gesetze hält. Gott und damit die Welt erzieht nicht durch Strafen, sondern durch Konsequenzen.

Weißt du, was diejenigen so sehr beschäftigt, die mit Menschen arbeiten? Dass **die meisten Menschen ihre Fehler nicht sehen, dafür deutlich meinen, sie bei den anderen ausmachen zu können!** (Vgl. dazu das wunderbare Buch bzw. die CDs von Dale Carnegie *Wie man Freunde gewinnt*.) Und weißt du, woher das kommt? Ja, von *Maya*, von der Täuschung, vom Schein. Gott schuf *Maya*, damit aus dem Einen Gott die vielfältige Welt werden konnte. Durch *Maya* erscheint deshalb das als Vieles, was im Grunde nur Eins ist. Wer also sehr mit der Welt verbunden ist, muss sich in *Maya* verstricken und einer Illusion als Wahrheit nachhängen. Es ist daher selten hilfreich, Menschen Vorhaltungen zu machen beziehungsweise sie zu kritisieren. Kaum jemand reagiert interessiert bei der Gelegenheit, etwas über sich zu erfahren. Die meisten wollen entweder nichts wissen oder sie drehen den Spieß um, kritisieren ihrerseits, werden ärgerlich – oder alle drei Varianten gleichzeitig!

Strafen sind in den meisten Fällen völlig sinnlos – außer man möchte sich Feinde machen, dann wirken sie mit fast 100% Sicherheit (vgl. Jane Nelsen, *Kinder brauchen Ordnung*, S. 57-62).

Lediglich sehr gestörte Menschen möchten sich ihre Kinder bewusst zu Feinden machen – leider gibt es allerdings genug Menschen, die aus Hilflosigkeit, Desinteresse oder aus Dummheit mit Strafen erziehen.

Kluge, gute Eltern sind dagegen immer auf der Suche nach Mitteln, durch die sie ihre Kinder erreichen, mit denen sie ihnen etwas klar machen, sie beeinflussen können, ohne sinnlose Fronten aufzubauen, sie zu verletzen oder ihnen gar zu schaden.

Jane Nelsens Methode ist deshalb so hilfreich, weil sie von drei Grundhaltungen den Kindern gegenüber ausgeht: **Liebe, Achtung und Lernen durch Konsequenzen.**

Am Anfang ihres Buches beschreibt sie die Richtlinien einer positiven Disziplin, die ich so treffend finde, dass ich sie vollständig zitiere (*Kinder brauchen Ordnung*, S. 13-15):

„*1. Ungezogene Kinder sind* **entmutigte** *Kinder, die falsche Vorstellungen darüber haben, wie sie ihr vorrangiges Ziel –* **dazuzugehören** *– erreichen können. Ihre falschen Vorstellungen führen zu Ungezogenheit (Fehlverhalten).*

*2.* **Ermutigen** *Sie die Kinder, um ihnen zu helfen, ein Zugehörigkeitsgefühl zu empfinden, sodass der Motivation für ihr Fehlverhalten die Grundlage genommen wird.*

*3. Eine großartige Methode, Kinder zu ermutigen, besteht darin, ihnen bestimmte Zeiten zu widmen und etwas zu tun, das Sie gemeinsam genießen können, bei größeren eine Stunde in der Woche.*

*4. Wenn Sie die Kinder ins Bett bringen, bitten Sie sie, Ihnen ihr traurigstes und ihr **glücklichstes** Erlebnis des Tages zu erzählen. Nehmen Sie Anteil daran. Sie werden staunen, was Sie daraus lernen und erfahren.*

*5. Halten Sie **Familienkonferenzen** ab, um Probleme gemeinsam und mit Respekt voreinander zu bewältigen. Sie sind der Schlüssel für eine liebevolle Familienatmosphäre, die den Kindern hilft, Selbstdisziplin, Verantwortungsbewusstsein, Gemeinschaftsgeist und die Fähigkeit, Probleme zu lösen, zu entwickeln.*

*6. Geben Sie den Kindern **sinnvolle Aufgaben**. Viele Kinder würden lieber kochen als Geschirr waschen. Kinder haben ein Zusammengehörigkeitsgefühl, wenn sie wissen, dass sie etwas Wesentliches können.*

*7. **Entscheiden Sie gemeinsam**, welche Aufgaben zu erledigen sind. Lassen Sie die Kinder wöchentlich auslosen, wer welche Arbeit übernimmt. Auf diese Weise bleibt eine Arbeit nicht immer an derselben Person hängen.*

*8. **Nehmen Sie sich Zeit**, die Kinder anzulernen. Vergewissern Sie sich, dass sie verstehen, was Sie unter „Küche sauber machen" verstehen. Für die Kinder könnte es zum Beispiel einfach heißen, die Teller in den Ausguss zu stellen.*

*9. Befreien Sie sich von der Wahnvorstellung, Kinder würden besser funktionieren, wenn man sie erst einmal schlecht macht. **Haben Sie Lust, sich größere Mühe zu geben, nachdem man Sie gedemütigt hat?***

*10. Strafe mag funktionieren, wenn Sie Fehlverhalten in einem bestimmten Moment unterbinden möchten. Doch manchmal müssen wir uns vor erfolgreichen Tricks hüten, wenn die langfristigen Folgen negativ sind – Groll, Rebellion, Rachegelüste oder Verschlossenheit.*

*11. **Lehren Sie gegenseitigen Respekt, und gehen Sie mit gutem Beispiel voran**. Ein Weg ist, gleichzeitig freundlich und* bestimmt zu sein – freundlich aus Respekt vor dem Kind und bestimmt aus Respekt vor sich selbst und den Erfordernissen der Situation. Im Konfliktfall ist das nicht immer leicht, daher sollten Sie zunächst den folgenden Schritt verwenden.

12. Die Wahl des richtigen Augenblicks wird Ihren Erfolg verzehnfachen. Man kann ein Problem in einer Konfliktsituation nicht erfolgreich lösen, weil Emotionen ins Spiel kommen. Lehren Sie die Kinder den Nutzen von **Abkühlungsphasen**. Sie oder die Kinder können in ein anderes Zimmer gehen und etwas tun, das das Wohlbefinden fördert, und anschließend das Problem in gegenseitigem Respekt erneut angehen.

13. Wenn es sinnvoll ist, verweisen Sie auf die logischen Konsequenzen einer Handlung. Achten Sie darauf, dass die Folgen **verknüpft, vernünftig und respektvoll** sind.

14. Bei Familienkonferenzen können Kinder über die **logischen Konsequenzen der Nichteinhaltung der Abmachungen entscheiden helfen**. (Denken Sie daran, dass es sich nicht um Strafe handelt, da damit langfristig keine „guten" Erfolge erzielt werden können.)

15. Vermeiden Sie morgendliches Durcheinander, indem Sie am Vorabend **Routineprogramme** aufstellen und die Kinder zum Beispiel ihre Kleider, Bücher, Schuhe und so weiter auswählen und bereitlegen lassen. Helfen Sie ihnen, im Voraus zu entscheiden, wie lange sie zum Aufstehen brauchen, und gewähren Sie ihnen die Selbstverantwortung, sich von ihrem eigenen Wecker wecken zu lassen, Erlauben Sie ihnen, am eigenen Leibe zu erfahren, was es bedeutet, zu spät zu kommen.

16. Lernen Sie die **vier Schritte, Kooperation zu gewinnen**. a) Fühlen Sie sich in das Kind und seine Welt ein. Überprüfen Sie zusammen mit dem Kind, ob Sie richtig vermutet haben. b) Zeigen Sie Verständnis. Sie brauchen nicht einverstanden oder nachsichtig zu sein. Wenn möglich, geben Sie ein Bei-

*spiel einer Situation, in der es Ihnen ähnlich erging. c) Äußern Sie Ihre Gefühle über die Situation ohne Vorwurf in der „Ich"-Form. Kinder sind bereit, Sie anzuhören, wenn sie das Gefühl haben, gehört worden zu sein. d) Erarbeiten Sie gemeinsam Ideen, um das Problem in Zukunft zu vermeiden – oder das gegenwärtige Problem durch eine logische Konsequenz zu bewältigen. Wenn die ersten drei Schritte respektvoll unternommen worden sind, wird das Kind bereit sein, beim vierten Schritt zu kooperieren.*

*17. Geben Sie ein Beispiel für* **Wiedergutmachung**, *wenn Sie einen Fehler begangen haben. Lassen Sie das Kind wissen, was Ihnen an Ihrem eigenen Verhalten missfallen hat, und bitten Sie es um Hilfe, eine bessere Lösung zu finden.*

*18. Zeigen Sie den Kindern,* **dass Fehler ausgezeichnete Gelegenheiten sind dazuzulernen!"**

## Aufbauen von Vertrauen

Warum ist das Erziehen durch Konsequenzen so wichtig? Weil **das Kind dadurch seine Eltern als Partner und nicht als Feinde erlebt**. Jane Nelsens Beobachtung, dass Kinder, die sich nicht verstanden fühlen, zuerst zur Macht, dann zur Rache greifen und schließlich resignieren, trifft den Kern. Sie spricht von den „vier **R** des Strafens" (S. 27): **Ressentiment, Rache, Rebellion, Rückzug.**
Deshalb ist autoritäre Erziehung ebenso wenig sinnvoll wie eine antiautoritäre. Zur letzteren muss aber gesagt werden, dass sie sehr viel Positives in Gang gebracht hat und selbstverständlich eine große und außerdem so herzliche und menschlich tiefe Persönlichkeit wie Alexander Neill viel erreichen kann. Sein Erziehungskonzept war bahnbrechend, weil es, wie das von Alfred Adler, allen Menschen, so auch Kindern (!), mit Achtung, Respekt und Liebe begegnet. Und es hat etwas

Entscheidendes aufgezeigt: Dass es überhaupt keinen Grund gibt, warum man Kinder schlecht behandeln, demütigen, strafen oder ihren Willen brechen müsste, wie viele schwarze Pädagogen der früheren Jahre dies propagierten (vgl. dazu das hervorragende Buch von Alice Miller, *Du sollst nicht merken*).

Viele haben aber Neills Ansatz falsch verstanden. Sie haben gemeint, aus seinem Buch *Theorie und Praxis der antiautoritären Erziehung, das Beispiel Summerhill* herauslesen zu können, wie Neill mit seinen Kindern umgegangen war. Seine Methode funktionierte bei den Lesern seiner Bücher natürlich in vielen Fällen bei weitem nicht so gut wie bei ihm, denn Neill setzte durch seine Persönlichkeit sehr wohl Grenzen und machte durch sein Klarsein deutlich, was er gut fand und was nicht, obwohl er dies nicht jedes Mal aussprach. Vielen Eltern war dies nicht in dem Maß gegeben, und entsprechend chaotisch verlief die Umsetzung in die Praxis der eigenen Familie. Dennoch gilt den Verfechtern der antiautoritären Erziehung unser aller Dank und Respekt, denn es war die große Liebe zu ihren Kindern, die sie neue Wege suchen und ausprobieren ließ. Die Kinder dieser Eltern mögen in manchem etwas leichtfertig, verschwenderisch und nicht immer sehr leistungsorientiert sein, sie sind jedoch vielfach glücklicher und zufriedener als die Generation davor. Dafür haben sich die Anstrengungen aller mit Sicherheit gelohnt!

Jane Nelsen trifft eine sehr hilfreiche Unterscheidung, die ich hier unten zitiere (a.a.O., S. 26):

**„Strenge**
(übermäßige Kontrolle)

– Ordnung ohne Freiheit
– Keine Auswahl
– ‚Du tust das, weil ich es sage.'

**Permissivität**
(keine Grenzen)

– Freiheit ohne Ordnung
– Unbegrenzte Auswahl
– Du kannst tun, was du willst.'

**Positive Disziplin**
(Bestimmtheit mit Würde und Respekt)

– Freiheit mit Ordnung
– Begrenzte Auswahl ‚Du kannst innerhalb bestimmter Grenzen, die Respekt gegenüber allen zeigen, auswählen.'"

Jane Nelsen meint, dass Eltern, was sie auch sagen beziehungsweise bestimmen, **freundlich** sprechen sollten, denn die **„Freundlichkeit ist wichtig, um unseren Respekt vor dem Kind zu zeigen. Bestimmtheit zeigt den Respekt vor uns selbst und vor den Erfordernissen einer Situation."** (S. 84, Hervorhebung durch mich).

Und was geschieht, wenn wir einem Kind mit Freundlichkeit, Nachempfinden und Bestimmtheit begegnen? Es entsteht Vertrauen und aus dem Vertrauen **echter Gehorsam**, den Elisabeth Plattner in *Die ersten Lebensjahre* (S. 19 ff.) wohlweislich gegen den Scheingehorsam, den ungesunden, abgrenzt. Auch sie hat unendlich viel für die Kinder getan, und ihre Bücher (siehe Literaturliste) sollten in keiner Familie fehlen.

Was versteht sie nun unter **echtem Gehorsam** gegenüber Scheingehorsam?

Fangen wir mit Letzterem an: Scheingehorsam zeigt sich, wenn Kinder etwas „scheinbar" im Sinne ihrer Eltern tun, weil sie ansonsten Strafe fürchten. Die Sinnlosigkeit autoritärer Erziehung wird daran deutlich, dass sie weit gehend diese Haltung erzeugt, denn so werden die Eltern vom Kind als Bedrohung oder gar als Feinde und nicht als Stütze und wahre Freunde erlebt. Wenn Kinder in ihren Eltern eine Bedrohung beziehungsweise Feinde sehen, dann ist etwas grundsätzlich schief gelaufen. Außerdem ist etwas äußerst Trauriges passiert: Anstatt der Möglichkeit, die Freude der Nähe, des Vertrauens, der Gemeinsamkeit zu erleben, ist zwischen Eltern und Kindern eine Kluft entstanden. Wie vieles geht da verloren! Wie schade! Zudem besteht die Gefahr, dass diese Kinder die verbotenen Dinge spätestens dann tun, wenn die Eltern nicht anwesend sind.

Beim **echten Gehorsam** ist es hingegen völlig anders: Die Eltern verhalten sich so, dass die Kinder immer wieder erleben und **spüren, dass die Eltern alles nur zu ihrem Besten – zum Besten der Kinder! – tun.** Verbote müssen deshalb aus Fürsorge und nicht aus einer nicht nachvollziehbaren Laune heraus erteilt werden. Und am besten machen sie es so, dass das Kind immer wieder überprüfen kann, dass die Entscheidung der Eltern klug und richtig ist.

Dies beginnt mit der „heißen" Platte, auf die das Kind doch fasst, weil es den Eltern nicht glaubt, und die Erfahrungen setzen sich fort mit den rutschigen Strümpfen, wodurch es auf dem Parkett ausrutscht und hinfällt, weil es unbedingt keine Stoppersocken anziehen wollte, bis hin zum vorzeitigen Fahrradfahren ohne Stützräder, nur weil das (deutlich ältere) Nachbarskind dies schon kann.

Wieder ist hier die Liebe gefragt. Es hat wenig Sinn – aus Rechthaberei! – zuzusehen, wie das Kind sich ernsthaft verletzt oder sich gar irreparable Schäden zuzieht, nach dem furchtbaren Motto: *Wer nicht hören will, muss fühlen!* Bei dem Satz sieht man schon den bösen Vater mit der Gerte aus seinem Arbeitszimmer schnüren!

Kluge und liebevolle Eltern werden ihr Kind die Platte dann anfassen lassen, wenn sie nicht mehr so heiß ist. Es reicht manchmal auch, dass die Eltern diese anfassen und dann mit ihrer noch heißen Hand die ihres Kindes berühren. Es wird mit Sicherheit staunen, dem Vater oder der Mutter glauben und ihnen zudem dankbar sein, dass sie so liebevolle Fürsorge gezeigt haben.

Ähnlich ist es bei dem Beispiel mit dem Fahrrad: Die Eltern könnten so neben ihrem Kind herlaufen, dass sie es notfalls auffangen können. Ist dies einige Male geschehen, versteht das Kind, dass es ohne die Hilfe der Stützräder noch nicht fahren kann und ohne die Begleitung seiner Eltern mehrmals hingefallen wäre und sich möglicherweise verletzt hätte.

All diese Handlungen der Eltern schaffen Vertrauen, weswegen Kinder dann bei Dingen, von denen sie merken, dass sie diese nicht beurteilen können, ihre Eltern fragen. Oder auf das gegebene Verbot hören.

So bewahrte dieser echte Gehorsam zwei kleine Jungen vor großem Schaden, wenn er ihnen nicht sogar das Leben rettete. Beide wurden nach dem Gesichtspunkt erzogen, dass ihnen nichts Sinnloses verboten wurde, beiden wurde immer erklärt, warum etwas nicht ging. Beide hatten deshalb großes Vertrauen zu ihren Eltern. Beide, so kann man sagen, waren deshalb *Sathsang*, gute Gesellschaft füreinander – und man kann an diesem Beispiel sehen, wie wichtig gute Gesellschaft ist!

Sie waren in Indien und spielten in einem Hof. Hier durften sie unter Aufsicht des Hausmeisters Papiere verbrennen. Nun war einmal der Hausmeister abwesend, es lagen aber Streichhölzer da. Mit denen gingen sie herum, um etwas anzuzünden. Und was fanden sie? Eine große Flasche Benzin! Der eine Junge wollte sie anzünden, denn er wusste nicht, was das war. Der andere war durch seine Mutter, weil sie Benzin in ihrem Haushalt immer wieder benutzten, eindringlich darauf hingewiesen worden, niemals damit zu spielen geschweige denn zu zündeln. Daran erinnerte er sich sofort und sagte: „Nein, das dürfen wir nicht. Meine Mammi hat mir gesagt, ich darf niemals mit „Benzinnn" (so sprach er es aus!) spielen, denn es ist sehr gefährlich. Da können wir sofort tot sein. Das dürfen wir nicht!" Der andere Junge, der Erwachsene ebenfalls als positiv und fürsorglich kennen gelernt hatte, nahm das Verbot sogleich an. Damit bewahrte der gemeinsame positive Gehorsam beide Kinder vor einer Katastrophe.

## Halten von Versprechen

So bedeutet echter Gehorsam beziehungsweise tiefes Vertrauen zu den Eltern nicht nur, dass Kinder besser gehorchen, sondern dass sie vor großem Schaden wie einer Explosion mit all ihren Konsequenzen bewahrt werden können.

Man kann Kindern aber noch so viele Beweise liefern, dass man gute Gründe für seine Verbote hat, hält man seine gegebenen Versprechen nicht ein, wird auf Dauer kein Vertrauen wachsen.

**Kinder nehmen Versprechen sehr, sehr ernst.** Sie achten auf deren Erfüllung ganz genau, ebenso merken sie sich gegebene Versprechen sogar mit Ort und Zeitangabe.

Deshalb gilt hier, was ich in *Sai Baba spricht über Beziehungen* über Versprechen, Gelöbnisse und Schwüre sagte: Vorsicht bei dem, was du versprichst, du wirst darauf festgelegt werden. Kannst du es nicht erfüllen, stehst du bei deinem Kind als Lügner da! Wie willst du aber ein Vorbild sein, wie willst du ihm klar machen, dass Lügen schlecht ist, wenn **du** es ihm vorlebst?

Das Allerwichtigste ist deshalb, dass du dir unbedingt, **bevor** du ein Versprechen gibst, überlegst, ob du es **einhalten kannst und willst**. Manche Eltern begehen den Kardinalfehler, dass sie Versprechen geben, um endlich Ruhe zu haben. Dies ist völlig falsch. Denn damit entsteht überhaupt keine Ruhe. Lässt du dir ein Versprechen abringen, erziehst du dein Kind zum Verhandeln, zum Insistieren, zum Bohren. Du wirst deshalb in Zukunft viel Zeit mit Verhandeln, Diskutieren und Klären verbringen müssen.

Gerätst du in eine Situation, in der du dich im Zugzwang fühlst, dann halte dich an die Regeln von Jane Nelsen: Zieh dich zurück, nachdem du deinem Kind gesagt hast, dass du einen Moment Zeit brauchst. Kläre deine Gedanken in Ruhe und überlege dir, was du brauchst, was dein Kind braucht und was du bereit bist ihm zu geben. Ist die Situation sehr brenzlig oder gar verfahren, dann sage ihm, dass du eine Familienkonferenz einberufen musst – was wirklich zu empfehlen wäre. Dort könnt ihr klären und herausfinden, was jeder geben muss, um die Achtung, die Würde und die Liebe zu bewahren.

**Verwende aber niemals die Hilfe von irgendwelchen Tricks wie Täuschungen, Unklarheit, Aufschub oder falsche Versprechen, nur weil du deine Fehler nicht eingestehen willst.**

**Denk daran: Deine Kinder lernen alles von dir und du ziehst dir mit ihnen genau den Spiegel heran, in den du eines Tages sehen wirst. Natürlich kannst du dann abwehren und sagen, dies sei nicht mehr dein Kind, das dir einen solchen Spiegel vorhält. Wer ist aber der Schuldige, du oder dein Kind? Und was tut dein Kind? Es konfrontiert**

dich mit dir selbst und deiner Erziehung. Und wie reagierst du? Du bist empört. Und warum? Weil du dich selbst gespiegelt siehst. Was kann das Kind dafür? Nichts, denn du siehst letztlich dich selbst und nicht dein Kind. Außerdem bist du eines Tages alt und gebrechlich. Wer braucht da wen? Und wer liebt die Enkel beinahe schon abgöttisch? Wer möchte nicht hören, dass er alles falsch gemacht hat?

Halte dich deshalb unbedingt an deine gegebenen Versprechen. Beiße dir lieber die Zunge ab, als ein Versprechen zu geben, das du nicht halten kannst. Und tue alles, um sie einzuhalten.

Denn das schafft Bedeutsames für dein Kind und für dich selbst, nämlich: **Vertrauen, Sicherheit, Idealisierbarkeit und damit Freude. Außerdem bist du dadurch deinem Kind ein wichtiges Vorbild.** Denk daran: Rama ging ohne mit der Wimper zu zucken vierzehn Jahre ins Exil und verzichtete auf den väterlichen Thron, weil Er nicht wollte, dass **Sein** Vater sein Versprechen brach! Da geht ein Sohn in die Verbannung, um damit seinem Vater die Möglichkeit zu geben, sein Versprechen zu halten, weil Er, der Avatar (Gottesinkarnation) Rama, es als seine Aufgabe sah, *Sathya* (Wahrheit) und *Dharma* (Rechtschaffenheit) wieder herzustellen. Und um seine Einheit von Gedanken, Worten und Taten zu dokumentieren, ging Er, ohne sich auch nur im Geringsten zu beklagen, in die Verbannung.

Alle weinten, weil Er ging. Alle bewunderten aber auch, wie großherzig Er war und welches Beispiel an Konsequenz Er gab. Dazu sind die Avatare auf Erden: Sie geben dir ein Beispiel, dass du dich unbedingt an die Einheit von Gedanke, Wort und Tat halten sollst – allen, besonders aber deinen Kindern gegenüber, **damit sie dich achten und dadurch selber hervorragende Menschen werden können.**

# Umgang mit Geld

Versprechen werden häufig auch im Zusammenhang mit Geld gegeben. Eltern versprechen dies oder jenes, was Geld kostet, oder ein Taschengeld, das sie nicht zahlen, und vieles Ähnliches mehr.

Dies ist sehr von Nachteil, denn es belastet langfristig die Beziehung der Kinder zu den Eltern – berechtigterweise! –, unterminiert das Vertrauensverhältnis und verschafft den Kindern von Anfang an einen schlechten Bezug zu Geld.

Meine Meinung zu Geld ist klar: **Geld ist wie ein Schuh. Es muss passen.** Hast du zu viel Geld – einen zu großen Schuh –, verlierst du dich, hast du zu wenig, dann drückt es dich.

Viele Menschen haben das Gefühl, zu wenig Geld zu haben. Bei einigen trifft dies tatsächlich zu, bei anderen nicht. Bei vielen ist es ein unbewusstes Problem: In ihrer Kindheit haben sie ein negatives Bild von Geld bekommen und können deshalb nicht positiv damit umgehen. Die einen kümmern sich nicht um Geld und haben deswegen zu wenig. Die anderen denken zu viel an Geld und in Geldkategorien und verkümmern innerlich (siehe auch weiter unten).

Wie ich in *Sai Baba spricht über Psychotherapie* ausführte, müssten viele Menschen zum Beispiel über die Basis-Aufstellung (S. 416) klären, wie ihre unbewusste Einstellung zu Geld ist. Stehen sie positiv oder ablehnend dem Geld gegenüber? Viele **glauben** Geld zu mögen, in Wahrheit lehnen sie es aber ab. **Diese unbewusste negative Einstellung wird zum Beispiel durch die besagte Basis-Aufstellung deutlich und ist deshalb für Eltern so wichtig, denn sie geben ihre unbewussten Programme an ihre Kinder weiter.**

So werden die Wurzeln zur negativen Einstellung gegenüber Geld in der Kindheit gelegt. Hier erleben Kinder, wie ihre

Eltern mit Geld umgehen, wie sie darüber reden, wie sehr oder wie wenig sie es achten, ob sie es als Druckmittel verwenden, ob sie Verträge einhalten, die sie zum Beispiel zur Zahlung verpflichten – auch den Kindern gegenüber. Geld ist eine starke Energie. Freud hatte Recht, als er das Geld mit der Sexualität verglich, denn er stellte fest, dass „*Geldangelegenheiten von den Kulturmenschen in ganz ähnlicher Weise behandelt werden wie sexuelle Dinge, mit derselben Zwiespältigkeit, Prüderie und Heuchelei*" (in: *Zur Einleitung der Behandlung*, S. 464).

So gibt es, ähnlich wie zur Sexualität, viele verschiedene Einstellungen zum Geld.
Da gibt es die einen, die kein Geld wollen und damit zufrieden sind.
Dann gibt es diejenigen, die vorgeben, kein Geld zu wollen, aber im Grunde Geld wollen, aber keins bekommen.
Wieder andere geben wie die Letzteren vor, kein Geld zu wollen, machen aber Geld.
Weiter gibt es die, die vorgeben, Geld haben zu wollen, aber keins bekommen.
Dann die, die Geld machen, es aber nicht behalten können, und die, die vorgeben, kein Geld zu besitzen, es aber sehr wohl haben.
Und schließlich gibt es diejenigen, die sagen, Geld machen zu wollen, und es auch tun.
Dies sind allgemeinere Einteilungen, zwischen denen es noch schier unzählige Unterteilungen und Facetten im Grad der Ablehnung, des Wunsches und der Verwirklichung von Wohlstand beziehungsweise von Reichtum gibt.

Die meisten Einstellungen lassen sich auf Muster zurückführen, die Menschen in ihrer Kindheit kennen lernten. Was selbstverständlich auch mit Erfahrungen aus früheren Leben zusammenhängt, worauf hier aber nicht eingegangen wird, um den Sachverhalt nicht unnötig zu komplizieren.

Nun ist es so, dass im Grunde jede Einstellung zu Geld unter zwei Bedingungen zu bejahen ist: Erstens, wenn derjenige mit seinem Einkommen beziehungsweise Vermögen zufrieden ist, und zweitens, wenn er und seine Familienangehörigen tatsächlich genug besitzen oder gut mit dem Vorhandenen auskommen.

Es gibt nun Fälle, in denen jemand ganz zufrieden mit seinen finanziellen Verhältnissen ist, seine Familie jedoch nicht oder gar darbt.


Die überwiegende Zahl der Menschen ist jedoch nicht zufrieden – weder mit ihrem Geld noch ihrem Partner noch ihren Kindern. Und warum nicht? Dies hängt von den unbewussten Programmen ab. Will jemand mehr Geld haben – und bräuchte es tatsächlich auch –, darf aber von seinem Unbewussten her nicht mehr verdienen, dann ergibt dies Spannungen in seiner Seele, und er wird unzufrieden.

Der grundlegende Satz lautet deshalb: **Jeder Mensch hat genau so viel Geld, wie er sich unbewusst erlaubt. Keinen Cent mehr und keinen weniger!**

Viele Menschen glauben das nicht, weil sie annehmen, sie bestünden nur aus ihrem Bewusstsein und hätten damit kein Unbewusstes. **Die wenigsten fragen sich, ob es eine Übereinstimmung zwischen äußerer Realität und unbewussten Entscheidungen beziehungsweise Programmen gibt.** Und wer besucht schon eine gute Therapie und ist auch bereit Geld dafür auszugeben, weil er mit seiner finanziellen Situation nicht zufrieden ist? Lieber bespricht man sich mit Menschen, die ähnliche unbewusste Programme haben – und alles bleibt beim Alten, nach dem Motto: *Lieber eine vertraute Armut als einen unbekannten Wohlstand, denn um diesen zu erhalten, muss man auch viel lernen und viel tun!*

Wie gesagt, die meisten Programme beziehungsweise Einstellungen werden in der Kindheit im Unbewussten angelegt. Dazu gehören „kleine Sätze" wie: *Geld stinkt; Reiche sind Egoisten; Reiche sind einsam; wer Geld hat, hat es auf Kosten anderer; besser arm und glücklich als reich und unglücklich; Reiche sind arme Menschen mit viel Geld.*

Und dann gibt es die anderen, die ganz frech sagen: *Besser reich und gesund als arm und krank; wohl fühle ich mich nur bei den Reichen und Superreichen; Geld und Erfolg sind eins* – was ein absoluter Irrtum ist.

Das Erstaunliche an beiden Arten von Aussagen ist, dass sie beide richtig und auch falsch beziehungsweise nichts sagend sind. Natürlich gibt es Reiche, die brutal und gewissenlos auf Kosten anderer ihr Geld „machen". Sie sind in Wirklichkeit arm, denn sie werden dies eines Tages ausgleichen müssen.

Es gibt aber auch Reiche, die reich sind, weil sie hilf-„reich" sind, ihre Umgebung unterstützen, wo immer sie können.

Das Armsein ist kein Verdienst an sich, aber auch kein Makel, wenn jemand damit glücklich, zufrieden und zudem gute Gesellschaft ist. Wie viele Arme gibt es aber, die weder glücklich noch gute Gesellschaft sind, die betrügen, Geld verschwenden, stehlen oder gar morden – genauso wie viele Reiche.

**Wie in allem bestimmt immer die Einstellung und die Art und Weise, wie etwas verwendet wird, ob es gut oder schlecht ist.** Nichts ist immer schlecht, nichts immer gut. So ist das gleiche Gewehr gut, weil es ein Schwein von langem Leiden befreit, und schlecht, weil es das Schwein nur tötet, damit es gegessen wird.

Und so kommen wir zum nächsten spannenden Punkt: Kein Geld zu haben ist noch lange keine Leistung, sondern kann sogar schlecht und verlogen sein. Denn erstens haben viele nicht deshalb kein Geld, weil sie sich **bewusst** so entschieden haben, vielmehr hat eine Elterninstanz dies in ihrem Unbewussten so bestimmt. Und zweitens: Ist es gut, dass durch dieses unbewusste Programm die eigene Familie darben muss? Wie gesagt: **Alles hängt von deiner Einstellung ab – und du bist zu einem hohen Maße für die Einstellungen deiner Kinder verantwortlich!**

Hast du dir zum Beispiel **deine unbewussten Programme bezüglich Geld schon einmal angesehen? Kennst du den „Dispositionskredit" deines Unbewussten? Hast du dich je darum gekümmert? Weißt du, dass du ihn mit großer Wahrscheinlichkeit deinen Kindern mitgibst? Willst du das? Wollen sie es? Ist es gut für sie?**

Dies sind alles grundsätzliche Fragen, die sich – leider! – viele Menschen nicht einmal stellen, geschweige denn beantworten.

**Alexander** dagegen wollte seine unbewussten Einstellungen zum Geld kennen lernen. Seine finanzielle Situation war nicht schlecht. Aber gut oder gar hervorragend hätte er sie auch nicht nennen können. Also machte er in einer Gruppe eine Aufstellung mit Geld, Erfolg und Glück und natürlich mit deren Gegensätzen (vgl. *Sai Baba spricht über Psychotherapie*, S. 416 f.). Und was kam heraus? Sein Kontakt zu Erfolg und Glück war recht gut. Das Geld aber blieb nicht in seiner Nähe. Und warum nicht? Wie sich durch das Nachhaken der Therapeutin ergab, hatten bereits sein Vater, sein Großvater und sogar sein Urgroßvater schlecht über Geld gedacht und ihm diese Einstellung weitergegeben. Er klärte lange, bis endlich das Geld, der Erfolg und das Glück bei ihm standen. Und was geschah dann? Sein ganzes Leben musste er neu ordnen – und es ordnete sich neu. Bis in den kleinsten Winkel seines Daseins. Heute ist Alexander erfolgreich, glücklich und hat einen guten Kontakt zum Geld.

Manche Menschen, die kein Geld haben, sind allein schon deshalb keine Vorbilder, weil sie es verschleudern. Wer kein gutes Verhältnis zum Geld hat, verliert es, verprasst es, gibt es für Sinnloses aus, investiert es falsch. Wer aus diesen Gründen kein Geld hat, ist mit Sicherheit noch kein Held. (Vergleiche in diesem Zusammenhang die aufschlussreichen Tabellen in Bernd W. Klöckners Buch mit dem verführerischen Titel *Systematisch reich*!)

**Zudem musst du sehr genau aufpassen, in was du dein Geld investiert, oder möchtest du Waffengeschäfte, Schlacht- beziehungsweise Steakhäuser unterstützen? Erkundige dich immer, was mit deinem Geld gemacht wird: Erstens siehst du dadurch, mit wem du es zu tun hast, und zweitens begibst du dich nicht in gefährliche Karmaverwicklungen.**

Was bei Bernd W. Klöckner sehr gut ist, sind die verschiedenen Tabellen, anhand derer er deutlich macht, dass in Deutschland – über die Jahre gerechnet – unzählige Millionäre leben. Warum haben sie das Geld aber nicht? Ganz einfach: **Weil sie es ausgeben und nicht sparen.**

Deshalb sollen dich zwei Tabellen aus seinem Buch darüber informieren, was du im Laufe der Zeit verdienst und was **du dir ersparen kannst!** *Ersparen* hat eine wunderbare Doppelbedeutung: Fängst du frühzeitig an konsequent zu sparen, ersparst du dir viel Ärger, viel Kummer oder gar Armut! (a.a.O., S. 191, Veränderung in € durch mich).

## Sie verdienen ein Millionenvermögen – setzen Sie es auch ein!!

| Einkommen pro Monat netto in € | Betrag in 10 Jahren | Betrag in 20 Jahren | Betrag in 30 Jahren | Betrag in 40 Jahren | Betrag in 50 Jahren |
|---|---|---|---|---|---|
| 1 000 | 135 000 | 320 000 | 574 000 | 924 000 | 1 404 000 |
| 1 500 | 202 000 | 480 000 | 861 000 | 1 386 000 | 2 107 000 |
| 2 000 | 270 000 | 641 000 | 1 147 000 | 1 848 000 | 2 809 000 |
| 2 500 | 338 000 | 801 000 | 1 434 000 | 2 311 000 | 3 511 000 |
| 3 000 | 405 000 | 961 000 | 1 721 000 | 2 773 000 | 4 213 000 |
| 3 500 | 473 000 | 1 121 000 | 2 008 000 | 3 235 000 | 4 916 000 |
| 4 000 | 541 000 | 1 281 000 | 2 295 000 | 3 697 000 | 5 618 000 |
| 4 500 | 608 000 | 1 441 000 | 2 582 000 | 4 159 000 | 6 320 000 |
| 5 000 | 676 000 | 1 601 000 | 2 869 000 | 4 621 000 | 7 022 000 |
| 5 500 | 743 000 | 1 762 000 | 3 156 000 | 5 083 000 | 7 725 000 |
| 6 000 | 811 000 | 1 922 000 | 3 442 000 | 5 545 000 | 8 427 000 |
| 6 500 | 878 000 | 2 082 000 | 3 729 000 | 6 008 000 | 9 129 000 |
| 7 000 | 946 000 | 2 242 000 | 4 016 000 | 6 470 000 | 9 831 000 |
| 7 500 | 1 013 000 | 2 402 000 | 4 303 000 | 6 932 000 | 10 534 000 |
| 8 000 | 1 081 000 | 2 562 000 | 4 590 000 | 7 394 000 | 11 236 000 |
| 8 500 | 1 149 000 | 2 722 000 | 4 877 000 | 7 856 000 | 11 938 000 |
| 9 000 | 1 216 000 | 2 883 000 | 5 164 000 | 8 318 000 | 12 640 000 |
| 9 500 | 1 284 000 | 3 043 000 | 5 450 000 | 8 780 000 | 13 342 000 |
| 10 000 | 1 351 000 | 3 203 000 | 5 737 000 | 9 242 000 | 14 045 000 |

Monatseinkommen gerechnet mit 10% Steigerung des Einkommens alle fünf Jahre, zum Teil Inflationsausgleich

Tabelle © Bernd W. Klöckner, Finanz-Institut Klöckner, Lahnstein, 1999

Und was du dir **ersparen** kannst, wenn du monatlich einen festen Betrag sparst, kannst du an folgender Tabelle aus Klöckners Buch (S. 192 – Veränderung in € durch mich) ersehen.

**Achtung:** *In Ihrer ganz persönlichen Zeit des Verdienens verfügen Sie über Millionenbeträge. Wenn Sie also in dieser Zeit keinen Reichtum aufbauen, so liegt es nicht an dem fehlenden Einkommen, sondern ausschließlich an Ihrem falschen Umgang mit Ihrem persönlichen Millioneneinkommen. Es liegt ausschließlich an Ihnen, verantwortungsvoll mit dem Ihnen im Laufe der Jahre durch die Hände rinnenden Geld umzugehen. Wenn Sie 3000 Euro monatlich über 30 Jahre verdienen, haben Sie immerhin die Verantwortung für 1,7 Millionen. Wenn Sie diese 1,7 Millionen restlos ausgeben, dann haben Sie etwas falsch gemacht.*

## Ihr Vermögen – Sie müssen es nur tun: SPAREN

| Sparrate in €* | Betrag in 10 Jahren | Betrag in 20 Jahren | Betrag in 30 Jahren | Betrag in 40 Jahren | Betrag in 50 Jahren |
|---:|---:|---:|---:|---:|---:|
| 100 | 17 308 | 52 093 | 122 000 | 262 481 | 544 087 |
| 150 | 26 000 | 78 100 | 183 000 | 393 700 | 817 200 |
| 200 | 34 600 | 104 200 | 244 000 | 525 000 | 1 089 600 |
| 250 | 43 300 | 130 200 | 305 000 | 656 200 | 1 362 000 |
| 300 | 51 900 | 156 300 | 366 000 | 787 400 | 1 634 400 |
| 350 | 60 600 | 182 300 | 427 000 | 918 700 | 1 906 800 |
| 400 | 69 200 | 208 400 | 488 000 | 1 050 000 | 2 179 200 |
| 450 | 77 900 | 234 400 | 549 000 | 1 181 200 | 2 451 600 |
| 500 | 86 500 | 260 500 | 610 000 | 1 312 400 | 2 724 000 |
| 550 | 95 200 | 286 500 | 671 000 | 1 443 600 | 2 996 400 |
| 600 | 103 900 | 312 600 | 732 000 | 1 574 900 | 3 268 800 |
| 650 | 112 500 | 338 600 | 793 000 | 1 706 100 | 3 541 200 |
| 700 | 121 200 | 364 600 | 854 000 | 1 837 369 | 3 813 600 |
| 750 | 129 800 | 391 000 | 915 000 | 1 968 600 | 4 086 000 |
| 800 | 138 500 | 416 700 | 976 000 | 2 100 000 | 4 358 500 |
| 850 | 147 100 | 442 800 | 1 037 000 | 2 231 000 | 4 630 900 |
| 900 | 155 800 | 468 800 | 1 098 000 | 2 362 300 | 4 903 300 |
| 950 | 164 400 | 494 900 | 1 159 000 | 2 493 600 | 5 175 700 |
| 1 000 | 173 100 | 520 900 | 1 220 000 | 2 624 800 | 5 448 100 |

*10% Steigerung des Einkommens alle fünf Jahre, zum Teil Inflationsausgleich

Tabelle © Bernd W. Klöckner, Finanz-Institut Klöckner, Lahnstein, 1999

# Grundsätze zum Geld

**1. Das Wichtigste**, was Eltern Kindern in Bezug auf Geld beibringen sollten, ist, dass Geld an sich wertfrei ist. Wie wir sahen, liegt in der Tatsache, ob jemand Geld hat oder nicht hat, überhaupt keine Aussagekraft. Es geht einzig und allein darum, wie jemand mit seinem Geld umgeht. Karl-Heinz Böhm hat viele Millionen gesammelt und ist nie damit zufrieden. Immer will er mehr. Ein armseliger Raffzahn? Mitnichten, sondern ein guter, weiser Mensch, der das Geld sammelt, um in Afrika Schulen, Krankenhäuser und Straßen zu bauen.

**2. Das Einfachste**, was du mit Geld machen kannst, ist, es zu verlieren. Nichts ist einfacher, als Geld zu verlieren oder es auf eine andere Weise loszuwerden.

**3.** Geld kann man noch so viel verdienen, **wer nicht spart**, wird sich finanziell nie etwas aufbauen können.

**4.** Geld hat die Eigenschaft, Menschen in seinen **Bann zu ziehen**. Viele Menschen können nichts anderes mehr, als nur noch an Geld und dessen Vermehrung zu denken. Ist viel Geld aber ein Wert an sich? Wie wir sahen, nein!

Sei also vorsichtig, wenn dein ganzer Lebensinhalt nur noch das Geld ist und Gott, Familie, Beruf für dich keinen wirklichen Wert mehr darstellen.

Natürlich kann es Lebenssituationen geben, in denen du dich äußerst intensiv mit Geld und dessen Erwerb beschäftigen musst, aber wenn es zum Goldenen Kalb wird, dann wird es gefährlich.

Aber wieder musst du vorsichtig sein: Kein Geld zu verdienen ist ebenfalls noch nichts Gutes. Ist es denn nicht besser, du verdienst mehr und denkst deshalb nicht ständig daran, als dass du so wenig verdienst, dass Geld ständig dein Thema ist? Oder – noch besser! – du verdienst viel und tust damit viel Gutes?

**5.** Werde dir unbedingt deiner **unbewussten Einstellungen bewusst**. Wenn du von dir nur als *armer Schlucker* denkst, dann wirst du entweder einer oder bleibst es. Du wirst, was du denkst. Also denke dich in Besitz von so viel Geld, dass es passt – eben wie ein Schuh!

Dann bist du außerdem für deine Kinder das beste Vorbild!

**6. Lehre deine Kinder** verantwortungsvoll mit Geld umzugehen. Mache ihnen deutlich, was sie erreichen können, wenn sie frühzeitig lernen, konsequent zu sparen (vgl. dazu obige Tabelle). Deshalb sollten sie bereits vom ersten Taschengeld 10% sparen. Für Kinder ab zwölf Jahren ist dazu Bodo Schäfers Buch *Ein Hund namens Money* sehr hilfreich (vgl. auch Nikolaus Piper, *Felix und das liebe Geld*).

**7.** Spende mindestens 10% deines Einkommens für karitative Zwecke oder gib das Geld direkt an Menschen, die es brauchen.

# AUFGABE DER KINDER

Wenn über Erziehung gesprochen wird, dann ducken sich die Eltern immer ein wenig, denn sie befürchten, dass alle Last, alle Verantwortung und alle Schuld (!) bei ihnen liegt.
Wie ich bereits, auch mittels der Gedanken von Jane Nelsen, deutlich machte, sehe ich das nicht so. Denn ich finde, die Kinder sollen auch ihren Teil beitragen.

## Die Eltern ehren

Ich sprach weiter oben in Zusammenhang mit der Geschichte von Jeoffry darüber, dass es wichtig ist, alte, negative Bindungen an die Eltern zu lösen. Sie belasten dich und dein Leben und verleiten dich am Schluss sogar dazu, ungeliebte Verhaltensweisen deiner Eltern zu übernehmen. Jeoffry löste seine Probleme mit seinem Vater, weil er ganz und gar für seinen Sohn Benjamin da sein wollte.
Es gibt nun aber noch einen Grund dafür, dass du unbedingt deine negativen Bindungen an deine Eltern lösen solltest: **Wer seine Eltern nicht ehrt beziehungsweise ablehnt, wird von seinen eigenen Kindern ebenfalls nicht geehrt.**

**Viele der Probleme der heutigen Zeit rühren daher, dass Kinder ihre Eltern nicht aus tiefstem Herzen achten.** Sie nennen sie beim Vornamen, behandeln sie wie Kumpel, hören nicht auf sie – und machen, was sie (die Kinder!) wollen. Dies ist äußerst destruktiv. Eltern sind für ihre Kinder in dieser Inkarnation eine einmalige Instanz. Allein den Eltern haben die Kinder ihren Körper und die dazu gehörigen Eigenschaften zu verdanken. Und die Eltern sind insofern Gott, als sie – im Guten wie im Schlechten – ihr Schicksal gestalten. Der Einfluss der Eltern reicht bei vielen bis über den Tod hinaus. Unzählige Entscheidungen werden nach Maßgabe der unbewussten Wünsche der Eltern getroffen. Viele, die im Kampf mit ihren Eltern sind, meinen nun, wenn sie das Gegenteil von dem tun, was ihre Eltern wünschen beziehungsweise erwarten, seien sie frei. Welch ein Trugschluss! Eine größere Abhängigkeit gibt es kaum, als sich ständig überlegen zu müssen, was die Eltern wohl erwartet hätten, um das Gegenteil davon tun zu können!

Große Bedeutung hat hier auch Bert Hellingers Satz *Anerkennen, was ist*. Dies ist ein großer Satz. Denn nur wer anerkennt, was ist, lebt in der Realität. Und nur wer in der Realität ist, kann wirken beziehungsweise etwas verändern. Wer die Realität entweder nicht sieht oder meint, sich einfach über sie hinwegsetzen zu können, der hat die Kraft oder gar Wucht des Faktischen noch nicht kennen gelernt und letztlich ist er weit davon entfernt, wirklich erwachsen zu sein.

Anerkennen, was ist, bedeutet deshalb, deine Eltern als die Schöpfer deines Körpers und deines Schicksals zu sehen. Damit sind sie die herausragenden Gestalten deiner jetzigen Inkarnation. Alles kannst du verändern, alles kann verändert werden. **Deine Eltern nicht – dafür aber die Muster beziehungsweise die unbewussten Programme, die du durch sie bekamst!**

Du kannst zuerst einen und dann zwei, drei, vier Brüder oder Schwestern haben, du kannst zig Kinder und Partner haben. Deine leiblichen Eltern bleiben immer zwei. Deshalb musst du sie ehren, denn damit ehrst du das Wunder des Lebens, das sich in dir manifestiert und in dem du die Gnade hast, deine vielen Erfahrungen machen zu können. Das hast du deinen

Eltern zu verdanken. Wären sie sich nicht nahe gekommen, hätte deine Mutter dich nicht ausgetragen, hättest du diesen Körper nicht. Wer dich auch aufgezogen hat, wem du nachher deine weitere Existenz auch immer verdankst, den allerersten Anfang haben deine leiblichen Eltern gemacht, deshalb gebührt ihnen die Anerkennung dafür.

Denn – und das ist die Wurzel der Wahrheit, die zu dir reicht – **wenn du deine Eltern, also deinen allerersten Anfang dieser Inkarnation, nicht ehrst, ehrst du auch dich nicht! Und wie geht der Satz weiter? Wer sich nicht ehrt, ehrt andere ebenso wenig. Und wer andere nicht ehrt, scheitert früher oder später im Leben.** Deine Eltern sind deshalb die tief gehenden, stabilen Fundamente deines Glücks.

Und bedenke: Auf die Eltern zu hören, ihnen zu gehorchen, ist eine Form, sie zu ehren.


Die Bibel macht zur Beziehung von Eltern und Kindern zwei weit reichende Aussagen: *Der Segen der Eltern baut den Kindern Häuser.* Und: *Die Sünden der Väter werden bis ins fünfte und sechste Glied gerächt.*

Was heißt das? Erstens, dass die Kinder die nicht zu überschätzende Bedeutung der Eltern erkennen sollen. Zweitens, dass die Eltern sich ihrerseits der überragenden Bedeutung bewusst werden sollen, die sie für ihre Kinder haben. Denn die Fehler der Eltern, ihre Fehlentscheidungen, ihre negativen Programme und Taten haben weit, weit reichende Konsequenzen. Das, was du heute deinen Kindern an Negativem mitgibst, kann sie unter Umständen ein Leben lang beschäftigen. Da es deine Kinder so beschäftigt, beeinflusst es auch deren Kinder und dann deren Kinder und so fort, bis diese Kraft aufgelöst ist.

Eine noch viel stärkere Dynamik hat aber das Positive, denn das Gute hat die Eigenschaft, zu kommen und zu wachsen.

# Bruderschaft der Menschen und Vaterschaft Gottes

In diesem Licht gesehen kannst du die Leistung eines jeden Elternteils, der wie der oben beschriebene Jeoffry bemüht ist, sich darüber Rechenschaft abzugeben, was er bewusst **und** unbewusst an seine Kinder weitergibt, nicht hoch genug einstufen.

Es gibt nichts Schlimmeres als das, was manche Völker seit Generationen tun: Ihren Hass aufeinander an ihre Kinder und Kindeskinder weiterzugeben. Eltern beziehungsweise jeder, der so etwas tut, hat seine Inkarnation als Mensch verfehlt und muss befürchten, dass er im nächsten Leben in eine Tierinkarnation zurückgeworfen wird. Die Inkarnation als Mensch ist sehr schwer zu erlangen. Wer sie einmal erlangt hat, verliert sie deshalb gewöhnlich nicht mehr. Wenn er sich aber derart versündigt, dass er Volksverhetzung betreibt und zum Völkermord aufruft und darüber hinaus seine Kinder zu Mördern erzieht, läuft er Gefahr, in seiner Entwicklung weit zurück zu müssen. Viele Verbrecher beziehungsweise Massenmörder des 20. Jahrhunderts haben dies zum Beispiel erleiden müssen. Ihr Erziehungsideal ist genau das Gegenteil von dem, was ich lehre.

Meine Regel ist deshalb: **Denke Gutes, sieh Gutes, höre Gutes, sprich Gutes und tu Gutes. Das ist der Weg zu Gott.** Das heißt: **Das ist der Weg zu *dir*, zu deiner wahren Bestimmung, zu innerer Ruhe, zu Glück und Frieden.**

Erziehe daher dein Kind so, dass es in jedem Mädchen eine Schwester, in jedem Jungen einen Bruder, in jeder Frau eine Mutter und in jedem Mann einen Vater sieht, die alle durch den Einen Gott vereint sind, der ihrer aller („Allah" klingt sehr ähnlich – denke daran!) Vater ist.

**Bedenke: Die Welt ist ganz einfach aufgebaut. Entweder die Menschen leben nach den soeben beschriebenen Maximen und werden dadurch glücklich, oder sie leben nicht danach und werden unglücklich.**

Bedauerlich ist, dass Menschen in diesem Zeitalter sich so schwer tun zu lernen. Dies hängt von der Entwicklung ab, die sie gerade durchleben, und von den vielen, zum Teil wirklich idiotischen Ideologien, denen sie anhängen. Verantwortlich sind auch all diejenigen, die brav die erstaunlichsten Geschichtsdaten auswendig lernen lassen, ohne sich nur ein einziges Mal Gedanken darüber zu machen, was genau geschah! Und was geschah? Was geschieht seit 5.000 Jahren? Immer wieder das Gleiche: **Die Menschen kämpfen permanent gegeneinander, glauben alle, im Recht zu sein – und leben allesamt miserabel!**
Der Grund dafür ist leicht einzusehen: Wenn es einen Gott gibt, der das Sein aller Lebewesen bedingt, dann kannst du nicht einem dieser Lebewesen Schaden zufügen oder es gar töten, ohne etwas zu tun, das **nicht im Sinne dessen Schöpfers ist.**
Denn warum sollte Gott einer Seele einen Körper geben, wenn im nächsten Moment einer kommen und – ungestraft! – diese Seele ihres Körpers berauben kann? Dies wäre doch völlig unsinnig! Gottes Ziel ist es vielmehr, dass alle Menschen miteinander und mit allen Lebewesen in Frieden und Glück leben. Keiner kann zu einem gerechten geschweige denn heiligen Krieg aufrufen. Das Töten von Menschen und Tieren ist niemals heilig! **Wenn es wirklich etwas Heiliges im Sinne Gottes gibt, dann einen heiligen Frieden!**

Und was geschieht jetzt, wo sich die Konflikte zuzuspitzen scheinen? Die Menschen müssen so lange dieselben negativen Erfahrungen machen, bis sie endlich lernen. Natürlich könnte

Gott mit einer einzigen Handbewegung allen Kriegen, allen Konflikten und allem Terror ein Ende bereiten. Was hätten die Menschen aber dadurch gelernt? Nichts, und die nächsten Konflikte würden im Nu wieder aufkeimen. Gott geht deshalb einen anderen Weg: Er lässt die Konflikte so lange währen, bis alle Beteiligten durch ihr unmittelbares Erleben erkennen, dass Krieg, Hass und Zerstörung keine Lösung darstellen. Wenn alle Beteiligten so viel gelitten haben, dass ihre Herzen sich öffnen, wenn sie endlich erkennen, wie sinnlos und wie sehr ihr Handeln gegen die Göttliche Ordnung ist, dann gibt Gott ihnen die Gnade, einen Weg zur Lösung zu finden. **Und das ist das Wichtigste, was du deinen Kindern beibringen kannst.**

Wie falsch ist deine Erziehung, wenn deine Kinder mit 12, 14, 16 bereit sind, in den Krieg zu ziehen, wie es viele Jungendliche zum Beispiel im Zweiten Weltkrieg taten und jetzt in einigen Ländern tun. Wie kann jemand bereit sein, in einem Angriffskrieg zu kämpfen? Was hatten die Deutschen Soldaten in Polen, in Russland, in Holland, in Frankreich, in Skandinavien zu suchen, um nur einige der Länder zu nennen, die sie mit Krieg überzogen? Wie waren die Erwachsenen, wie wurden die Kinder erzogen, wenn sie so etwas guthießen?
Ich gehe aber noch einen Schritt weiter: Ein ganzes Volk muss sich fragen, was an seiner Erziehung falsch ist, wenn Menschen solche Gräueltaten begehen können, wie die Deutschen, die Polen, die Russen, die Tschechen, die Exjugoslawen, die Israelis, die Palästinenser, die Iraker, die Taliban oder die Amerikaner sie begehen. Es nützt nicht viel, einige wenige – wenn überhaupt! – vor Gericht zu stellen und zu bestrafen, wenn man sich nicht die wichtigste Frage stellt, nämlich: Wie kommen diese Menschen dazu, Dämonen zu werden? Was haben sie in ihrer Kindheit erfahren? Was ist **grundsätzlich** falsch an unserer Erziehung und wird hier nun **besonders**

deutlich? (Vgl. hierzu das kluge Buch von Alice Miller *Am Anfang war Erziehung*).

Und die Amerikaner, die mit einem hohen Einsatz und Potenzial an Wissen und Ethik die Nürnberger Prozesse durchführten, haben sie ähnliche Gräueltaten, wie sie den Nazis vorwarfen, bei ihrem Eingreifen in Vietnam vermieden?
Und was taten die Russen in Afghanistan und tun es heute noch in Tschetschenien?
Es nützt nichts, den Splitter im Auge des anderen zu erkennen, wenn man den Balken im eigenen nicht sieht. Erst wenn du deinen Balken entfernt hast und du sicher weißt, dass der andere etwas über seinen Splitter wissen möchte, dann sprich ihn darauf an!
Weißt du, was das heißt? Du musst dir erst einmal im Klaren sein, dass es nicht vom Ego bestimmt ist, wenn du es ansprichst, nach dem Motto: *Hallo, ich sehe einen Fehler bei dir und sage es dir, ob du es hören willst oder nicht! Und ich kümmere mich auch nicht darum, wie ich es sagen müsste, damit du es auch annehmen kannst!*

Warum hatten und haben die Bücher von Dale Carnegie einen so großen Erfolg? Weil er sich die Mühe machte herauszufinden, wie man andere Menschen erreicht. Und wie erreicht man sie? Indem **man sich auf sie einstellt**, **ihnen zuhört** und endlich aufhört zu erwarten, dass sie sich auf uns einstellen!
Außerdem ist die Haltung: *Die anderen sollen sich gefälligst auf mich einstellen* nichts anderes als Ausdruck deines – dir möglicherweise völlig unbewussten – Misserfolg-Programms!
Denn mit deiner sinnlosen Forderung tust du dir nichts Gutes, sondern verschließt die Menschen um dich. Es gibt Menschen, die alles besser wissen, die andere für dumm erklären und die meinen, mit ihren Ellbogen durchs Leben der anderen gehen zu können und *zu dürfen.*

Ich sage: Alles ist nur eine Sache der Zeit. Wie sagen die Italiener so treffend? *Tutti i nodi arrivano al pettine*, alle Knoten (im Haar) kommen (irgendwann) zum Kamm! Das heißt, keiner kann auf Dauer gegen die Interessen der anderen beziehungsweise der Gemeinschaft leben, zu der er gehört. Und was ist deine Gemeinschaft? Die drei Häuser um deine Wohnung, dein Haus? Die Straße, in der du lebst? Das Dorf, die Kleinstadt? Die Großstadt? Dein Vaterland? Nein, nein, nein und nochmals nein! Deine Gemeinschaft ist deine Familie. Und nichts anderes. Nur deine Familie!

Hast du verstanden, was ich unter *Familie* verstehe? **Alle, alle Menschen! Das ist deine Familie. Alle sind deine Brüder, deine Schwestern, deine Eltern, deine Kinder! Etwas anderes gibt es nicht!**
Denn wie kannst du Gott ehren wollen, wenn du das Haus schlägst, in dem er wohnt? Fändest du es richtig und glaubhaft, wenn dein Nachbar dir versicherte, wie sehr er dich schätzt, gleichzeitig aber auf dein Haus einschlüge oder es sogar niederrisse? **Der Körper eines jeden Menschen, eines jeden Tieres ist der Tempel Gottes**. Du kannst deshalb nicht Gott ehren, wenn du nicht jeden Menschen, jedes Tier, das heißt jedes Seiner Häuser ehrst.
**Und du kannst nicht sagen, dass du dich wirklich um die Erziehung deiner Kinder gekümmert hast, wenn sie dies nicht von dir lernten.**
Wie willst du sie für die Zukunft vorbereitet haben, wenn du ihnen diese grundlegendste aller Wahrheiten nicht vermittelt hast?

Deshalb ist es die Pflicht aller Kinder, dass sie die Einheit aller Menschen und aller Tiere sehen, darüber nachdenken, reden und danach handeln. Genau diese Kinder brauchen wir für das Goldene Zeitalter.

# Kinder müssen ein Licht für die Welt sein

Und wie wird das Goldene Zeitalter aufgebaut? Durch Menschen, die allen Lebewesen mit Liebe, Achtung und Wertschätzung begegnen. Wer so seinen Mitmenschen, den Tieren und den Pflanzen begegnet, der hat ein großes Strahlen im Gesicht. Kinder, die so denken, sind deshalb ein Licht für die Welt. Schau in ihr Gesicht, nimm das Strahlen wahr, lass es in dein Herz fließen und frag dich dann: Wenn du dieses Strahlen siehst und erlebst, spürst du dann nicht in deinem Herzen, dass das Goldene Zeitalter bereits da ist? Es ist da! Und es wird von den zuerst zehn, dann hundert, dann tausend, dann zehntausend, dann hunderttausend und dann Millionen über Millionen Gesichtern in die Welt getragen. Das Goldene Zeitalter, das sind diese Gesichter, diese vollen Herzen, es ist dieses Strahlen. Menschen mit solchen Gesichtern sehen alles in der Welt als Tempel Gottes. **Entsprechend achtsam und liebevoll gehen sie mit der Welt um.** Oder anders gesagt: Wie kannst du ein anderes Land zerstören, wenn du weißt, dass es Gottes Land ist? Wie kannst du anderen nicht helfen, wenn du weißt, dass es deine engsten Verwandten sind – selbst wenn sie in China oder am Horn von Afrika leben? Von dir in Europa aus gesehen ist es fern – für sie dagegen zwangsläufig das Allernächste! Alles hängt vom Standpunkt ab. Bist du aber einmal ein Licht für die Welt geworden, dann ist dein Standpunkt der eines Leuchtturms! Und genau das ist deine Aufgabe als Erwachsener ebenso wie als Kind. Nur dass du als Erwachsener auch noch die Aufgabe hast, dies deinen Kindern, deinen Schülern, deinen Studenten zu vermitteln.

Dein Herz, dein Gesicht, dein Strahlen, das heißt, deine Liebe sind das Goldene Zeitalter. Und wie gesegnet bist du, dass du dies weißt und dass du dazugehörst.

Sei dankbar und lebe voller Liebe!

# Bildung und Ausbildungen

Heute gibt es unzählige Formen der Wissensvermittlung, der Fortbildungen, der Studiengänge, der Spezialisierungen. Sind die Menschen dadurch besser geworden und – wobei dies das Wesentliche ist! – sind sie glücklicher geworden? Die klare Antwort ist: Nein! Auf diesen Kontext bezogen, bedeutet Fachwissen, dass Menschen immer mehr von dem wissen, womit sie Geld verdienen, aber immer weniger davon, wie sie glücklich, zufrieden und im Einklang mit sich, ihrer Familie und ihrer Umwelt – Tiere und Pflanzen mit einbezogen! – leben können.

Reines Vermitteln von Wissen hat an sich noch keinen Wert. Denn dann hätte Ausbildung zum Panzerknacker, zum Metzger oder ähnlich Schrecklichem bereits einen Wert.

**Wert** hat nur, was der gesamten Menschheit **und** der Welt dient – und dienen kannst du auch im Kleinen, du musst keine Berühmtheit sein, um der Welt zu dienen.

Was allein die Interessen Einzelner befriedigt, zudem auf Kosten anderer, hat keinen Wert, und keiner, der einen wahrhaft guten Charakter erlangt hat, wird dies anstreben wollen. Was nützt dir alles Geld der Welt, wenn du es weder genießen noch verwalten kannst, wenn du weder ein Segen für dich noch für deine Mitmenschen oder deine Umwelt bist?

## Das Ziel ist Charakterbildung

Deshalb sage ich dir: Alles Wissen, das dir nicht mehr Charakter vermittelt, dich also **nicht innen formt**, das heißt wahrhaft

**in-**formiert, nützt dir nichts. Vielmehr kann es für dich sogar sehr gefährlich sein! Warum? Weil es dein Ego aufbläht. Und was ist das Gefährliche am Ego? Dass es dir einredet, du hättest Recht, du wüsstest Bescheid, du wüsstest alles besser – und all dies leider nicht der Wahrheit entspricht.

Wer viel Ego besitzt, wird so leicht auch nicht von der Realität erreicht. Sie kann von ihrem Mann verlassen werden, er kann seine Frau verlieren, sie/er können ihre Anstellung oder ihre Firma verlieren, aber immer noch glauben sie, im Recht zu sein. Wegen dieser höchst gefährlichen Blindheit sage ich immer wieder, dass dein Ego unter Umständen dein größter Feind sein kann.

Sei deshalb sehr vorsichtig, wenn du meinst immer Recht zu haben, wenn du viel Macht hast und niemand da ist, der **dir seine Sicht** der Dinge sagt oder sich zu sagen traut.

Bedenke, was die alten Römer sagten: *Die Götter heben den besonders hoch, den sie umso tiefer fallen lassen wollen!* (Vgl. Hans-Jürgen Wirth, *Narzissmus und Macht* – ein Buch, das alle lesen sollten, die mit Macht zu tun haben).

Baue deshalb nicht auf Überlegenheit. Baue nicht allein auf äußeren Erfolg. Baue nicht auf das Erlangen von reinem Fachwissen. Es ist unumstritten, dass dich Fachwissen zum beruflichen Erfolg führt beziehungsweise führen kann (*kann*, weil viele durch **ihre emotionale Intelligenz ebenfalls sehr erfolgreich** werden können beziehungsweise viele durch den Mangel an emotionaler Intelligenz scheitern).

Das ist alles richtig. Aber viel zu kurz gedacht, denn im Leben geht es nicht primär um beruflichen Erfolg, sondern um Glück, Zufriedensein und Erfüllung, das heißt um die Fähigkeit, **sinnvoll seine wahre Identität** leben zu können. Und all dies wird dich weder das Fachwissen noch viel Geld lehren. Allein **emotionale Reife** schafft dies.

Bedenke: Es gab noch nie eine Zeit, in der so viel Fachwissen erlangt und an so viele Menschen weitergegeben wurde. Weltweit. Und es gab gleichzeitig keine Zeit, in der sich der Mensch so einsam, unglücklich, unerfüllt und verloren fühlte wie diese. Beruflicher und finanzieller Erfolg allein nützen dir also nichts.

Betrachte es doch einmal von dieser Seite, die leider viel zu häufig Realität wird. Was nützt es einem Abiturienten, wenn er das beste Examen seines Jahrgangs gemacht hat, aber in seiner Persönlichkeit so wenig gereift ist, dass er mit seinem Auto ständig rast, sich nicht an die Verkehrsregeln hält, zudem unter Alkoholeinfluss die Kontrolle über seinen Wagen verliert, von der Straße abkommt und zusammen mit seinem Beifahrer tödlich verunglückt? War es von den Eltern die richtige Entscheidung, seine Ausbildung allein nach Kriterien der Leistung auszurichten? Was wäre aus ihm geworden, wenn er eine Schule hätte besuchen dürfen, in der die seelische Entwicklung mehr gefördert worden wäre als die Vermittlung von rein rationalem Wissen? Oder was hilft es dir, wenn du Klassenbester bist, mit anderen aber so arrogant und verletzend umgehst, dass du dir dadurch immer mehr Ablehnung um dich herum schaffst und dein Leben immer sinnloser wird?

Ich bin für Leistung, und die Studenten an den Universitäten, die ich in Indien gegründet habe, lernen viel. Aber kommt die seelische Entwicklung nicht zuerst? Und als Vater oder Mutter, ist es euch da nicht lieber, eure Kinder lernen vielleicht etwas weniger Fachwissen – was zum Beispiel an vielen Waldorfschulen in keiner Weise der Fall ist! –, bekommen aber so viel **emotionales Wissen** vermittelt, dass sie den mehr oder weniger schweren Herausforderungen des Lebens kreativ und mit viel emotionaler Intelligenz begegnen können?

Vielleicht findest du das Beispiel mit dem tödlichen Autounfall etwas drastisch. Ich finde das Beispiel dagegen eher harmlos. Denn **die Konsequenzen von Erziehung, das heißt von geglückter beziehungsweise misslungener Charakterbildung, sind viel, viel weit reichender:** Was wird aus deinen Kindern, wenn brutale Menschen allein aus Macht- und Geldinteressen die Nahrungsmittel vergiften, das Trinkwasser verunreinigen, Lebensmittel so manipulieren, dass sie Krebs erzeugen, oder deine Umwelt so radioaktiv verstrahlen, dass deine Kinder verkrüppelt werden oder an Leukämie sterben? Und was geschieht mit dir, wenn solch ein Mensch in deinem Staat an die Macht kommt und einen Krieg anzettelt, und dein Mann und all deine Söhne kommen darin um? Meinst du dann immer noch, Fachwissen sei wichtiger als Herzensbildung, Know-how wichtiger als Charakter?

**Denn nur die *Verbindung* von Charakter *und* Kompetenz schafft Vertrauen.** So nützt dir ein Arzt zum Beispiel wenig beziehungsweise kann sogar sehr gefährlich sein, der zwar einen guten Charakter hat, aber nicht weiß, was er tut. Ebenso wenig schafft ein hoch kompetenter Arzt, der kalt und berechnend ist, also keinen guten Charakter hat, Vertrauen.

Gerade Letzteres geschieht im Moment täglich – weltweit! Milliarden Menschen setzen auf reines Fachwissen und kümmern sich zum Teil nicht im Geringsten darum, wie ihr Denken, ihr Wissen, ihr Handeln, ihre Neurosen und seelischen Wunden ihren Mitmenschen beziehungsweise ihrer Umwelt schaden: Hauptsache, sie haben Erfolg und verdienen gut! Wie dumm, kann ich nur sagen! Denn was nützte es zum Beispiel John F. Kennedy, dass er so mächtig war und so reich, als er in Dallas erschossen wurde? Und was nützte es seinem Sohn? Und was nützte diesem Sohn all das Geld, der Ruhm und der Einfluss, den er genoss, als er mit seinem Flugzeug abstürzte?

Hatte dieser John-John Kennedy die Wunde heilen können, die es ihm gerissen hatte, als kleiner Junge seinen Vater zu verlieren? Hat all die Anerkennung, die er zeit seines Lebens genoss, die Sehnsucht stillen können, zu seinem Vater zu gelangen? Wäre die Bewusstmachung dieser Sehnsucht nicht das Allerwichtigste in seinem Leben gewesen? Hat irgendjemand darauf geachtet? Und wer setzte seine Tränen um, die ihm beim Anblick des kleinen John-John in die Augen schossen, als dieser mit drei Jahren am Sarg seines Vaters seine kleine Hand an seine Stirn zum militärischen Gruß hob? Wer dachte damals – und setzte den Gedanken in die Tat um: *Dieser Junge muss eines Tages die Chance bekommen, seine Beziehung zu seinem Vater zu klären, sonst besteht die Gefahr, dass er seinem berühmten Vater in den Tod folgt?*

William erging es da anders. Auch er verlor seinen Vater, als er noch ganz klein war. Er kam aber auf eine Schule, wo die gefühlsmäßige Entwicklung im Vordergrund stand, denn seine Mutter wollte, dass er viel emotionale Heilung erfahren könne. Und die bekam cr, weil er viel künstlerisch gestalten konnte und nicht selten regelrecht seelische Betreuung erhielt. Als er 15 war, spielte er in Shakespeares Drama *Macbeth* Malcolm, den Sohn des von Macbeth erschlagenen Duncan. Er konnte durch das Theaterspiel noch einmal aus einer anderen Position heraus jene Gefühle spüren, die er in der Zeit nach dem Tod seines Vaters erlebt hatte. Er litt viel, konnte aber durch die Hilfe seiner Mitschüler und durch die Unterstützung der hervorragenden Lehrer viel Heilung erfahren. Dank dieser wichtigen Erfahrungen ist er heute ein sehr glücklicher Ehemann und Vater zweier Kinder. Darüber hinaus hat er durch seine ausgeprägte emotionale Intelligenz **und** sein fundiertes Fachwissen auch beruflich viel erreicht.

Ich werde weiter unten nochmals auf ihn zurückkommen.

# Kindergärten

Kindergärten haben eine überaus wichtige Funktion. Sie bieten kleinen Kindern den ersten spielerischen Kontakt in der Gemeinschaft anderer unter der Leitung eines Erziehungsberechtigten, dem es ein Anliegen ist, diesen Kleinen Inhalte zu vermitteln.

Damit wird die Aufgabe eines Kindergartens bereits umrissen: Er soll für die Kinder da sein, damit sie sozialen Kontakt üben, erleben, wie es ist, wenn jemand eine Gruppe leitet, Spiele vorschlägt, Konflikte schlichtet.

In Anlehnung an die Lehre von Alfred Tomatis und Rudolf Steiner ist es wichtig, dass **das Künstlerische beziehungsweise das Gemüt der Kinder angesprochen wird. Kinder sollen so früh wie möglich erleben, dass Lernen Spaß macht.**

Deshalb sollten die Kinder – außer sie wünschen es ausdrücklich – nicht zu früh in den Kindergarten gegeben werden. Mit drei Jahren einmal pro Woche sollte ein gutes Maß sein – außer die Kinder wünschen sich mehr.

Leider werden viele Kinder in die Institutionen abgeschoben, weil die Mütter zu früh wieder berufstätig sein wollen. Das ist für die Kinder gar nicht gut, denn sie benötigen dringend die Nestwärme, um seelische Stabilität zu entwickeln. Viele Mütter – und Väter! – sind aber von ihren Gefühlen derart abgeschnitten, dass sie gar nicht merken, was sie ihren Kleinstkindern antun. Und die Kindergärtnerinnen sind vielfach keinen Deut besser: Da weinen die Kinder herzzerreißend ihrer Mutter nach – aber keiner kümmert sich darum. „Sie werden sich schon beruhigen!", ist die eiskalte Antwort. Dabei leiden die Kinder die schrecklichsten Qualen. Sie sind noch völlig in der Symbiose mit der Mutter – und diese lässt sie einfach im Stich.

**Kinder sollten unbedingt nachempfunden werden. Kinder sollten erleben, dass ihre Mutter ihnen eine neue Erfahrung ermöglicht und deshalb so lange da ist, bis das Kind sie gut gehen lassen kann.**

Natürlich sind manche Familienverhältnisse so furchtbar, dass die Kinder im Kindergarten besser aufgehoben sind als zu Hause. Dies ist aber selbstverständlich kein Maßstab, sondern macht nur deutlich, was manche Eltern noch zu lernen haben. Daher ist die Richtlinie sinnvoll, dass Kinder erst ab dem 4. Lebensjahr regelmäßig in den Kindergarten gehen sollten. Eltern müssen zudem gut prüfen, ob ein Hort und wenn, welcher gut für das Kind ist.

Denn es gibt nicht nur erstaunliche Eltern, manche Kindergärtnerinnen sind es nicht weniger. Sie sind nicht liebevoll für die Kinder da, schlichten keine Streitereien, sie geben den Kindern keine Geborgenheit, sondern lassen den Tag ungenutzt verstreichen und kümmern sich mehr um ihre eigenen als um die Belange der ihnen anvertrauten Kinder.

Dann gibt es die – wie auch immer! – ideologisch, moralisch, weltanschaulich ausgerichteten Institutionen. Ich finde sie alle mehr oder weniger problematisch. Kinder sollten keine Ideologie vermittelt bekommen, keine engstirnigen Ausrichtungen, geschweige denn negative Einstellungen, wem auch immer gegenüber. So sind alle die Kindergärten schlecht, in denen Kinder bereits im zartesten Alter gegen irgendein Volk, ein Land, eine Glaubensgemeinschaft, irgendwelche Rassen negativ eingestellt werden. Dies ist ein großes Vergehen gegenüber den Kindern und der Menschheit, dessen Folgen, wie wir immer wieder beobachten können, weit reichend und zum Teil verheerend sein können.

Kindergärten sollten deshalb ein Ort der Liebe, der Leichtigkeit, der Kreativität, des spielerischen humorvollen Miteinanders sein, wo Kinder schon früh Achtsamkeit sich selbst, anderen und Autoritätspersonen gegenüber lernen.

Die Kinder sollten viel singen, viel miteinander spielen, basteln und viel Freude erleben.

Auf keinen Fall sollte die große Lernfähigkeit der Kinder missbraucht werden – zum Beispiel, indem sie bereits in diesem frühen Alter Computern ausgesetzt werden, denn das führt zu seelischer Verarmung.

Denk immer daran: **Die Seele eines Kindes ist das kostbarste Gut!** Warum? Weil es mittels dessen, was es heute lernt, die Geschicke der Welt von morgen bestimmt. Erziehe die Kinder mit Liebe, Freude und tragfähigen Idealen, und die Welt morgen wird erstrahlen – ebenso wie ein so erzogenes Kind erstrahlen wird.

## Die Aufgaben der Schulen

An dieser Stelle möchte ich zu William zurückkommen. Seine kluge und liebevolle Mutter hatte sich ständig mit zwei Gedanken beschäftigt: Wie könnte ihr Sohn den Verlust seines Vaters am ehesten überwinden? Ihre zweite Frage war: Welche Schule würde ihr Ansinnen am ehesten unterstützen? Sie hat offensichtlich eine gute Wahl getroffen, denn Williams Schule achtete sehr auf die Herzens- und Charakterbildung ihrer Kinder.

Damit kommen wir zu einem sehr wichtigen Punkt: Das Positive, für das in der Familie der Grundstein gelegt werden sollte, muss unbedingt in den Schulen weitergeführt und vertieft werden. Schulen sollten das weiterführen, was das Elternhaus und der Kindergarten begonnen haben: **Sie sollten Orte der Besinnung, der Achtung, der Kreativität, der Freude und des Lernens sein. In dieser Reihenfolge!**

Was manche Schulen heute anstreben, zum Beispiel dass Schüler regelrechte Denkmaschinen werden, ist völlig kontraproduktiv! Denn es fördert Aggressionen, Streit, Egoismus und sinnlose Konkurrenz.

Denn bedenke: Das Wort *Schule* leitet sich vom Griechischen *scholé* ab, was *Muße* heißt und besonders von Aristoteles als Zeit der Kreativität, des Sich-Findens sehr geschätzt wurde (ich komme weiter unten nochmals darauf zurück).

Und was geschieht, wenn ein Kind genug von dem erhalten hat, was es unbedingt benötigt? Dann öffnet es sich für anderes! Das ist der Ansatz an den Waldorfschulen und der Schule von Alexander Neill und von Maria Montessori und die Zielsetzung von Rebeca Wild, um nur einige zu nennen, denn Gottlob gehen mehr und mehr diesen Weg, welcher der **emotionalen Entfaltung** der Kinder eine immer größere Bedeutung beimisst. Vergleiche dazu das hervorragende **Buch von Daniel Goleman, *Emotionale Intelligenz*. Es sollte zur Pflichtlektüre für Eltern, Lehrer, Schulleiter und Kultusminister erklärt werden.**

Nach der Lektüre dieses Buches wird unmittelbar deutlich, warum zum Beispiel Theateraufführungen von großer Bedeutung sind, denn Schüler lernen durch diese sich auszudrücken, ihre Kreativität zu leben und zusammen mit einer Gruppe ein bestimmtes Ziel zu erreichen. Hier ist eine Lehrkraft, die auf Ausdruck und Körperhaltung achtet – man denke nur, was Sami Molcho alles dazu zu sagen hat-, von unschätzbarem Wert.

**Und damit kommen wir zu einem entscheidenden Punkt: Schulen müssen Allgemeinbildung vermitteln. Allgemeinbildung zeichnet erstens einen kultivierten Menschen aus und zweitens motiviert sie ihn, sich ständig weiterzubilden. Schulen und Universitäten müssen jedoch von Ballast**

befreit und praxisorientiert werden. Wie hilfreich ist Geschichtsunterricht, wenn darin Ethik und das Gesetz von Karma gelehrt werden, wie gut Mathematik, wenn Kinder nicht allein lernen abstrakt zu rechnen, sondern auch erfahren, wie man sinnvoll mit Geld umgeht, und wie wunderbar ist Deutschunterricht, wenn die Kinder anhand der vielen Texte erfahren, wie man positiv mit Kommunikation, Beziehung und Erziehung umgeht.

So sollte der Maßstab für alle Schulen: *Non scolae, sed vitae discimus – nicht für die Schule, sondern für das Leben lernen wir!*

Denn zwei Fähigkeiten sind im Leben von unschätzbarem Wert und entscheiden nicht selten, wie weit eine Karriere sich entwickelt: 1. *wie jemand kommuniziert* und 2. *wie er vor anderen, besonders vor einem größeren Publikum, reden kann.* Für manche Menschen entscheiden diese Punkte darüber, ob sie eine bestimmte Stellung annehmen können oder nicht.

Nicht selten fühlen sich Menschen, die in der Entwicklung ihres Ausdrucks nicht besonders gefördert wurden, als würden sie zum Schafott gebracht, wenn sie vor anderen reden sollen. Eine Schule, die Schülern eben diese Ängste nimmt beziehungsweise sie gar nicht erst aufkommen lässt und den Kindern zudem ein gutes Selbstwertgefühl vermittelt, gibt ihnen so etwas für ihren Lebensweg mit, das nicht mit Gold aufzuwiegen ist!

## Werte, Religion, Spiritualität

Das Wichtigste aber, was Schulen vermitteln können, sind tragfähige Werte. Denn ohne Werte, ohne Ideale, ohne positive Ziele ist ein Leben sinnlos. Und genau dies sollten Schulen vermitteln: Wie Menschen ihr Leben einrichten müssen, damit es für sie und andere einen Sinn hat. Sie sollten Hochburgen der Ethik, der inneren Ruhe, der Freude und des friedlichen Miteinanders sein.

Schulen sollten deshalb auch religiöses und spirituelles Wissen vermitteln. Und dieses Vermitteln beginnt damit, die Kinder **erleben** zu lassen, dass Religion und Spiritualität das Leben bereichern. Sie sollten – besonders durch das Vorbild der älteren Schüler und der Erwachsenen – immer wieder sehen, was es bedeutet, liebevoll und achtsam zusammmen zu sein.

So finde ich es sehr wichtig, dass Schüler eingehend in verschiedene Religionen eingewiesen werden, mit dem Ziel, ihnen zu vermitteln, dass sie alle nur die Eine Wahrheit ausdrücken: Es gibt einen Gott, der alles erschaffen hat und der in jedem Lebewesen zu finden ist.

Deshalb ist die Buddhistische Lehre der Achtsamkeit genauso wichtig wie die Christliche Lehre der Liebe. Und deshalb sollten Schüler auch mit den Veden, dem Koran und den Lehren Zarathustras vertraut gemacht werden. Weswegen ich gegen jede Einstellung bin, die sich über andere stellt. Jeder, der dies tut, sollte wissen, dass er eine Sünde begeht, denn **Überheblichkeit führt zur Missachtung, diese zur Verachtung, und diese schließlich zu Kampf und Krieg.** Jeder Krieg beginnt in den Köpfen, in falschen Einstellungen, in der Missachtung des anderen.

Kinder sollten spätestens in der Schule, am besten bereits im Kindergarten lernen, dass jeder geachtet werden muss, dass jeder Konflikt friedlich beigelegt werden kann und dass es die Aufgabe jedes Menschen ist, anderen mit Liebe, Achtung und Freundlichkeit zu begegnen.

# Meditation ist „praktische" Religiosität

**Deshalb besteht gelebte Religiosität auch darin, dass Kinder den Nutzen von Meditation kennen lernen.** Dass sie früh darin unterrichtet werden, ein bis zwei Mal täglich 10 – 20 Minuten zu meditieren, und immer wieder darauf hingewiesen werden, dass ein Leben ohne Meditation wie ein Leben ohne Bewegung, ohne frische Luft, ohne Spiel ist. (Zur *Lichtmeditation* vergleiche zum Beispiel *Sai Baba spricht zum Westen* 25.7.)

Kinder müssen praktisch erfahren, dass Spiritualität nicht ein leerer Begriff ist, der nur langweilt und niemandem hilft, sondern gelebte Liebe, die deshalb große Freude bereitet. Und was ist Freude? **Das beglückende Gefühl, das jemand bekommt, der etwas vollbracht, der etwas Gutes getan hat.**

Deswegen müssen Schüler früh zum Dienst am Nächsten angehalten werden, zum Beispiel indem sie in karitative Projekte eingebunden werden. Damit können sie unmittelbar den Sinn von Liebe und Achtung erleben. Sie lernen zu dienen, sie lernen Opferbereitschaft, sie lernen, wie wichtig es ist, für andere da zu sein und damit deren Not zu lindern beziehungsweise ihnen eine Freude zu bereiten. Und dass es tatsächlich stimmt, dass die Freude, die wir anderen bereiten, ins eigene Herz zurückkommt.

Darüber hinaus ist anderen zu helfen auch eine Form der Meditation. Wie sage ich? *„Helping hands are better than praying lips"* – helfende Hände sind besser als betende Lippen.

Wiederum müssen hier die Lehrer und die älteren Schüler Vorbilder sein. Vorbilder sind entscheidend, denn Kinder lernen besonders durch Nachahmung. Deshalb wissen viele Eltern nicht – oder wollen es nicht wissen! –, was sie ihren Kindern durch aggressive Filme antun.

Die Filmindustrie und die Fernsehanstalten reden diese Tatsache schön oder leugnen sie, weil diese Wahrheit gegen ihre Interessen ist: Aber das, was Kinder sehen, bleibt wie Samen in ihren Herzen und wird eines Tages aufgehen. Man denke nur an die unglaubliche **Gewalt, die heute überall – auch an den Schulen – herrscht. Sie kommt ausschließlich durch schlechte Vorbilder und miserable Werte, die allen, so auch Kindern, vermittelt werden.** Wie lautete auf Italienisch die Ermahnung, die Jesus Petrus gab? *„Chi di spada ferisce, di spada perisce!", wer mit dem Schwert verletzt, kommt durch das Schwert um.* In anderen Worten: Negative, aggressive Gedanken sind wie Waffen, die schnell auf dich zurückkommen und dich sogar töten können.

Schulen müssen deshalb Hochburgen der Liebe, der Achtsamkeit und der Vermittlung positiver Werte sein, die das Leben aufblühen lassen.

## Lehrer müssen besondere Menschen sein

**Als Lehrer** bedenke, dass du nach den Eltern die wichtigste Person im Leben deiner Schüler bist.

Deshalb heißt es in den Veden, der Lehrer sollte als Gott verehrt werden. Warum? Um den Kindern, ihren Eltern und den Lehrern selbst deutlich zu machen, welch riesigen Einfluss diese haben und wie gut sie darauf vorbereitet sein müssen.

Lehrer müssen ihren Schülern zunächst mit Liebe begegnen. Dann mit Wissen, Klarheit, Verstehen, Nachempfinden und Disziplin. Wissen und Disziplin sind sehr wichtig. Was aber geschieht, wenn die Liebe fehlt, können wir leider überall beobachten: Viele Schüler gebärden sich mehr als Rebellen denn als Schüler, weil sie zu wenig Achtung und Beachtung von ihren Eltern und Lehrern bekommen (haben).

**Wie sagt Laotse so treffend?** *Pflicht ohne Liebe macht verdrießlich, Wahrheit ohne Liebe macht kritiksüchtig, Erziehung ohne Liebe macht widerspruchsvoll, Ordnung ohne Liebe macht kleinlich und Macht ohne Liebe macht gewalttätig.*

Der emotionalen Entwicklung der Kinder (außer ADS-Kinder, die sich dann noch schlechter konzentrieren können) tun große Klassen keinen Abbruch, sofern die Liebe da ist.

Große Klassen können sogar eine Bereicherung darstellen – besonders wenn die Schüler, wie zum Beispiel in den Waldorfschulen, 13 Jahre zusammen sind –, weil dies den nahen Austausch mit vielen verschiedenen Charakteren, Einstellungen, Herkünften ermöglicht.

**Dies alles stimmt aber nur unter einer Bedingung: Wenn der Lehrer in der Lage ist, jeden einzelnen Schüler geistig und seelisch zu betreuen und zu führen – und ein großes Herz hat.**

Fachliches Wissen ist zwar eine grundlegende Voraussetzung, jedoch nicht, wie ich nicht müde werde zu betonen, die entscheidende. Die seelische Reife der Lehrer und Lehrerinnen ist das A und O allen Lehrens. Und die bekommt man nicht an der Universität mit dem Examen mitgeliefert. Diese Reife erhält man nur durchs Leben und durch mehrere Leben.

Damit Schulen die Gnade haben, solche Lehrer zu bekommen, müssen sie einmal geistig vorbereitet sein, wie dies Rudolf Steiner für die Bewegung tat, die er begründete. Außerdem muss eine Schule dafür offen sein, dass Schüler *ihren* Lehrer mitbringen. Denn herausragende Schüler mit einem hervorragenden Karma, werden eine große Seele als Lehrer haben: **Eine Fachkraft, die weiß, wie wichtig es ist, ernsthaft und doch leicht, tief und doch geschmeidig, liebevoll und doch klar, sehr emotional und doch fachlich sehr versiert zu**

**sein. Und die außerdem Freude am Lehren und Lernen hat und diese auch vermittelt.**

Schulen und Schüler, die solche Lehrer haben, bringen es weit, denn sie haben Gnade.

Das sind die Lehrer für das Goldene Zeitalter, denn sie sind „Gold wert"!

Und was ist der größte Verdienst dieser Lehrer? Dass sie nicht allein die oben genannten Fähigkeiten besitzen, sondern außerdem die Schüler neben der emotionalen Entwicklung auch etwas sehr Wesentliches lehren, nämlich zu **lernen, wie sie lernen können, und dies mit Freude.**

**Denn, wie ich ebenfalls nicht müde werde zu wiederholen, diese drei wesentlichen Grundlagen, nämlich emotionale Entfaltung, Wissen, wie man am besten lernt, und Freude am Erlangen von immer mehr Kompetenz, entscheiden darüber, ob ein Mensch sowohl in seinem beruflichen wie auch privaten Leben Erfolg oder Misserfolg haben wird.**

**Wer nämlich keine Freude am Lernen hat, wird niemals zu den Spitzenkräften einer Gesellschaft gehören.**

Viele erreichen diese Position deshalb nicht, weil ihre Freude am Lernen in der Schule durch einen inkompetenten Lehrer zerstört wurde. Und ist die Freude zerstört, wird mit der Zeit die Ethik zerstört, danach der Charakter und schließlich der Sinn des Lebens.

**Mit der Freude werden dagegen Dankbarkeit, Mitgefühl, Toleranz, Ethik und Achtung vor dem Leben geweckt und erhalten.**

Wie sehr sich das Verhalten, die Einstellungen, die Reaktionen von Lehrern bei Schülern auswirken, können wir an **Marie** sehen.

Sie schätzte ihre Lehrerin sehr und ging sehr gerne in die Schule. Außerdem vermittelten ihre Eltern ihr, dass sie, verglichen mit vielen, vielen Kindern, ausgesprochen bevorzugt war, denn sie konnte nicht nur überhaupt eine Schule besuchen – Millionen Kinder können dies nicht! –, sondern zudem eine besonders gute. So sagten die Eltern auch nie: „Morgen musst du in die Schule gehen", sondern *„Morgen ist wieder Schule, wie schön!"*

Dann kam im Lernen des Alphabets der Buchstabe „K" und die Lehrerin fragte, ob jemand einen Namen mit „K" wisse. Daraufhin meldete sich Marie ganz mutig und sagte laut: „Kokosnuss!" Alle lachten sie aus, zudem übersah die Lehrerin, in welcher Not Marie sich befand. Sie reagierte diesmal nicht so stützend wie sonst und sagte nicht: „Es ist zwar nicht der Name eines Menschen, sondern einer Frucht. Doch: Wer etwas riskiert, wer lernt, macht auch Fehler! Wie gut, dass du dich gemeldet hast, Marie!"

Da die Lehrerin nicht so reagierte, fühlte sich Marie ins Mark getroffen und bloßgestellt.

Ihre Vater holte sie mittags ab und fragte sie, wie es ihr in der Schule ergangen sei. „Schrecklich! Furchtbar! Sooo peinlich! Ich habe für einen Namen mit „K" Kokosnuss gesagt, und alle haben mich ausgelacht! Ich werde nie wieder etwas sagen!" – „Verstehe ich", sagte ihr Vater nachempfindend, „das ist wirklich sehr unangenehm." Nach einer Pause fuhr er aber fort: „Was sage ich dir aber immer wieder? Nur wer Fehler macht, hat Erfolg. Nur wer Niederlagen verkraften kann, baut Selbstwert, sprich Kraft auf. Wer alles nur perfekt machen darf, macht häufig gar nichts, denn Fehler gehören zum Leben. Und das ist gut so. Mache also noch viele Fehler, Marie, und du wirst Erfolg haben, stark und glücklich sein!"

Marie schwieg einen Augenblick, dann sagte sie: **„Dieser Satz, dass man Fehler machen darf, erfreut mich den ganzen Tag. Er gibt mir wirklich viel Kraft!"**

Und sie wagte mehr und mehr, und die Lehrerin bewunderte ihren Mut und ihre Geradlinigkeit, denn sie war eine sehr gute Lehrerin, die offensichtlich in diesem Augenblick nicht wahrgenommen hatte, dass Marie dringend ihrer Hilfe bedurft hatte.

Welch eine große Aufgabe hat also ein Lehrer – kein Wunder, dass die Veden meinten, er solle als Gott verehrt werden! (Vgl. Jumsai und Burrows, *Handbuch für Lehrer*.) Denn es sind die Lehrer, die neben den Eltern wegweisend bei den Kindern eingreifen, die Antworten auf wichtige Lebensfragen geben müssen. Und die selber ein Leben führen sollten, das Kindern als Vorbild dient.

Aber achtet die Gesellschaft ihre Lehrer? Sind Eltern und Kinder Lehrern wirklich dankbar? Erkennen alle Beteiligten und Betroffenen die Bedeutung der Lehrer?

Um gute Lehrer anziehen zu können, müssen Schulen so attraktiv sein, dass solche Persönlichkeiten auch kommen wollen. Die Führung der Schule, die Vorgabe durch die Ministerien, das Zusammensein der Lehrer untereinander, das Verhalten der Schüler den Lehrern gegenüber und die Bezahlung müssen so sein, dass die besondere Leistung der Lehrer gewürdigt wird.

Bereits bei der Bezahlung wird häufig deutlich, wie viele Menschen denken: Sie haben Geld für alles Mögliche – und Unmögliche! Aber für die Schulbildung ihrer Kinder haben sie kein Geld. Sie glauben sich auch deshalb nicht um die Bezahlung des Lehrers ihres Kindes kümmern zu müssen, denn dies „besorgt" ja entweder der Staat oder die Leitung der Privatschule.

So vertrauen Eltern ihr Kind viele Stunden am Tag einem einflussreichen Menschen an, sind aber vielfach nicht bereit, diesem so wichtigen Mensch ein sehr gutes Auskommen zuzugestehen. Wird auf diese Weise der Lehrer in seinem großen Wert und für seine Riesenverantwortung geachtet?

Jeder Elternteil sollte diese Frage für sich beantworten – manchmal aber zur Kontrolle die Lehrer fragen, ob sie das Gefühl haben, auch materiell für ihre große Leistung gewürdigt zu werden.

## Motivation

Sehr, sehr wichtig im Leben ist Motivation.

Menschen können Unglaubliches leisten, wenn sie in der richtigen Weise motiviert sind. Oder aber sie sind nicht in der Lage, auch nur das Nötigste zu schaffen, weil ihnen die Motivation fehlt.

Deshalb ist das oberste Gebot für die Lehrer, Wissen so zu vermitteln, dass es den Schülern Freude bereitet und sie motiviert. Jeder noch so trockene Stoff kann durch Engagement des Lehrers zu einem interessanten und bereichernden Inhalt werden, wenn er den Kindern entsprechend vermittelt wird.

**Kinder haben ein Recht darauf, Wissen so vermittelt zu bekommen, dass sie mit größtem Interesse den Ausführungen der Lehrer folgen.**

**Deshalb muss ihnen immer wieder der Nutzen für die Praxis gezeigt werden.** Oder sie erarbeiten sich den Lehrstoff selber, indem sie zum Beispiel das Gelernte in der Praxis erleben beziehungsweise es anderen beibringen.

Alles Wissen ist lebendig, denn es entwickelt sich ständig. Deshalb muss es lebendig vermittelt werden. Totes Wissen hilft niemandem, sondern schadet nur: Erstens wird es sogleich wieder vergessen, zweitens lernen die Schüler, dass sie nicht für sich, sondern für die Schule Wissen „ansammeln", und drittens, und das ist das Schlimmste, wird ihnen vermittelt, dass Lernen nicht Freude bereitet, sondern lästig, langweilig und überflüssig ist.

In dem Buch *Hochbegabte Kinder, ihre Eltern, ihre Lehrer* finden sich neben einer sehr hilfreichen Tabelle auch Fragen nach möglichen Gründen, warum ein Kind nicht motiviert ist (S. 78-79). Eltern und Lehrer sollten sie gründlich studieren und in die Praxis umsetzen:

---

**„Box 6:**
**Häufige Ursachen von Motivationsmangel**

– Das Kind ist so oft kritisiert, korrigiert und in seinem Lebensentwurf in Frage gestellt worden, daß es nicht mehr daran glaubt, den Erwartungen der anderen genügen zu können; dann ist es sicherer, sich zu verweigern, als die Erwartungen anderer zu erfüllen.

– Der Motivationsmangel dient dazu, sich dem Zugriff von Lehrern und Eltern zu entziehen.

– Der Motivationsmangel ist eine Rebellion, gegen die seine Eltern machtlos sind, solange das Kind passiv streikt.

– Der Motivationsmangel ist ein Vermeiden von Risiko, da das Kind ja immer sagen kann, es wolle sich ja gar nicht ernsthaft bemühen, und damit schont es sein Ego.

– Der Motivationsmangel kann dem Kind helfen, von weniger begabten Gleichaltrigen akzeptiert zu werden.

---

- Der Motivationsmangel kann ein Ausdruck von Depression sein, vielleicht des Gefühls, mißverstanden zu sein.
- Der Motivationsmangel könnte andere dazu bewegen, ihm zu helfen und ihm die Beachtung zu schenken, die das Kind sich wünscht.

Wir fassen nochmal die wichtigsten Fragen zum Verständnis der Motivation Ihres Kindes zusammen:

- Wie erleben Sie die emotionale Atmosphäre in Ihrer Familie? Wohlwollend?, Kritisch?, Ungeduldig?, Tolerant?
- In welchen Bereichen sind Sie für Ihr Kind Vorbild?
- Wieviel Zeit widmen Sie täglich Ihrem Kind ausschließlich dazu, um es zu ermutigen?
- Wie schätzen Sie – zum Beispiel auf einer Skala von 1 bis 10 – den Grad der emotionalen Unabhängigkeit Ihres Kindes von Lehrern und Gleichaltrigen ein?
- Welche Gefühle blockieren möglicherweise die Lernfreude Ihres Kindes?
- Wo ist die Leidenschaft Ihres Kindes?
- Was fasziniert und begeistert es?
- Auf welche Art zeigen Sie Interesse an den Aktivitäten oder Gefühlen des Kindes?"

Kinder sind aber sogleich motiviert, wenn sie etwas lernen, das sie praktisch umsetzen können.

Wie gut ist es deshalb, wenn Lehrer auf eine positive, eine konstruktive Kommunikation achten, indem sie Gesetze erklären, Interaktionen verdeutlichen, Streitigkeiten schlichten, aktiv zuhören, *Win-win-Situationen*, **also Situationen, in denen alle Beteiligten gewinnen, herbeiführen und viel, viel, viel LOBEN.**

Lob ist unendlich wichtig und – im Gegensatz zu Kritik – motivierend. Lehrer geben Kindern einen großen Schatz mit, wenn sie diese **viel loben und sie – auch damit! – eine gute Kommunikation lehren.** Dies wird ihnen unzählige Türen im Leben öffnen.

Wichtig ist auch, dass Kinder Regeln der Beziehungen, der Verantwortung, der Klarheit, der Treue und der Fairness lernen.

**Ebenso wichtig ist der sorgsame Umgang mit Zeit.** Menschen müssen lernen, sinnvoll und gut strukturiert mit ihrer Zeit umzugehen. Wie ich bereits ausführte, ist Zeit Leben. Wer Zeit vergeudet, vergeudet sein Leben!

Wie viele scheitern im Erwachsenenleben, weil sie nicht gut mit ihrer Zeit umgehen und weil ihnen weder zu Hause noch in der Schule ein guter Umgang mit ihrer Zeit gelehrt wurde.

Schüler sollten daher unbedingt lernen, **wie sie sinnvoll ihren Schreibtisch beziehungsweise eines Tages ihr Büro strukturieren**, denn Menschen verlieren unendlich viel Zeit wegen eines schlecht geordneten Arbeitsplatzes.

**Schon den Kindern muss nahegebracht werden, dass Ordnung, dass Disziplin nichts Sinnloses, Trockenes, Verstaubtes ist, ihnen vielmehr das Leben sehr erleichtern und verschönern kann.**

Denn Struktur ist Zeit, und Zeit ist bekanntlich Geld – in den Schulen sollte frühzeitig das Buch *Simplify your Life* gelesen beziehungsweise die CDs gehört werden.

Womit wir zum nächsten wichtigen Punkt kommen, der ebenfalls sehr gut in *Simplify your Life* behandelt wird und den ich weiter oben bereits erwähnte: Der Umgang mit Geld. Wie schnell wird der trockenste mathematische Stoff lebendig, wenn Kinder seinen Nutzen erkennen. Wie sinnvoll empfinden sie Mathematik, wenn sie erkennen, dass sie dadurch viel besser mit Geld umgehen können. Kinder müssen in der Schule motiviert werden, kompetent mit Geld umzugehen. Sie müssen lernen zu sparen, zu planen, zu spenden und sich auch Ziele bezüglich Geld aufzuschreiben. Je lebendiger dies Schülern vorgetragen wird, desto mehr lernen sie für ihr Leben!

**Motivation beziehungsweise Enthusiasmus sind deshalb entscheidend. Schüler müssen hoch motiviert sein, gerne in die Schule gehen, gerne lernen, gerne Wissen ansammeln. Denn nur der hoch motivierte Mensch leistet Besonderes.**

**Das Leben ist ein Wunder.** Und das Wissen über das Leben ebenfalls. Denn führe dir doch einmal dies vor Augen: Ist es nicht ein weiteres Wunder, dass du überhaupt Wissen erlangen kannst? Dass die gesamte Welt so aufgebaut ist, dass Wissenschaften darüber entstehen und dieses Wissen auch noch gelehrt werden kann?
Dies sind alles Wunder. Was muss jemand anstellen, der so einen wunder-baren Stoff einer Weise vermittelt, dass der Zuhörende sich langweilt und mehr und mehr demotiviert wird?
Und hier kommen wir zum entscheidenden Punkt: Menschen können nur dann Außergewöhnliches leisten, wenn sie das

tun, was wirklich ihren Neigungen entspricht. Lehrer sollte deshalb nur werden, wer im Lehren seine Berufung – nicht seinen Job! – sieht. Denn nur wer etwas aus Berufung tut, ist motiviert und vermittelt die Begeisterung, die andere ansteckt. Außerdem ist er der Richtige, um die Berufung anderer zu entdecken. Der Lehrer, der mit seinem ganzen Herzen lehrt, vermittelt den Kindern die Freude, die unbedingt mit Wissen verbunden sein muss, und motiviert sie somit. Womit er das Wesentliche weitergibt: Dass jeder sein Gebiet finden und leben muss. Dann kann er sich voll entfalten, weil er durch seine Begeisterung 110% gibt. Denn es ist die Begeisterung, die uns Außergewöhnliches leisten lässt.

Und genau dies müssen Kinder lernen. Sie müssen erleben, dass sie besondere Talente haben, dass sie diese ausbauen können und dass dies ihnen sehr viel Freude bereitet.
Ein Lehrer, der seine Kinder derart motiviert, wird deshalb zu Recht von seinen Schülern verehrt, denn er gibt ihnen einen riesigen Schatz mit: Die Freude am Lernen, die Freude am Leben.
Was kann er ihnen mehr geben, wie sollte er sie mehr motivieren?
So ein Lehrer ist ein wunderbarer Mensch, denn er erschafft nicht allein den Kindern eine goldene Zukunft, er baut zudem das Goldene Zeitalter mit auf.

## Aufschreiben von Zielen

Kinder sollten so früh wie möglich lernen, dass sie klare Ziele formulieren und diese aufschreiben müssen. Außerdem sollten sie dazu angehalten werden, sich ihre Ziele immer wieder vor Augen zu führen und sich **bewusst machen, wie viele sie bereits erreicht haben.**

Das Aufschreiben der Ziele hat etwas Magisches – wie das gesamte Leben magisch, sprich: wunderbar ist.

Kinder müssen dieses Wunderbare, dieses Magische früh erleben. Sehr hilfreich ist hier das Erfolgstagebuch von Stephan von Stepski-Doliwa *Ich bin ich und ich bin gut – mein Dank, meine Erfolge, meine Ziele*, in dem Schüler – ebenso wie Erwachsene! – täglich Buch darüber führen können, wie viel sie erreichen, wie beschenkt sie sind, wie viel Grund sie haben, auf sich in positivem Sinne stolz zu sein.

Dazu ein Beispiel: **Miranda** hatte Probleme in der Schule. Sie rührten zum Teil daher, dass sie sich sehr schwer mit klarer Planung und Ordnung tat. Ihre Mutter half ihr immer wieder, aber nur unter einer Bedingung: **Sie musste genau aufschreiben, welche Noten sie in den jeweiligen Fächern schreiben und welche Noten sie am Ende des Schuljahres haben wollte.** Miranda tat dies zunächst eher widerstrebend. Mit der Zeit stellte sie aber fest, wie viel von dem, was sie sich aufgeschrieben hatte, eingetroffen war. Das bestärkte sie derart, dass das Aufschreiben ihrer Ziele, ihrer Leistungen, ihrer Erfolge und ihres Dankes für sie zu einer völlig selbstverständlichen Gewohnheit wurde.

Sie wurde dadurch nicht nur eine sehr gute Schülerin und Studentin, sondern erreichte auch nach ihrem Studium großen privaten und beruflichen Erfolg.

**Denn das Aufschreiben von Zielen schafft Erfolg. Erfolg baut Selbstwert auf. Und je größer dein Selbstwert ist, desto erfolgreicher wirst du.**

**Das Aufschreiben deiner Ziele und das Buchführen über deinen Dank und deine Erfolge fördert deine magische Intelligenz, das ist die Intelligenz, die dich auf wundersame Weise dein Leben gestalten lässt.**

Darüber hinaus sollten Kinder in der Schule lernen, dass es viele verschiedene Formen von Intelligenz gibt.
So gibt es – um nur einige zu nennen:

Spirituelle Intelligenz
Religiöse Intelligenz
Emotionale Intelligenz
Kommunikative Intelligenz
Beziehungs-Intelligenz
Analytische Intelligenz
Intuitive Intelligenz
Musikalische Intelligenz
Praktische Intelligenz
Soziale Intelligenz
Unternehmerische Intelligenz
Sprachliche Intelligenz
Gestalterische Intelligenz

Dies bedeutet, dass die Schulen sich nicht allein auf die **rationale beziehungsweise analytische Intelligenz** beziehen dürfen, **die im IQ-Test gemessen wird**. Tun sie dies, schränken sie ihre Schüler viel zu sehr ein, **was sich äußerst negativ auf den Selbstwert und das Erfolgsprogramm all der Schüler auswirkt, die ihre Begabung nicht im rationalen, mathematischen Bereich haben.**
So kann jemand wie Bobby Fisher emotional ein absoluter Versager sein, als Schachspieler dagegen ein Weltmeister. Die Aufgabe der Schulen sollte es deshalb sein, Schüler optimal in der jeweiligen Intelligenz zu fördern, in der sie die größte Begabung aufweisen.

# Förderung von Kreativität, Gesang und Theater

Deshalb ist die Förderung der kindlichen Kreativität in Form von Spirltueller, Religiöser, Emotionaler beziehungsweise Kommunikativer Intelligenz, um nur einige zu nennen, eine der wichtigsten Aufgaben einer Schule.

Rudolf Steiner, Alfred Tomatis, Rebeca Wild, Maria Montessori und viele andere legen großen Wert auf die Kreativität, denn sie wissen, welch ein unerschöpflicher Schatz den Kindern damit gegeben wurde.

Die Kreativität hat zwei Seiten: Einmal, dass Kinder Selbstwert dadurch bekommen, dass sie etwas schaffen beziehungsweise auf der Bühne auftreten. Dies ist für Kinder sehr wichtig, denn sie lernen Teamgeist und erleben, dass sie etwas gestalten können und **dass sie wichtig sind**. Denn mag ihre Rolle in einem Stück noch so klein sein, sie hat eine Bedeutung und ist daher wichtig.

Die andere Seite der Kreativität besteht darin, dass Schüler lernen, dass **das Finden von Lösungen ein kreativer Akt ist.** Damit lernen sie, auf jedes Problem schöpferisch zu reagieren.

Das Leben ist eine Aneinander-Reihung von Problemen. Nun können wir uns bei jeder Schwierigkeiten ärgerlich in unsere „Schmollecke" zurückziehen – oder sie als eine Gelegenheit ansehen, unsere Kreativität zu leben. Kinder sollten unbedingt die zweite Verhaltensweise lernen. **Sie sollten sich beim Auftauchen von Problemen freuen, denn nun haben sie die Gelegenheit, ihre Kreativität zu leben und ihre Fähigkeit, Lösungen zu finden, unter Beweis zu stellen und damit Selbstwert aufzubauen.**

**Außerdem sollten Kinder unbedingt mindestens ein Musikinstrument gut beherrschen, denn nachweislich lernen Kinder viel besser, die ein Instrument spielen. Die Zeit, die**

sie in das Erlernen ihres Musikinstruments investieren, bekommen sie dadurch mehrfach wieder heraus, dass sie sich den Lernstoff der anderen Fächer viel schneller aneignen.

Das Erlernen eines Instruments ist so wichtig, weil es von den Kindern Disziplin und Durchhaltevermögen verlangt – wichtige Eigenschaften, um Erfolg im Leben zu erlangen.

Zudem aktiviert es die rechte Gehirnhälfte, also die Seite, in der sich die Kreativität befindet, die für das Erlangen von Erfüllung, Erfolg und Glück von unschätzbarem Wert ist.

Das Spielen eines Instruments erfüllt ein Kind aber auch mit Stolz und baut seinen Selbstwert auf, denn es fühlt unmittelbar, wie viel es leistet und wie schön dies ist.

Darüber hinaus ist der öffentliche Auftritt mit einem Instrument eine große Leistung, die dem Schüler viel Vorbereitung, Einsatz und Mut abverlangt, die ihn innerlich enorm wachsen lassen.

**Ebenso wichtig ist die Schulung der Stimme, und nichts tut dies besser als Gesang. Darüber hinaus verbindet es Menschen sehr, wenn sie froh und ausgelassen gemeinsam Lieder singen – und wenn auch noch einige heilige Lieder darunter sind, umso besser!**

Zudem stärkt der Gesang die Stimme, was sehr wichtig für Vorträge beziehungsweise alle möglichen öffentlichen Auftritte ist.

**Schulen sollten deshalb Hochburgen der Kreativität** und damit des Theaters, des Gesangs, der Orchester und des absolut positiven Umgangs mit Problemen sein.

Dann vermitteln sie den Kindern, den Lehrern und der Gesellschaft ein Höchstmaß an Freude, an Positivität und Dankbarkeit dem Leben gegenüber.

## Sprachen und Dialekte

Damit kommen wir zum nächsten sehr wichtigen Punkt: **Zur Mundart**. Viele Menschen finden es sehr kreativ und völlig selbstverständlich, im Dialekt miteinander zu reden. Dagegen ist nichts einzuwenden, außerdem kann es die Zugehörigkeit fördern.

Dialekt ist aber für viele Menschen dann ein enormes berufliches Handikap, wenn sie **nur** Mundart reden können. Natürlich gab es unzählige sehr erfolgreiche Menschen oder gar Genies, die Dialekt sprachen. Für viele, die zumindest nicht sofort als Genies arbeiten wollen oder können (!), kann der Dialekt aber eine große, wenn nicht gar unüberwindbare Barriere darstellen.

Außerdem finde ich, dass in dieser Zeit, in der alle zusammenwachsen, Sprachen gesprochen werden sollten, die viele verstehen. Sprichst du einen sehr speziellen Dialekt, so kann es sein, dass dich nur ein paar tausend – oder sogar nur hundert! – Menschen verstehen. Sprichst du dagegen eine Hochsprache, sind es sogleich Millionen!

In Indien sprechen die Menschen wegen der unzähligen Sprachen und Dialekte drei, vier, fünf und mehr Sprachen. Ebenso in der kleinen Schweiz. Warum kannst du nicht auch, was die Inder und die Schweizer können?

Ist es dein Ziel, zumindest zwei oder drei Sprachen gut zu sprechen? Sprechen deine Kinder außer der Landessprache ebenso flüssig zumindest Englisch? Haben sie zudem einen guten Akzent und eine klare Aussprache?

Schulen, die nicht gut Sprachen lehren, bringen die Kinder um unendlich viel. Wer eine fremde Sprache lernt, lernt ein anderes Volk kennen. Damit sind nach einiger Zeit weder die Sprache noch das Volk mehr fremd. Welch eine wunderbare Bewusstseinserweiterung!

**Und bedenke: Wie viele bekamen einen sehr interessanten Posten, weil sie gut oder gar sehr gut eine gefragte Sprache beherrschten. Wie viele bekamen eine Anstellung nicht, weil sie sich nur im Dialekt ausdrücken konnten! Deshalb müssen Eltern darauf dringen, dass ihre Kinder neben dem Dialekt auch noch perfekt die Landessprache beherrschen.**

Wie witzig sind aber Menschen, die gekonnt von Mundart zur Hochsprache wechseln können, und welche Chancen haben sie!

Also: **Als Elternteil** suche eine Schule, die deinen Kindern sowohl **emotional als auch intellektuell viel gibt, in der sie viel lernen**, denn es stimmt der Spruch: W*as Hänschen nicht lernt, lernt Hans nimmermehr*. Und denke an *Kairós*, an den rechten Augenblick. Es gibt eine Zeit – bis zum 6., spätestens bis zum 10. Lebensjahr –, in der Sprachen noch leicht und akzentfrei gelernt werden können. Alles, was später kommt, ist sogleich mit mehr Anstrengung verbunden.

**Als Schüler** solltest du unbedingt alle Möglichkeiten nutzen, die dir geboten werden. Lerne mit Freude. Richte dir alles Lernen so ein, dass es dir Spaß macht, und wenn es nicht gleich klappt, dann probiere so lange, bis es dir mehr und mehr Freude bereitet. Denn die Fähigkeit, deine Ziele aufzuschreiben und dich deshalb immer weiter zu bilden, weil es dir Spaß macht, wird darüber entscheiden, wie erfolgreich du wirst.

Und eines der Ziele sowohl der Schüler als auch der Schulen sollte sein, dass Schulabgänger perfekt Englisch – am besten Oxford-Englisch – sprechen. Wer heute die Schule verlässt und hervorragend Englisch sprechen und schreiben kann, hat einen unschätzbaren Vorteil, und es werden sich ihm viele Türen öffnen, die sonst wegen der Sprachbarriere verschlossen blieben.

Deswegen sage ich: Lernt Sprachen, lernt, so viele ihr **könnt, lernt aber eure Muttersprache und Englisch – oder vielleicht auch noch Spanisch! – perfekt, dann werdet ihr mit Millionen über Millionen Menschen kommunizieren können – und unendlich viel lernen und ebenso viele Chancen haben.** Denn viele Sprachen gut zu sprechen kommt einer Hochbegabung gleich und stellt deshalb einen unschätzbaren Wert dar.

## Hochbegabte Kinder

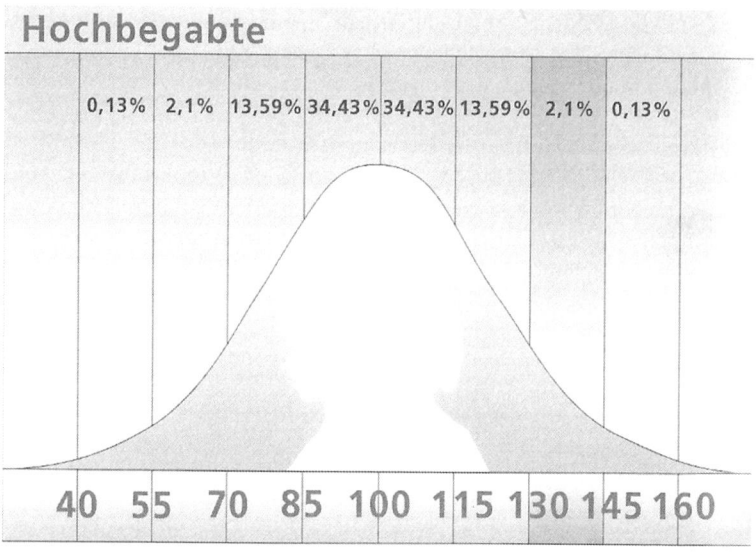

Abb.1 Normalverteilung der Intelligenzquotienten

Wenn wir uns diese Grafik in dem Buch *Hochbegabte Kinder, ihre Eltern, ihre Lehrer* (S. 18) ansehen, die die Normalverteilung der Intelligenzquotienten darstellt, dann wird eines unmittelbar deutlich: Die Hauptverteilung liegt bei einem In-

190

telligenzquotienten von 100. Wenn wir bedenken, dass 85 Punkte als die Grenze zum Schwachsinn festgelegt wurden, dann kann man daraus folgern, dass eine ungefähre Durchschnittsverteilung sich von ca. 85 bis 125 Punkten bewegt. 130 Punkte wird als der Grenzwert betrachtet, ab dem Hochbegabung beginnt (in der Grafik das dunkle Feld). Damit ist bereits alles gesagt: Die normalen Schulen sind auf die Mehrheit, also auf den Durchschnitt ausgerichtet, wo weder Minderbegabung noch Hochbegabung Platz haben.

Das ist das Drama der **hochbegabten Kinder**: Sie fühlen sich als Außenseiter, sie erleben sich als falsch, sie sind deshalb nicht motiviert und – im schlimmsten Fall – versagen sie und **bringen die Schule nicht zu Ende. Welch ein Widerspruch.** Hinzu kommt, dass „Lehrer über die Hälfte der Kinder, die sich in Einzel-Intelligenztests als hochbegabt erwiesen, nicht als hochbegabt identifizieren können (Fox, 1981)". Das heißt, dass viele Hochbegabte in ihren Fähigkeiten nicht erkannt werden und deshalb **nicht als hochbegabt, sondern zum Teil gar als minderbegabt eingeschätzt werden.** So erlebt das hochbegabte Kind seine besonderen Fähigkeiten nicht als Segen, sondern als Nachteil. Es fühlt sich einerseits der Mehrheit nicht zugehörig und andererseits auch noch minderbemittelt. Hinzu kommt, dass viele Hochbegabte eine Lese-Rechtschreib-Schwäche haben und damit ebenfalls, wenn überhaupt, negativ auffallen (siehe auch weiter unten, Legasthenie).

Woran erkennt man hochbegabte Kinder? Am besten lässt man sein Kind von besonders ausgebildeten Fachkräften untersuchen. In dem Buch *Hochbegabte Kinder, ihre Eltern, ihre Lehrer* findet sich im Anhang eine Adressenliste verschiedener Institutionen, die Kinder fachkundig untersuchen und die Eltern bezüglich weiterer Schritte beraten können. Diese Liste stammt aus einer Broschüre, die das Bundesministerium für

Bildung, Wissenschaft, Forschung und Technologie herausgegeben hat. Das beweist, dass selbst an höchster Stelle das Thema Hochbegabung thematisiert wird.

Nun fragen sich Eltern natürlich: „Und was sind mögliche Anhaltspunkte, die mich darauf hinweisen, dass mein Kind hochbegabt ist?" Eine sehr berechtigte Frage. Ich kann das Thema Hochbegabung im Rahmen dieses Buches natürlich nur ansprechen. Wer das Gefühl hat, sein Kind könne dazugehören, oder von anderen darauf angesprochen wird, sollte sich unbedingt das oben erwähnte Buch von Prof. Webb et. al. kaufen und/oder zu einem der dort genannten Zentren gehen. Schulpsychologen sind dagegen heute in der Regel noch nicht dafür ausgebildet, Hochbegabungen zu erkennen, weswegen ihre Aussagen bei außergewöhnlichen Fähigkeiten nicht immer zutreffen müssen.

Als mögliche Anhaltpunkte dafür, was auf eine Hochbegabung deuten kann, haben die Autoren eine Tabelle zusammengestellt, die zumindest klare Hinweise liefert (S. 60 – hb heißt *hochbegabt*):

---

**„Box 4:**
**Typische intellektuelle Merkmale hb Kinder**

- Für ihr Alter ist ihr Wortschatz ungewöhnlich groß.

- Sie können früher lesen als die meisten anderen Kinder, oft schon, bevor sie in die Schule kommen.

- Sie erfassen die Feinheiten von Sprache besser.

---

- Längere Aufmerksamkeitsspanne, Ausdauer und intensive Konzentration
- Sie erlernen Grundfertigkeiten schneller und brauchen dazu weniger Übung.
- Breites Interessenspektrum
- Hochentwickelte Neugierde und unerschöpfliches Fragenreservoir
- Interesse am Experimentieren und daran, Dinge anders zu tun
- Die Neigung, Ideen oder Dinge nach Gesichtspunkten miteinander zu verknüpfen, die ungewöhnlich sind oder nicht auf der Hand liegen (divergentes Denken)
- Sie können sehr viele Informationen behalten.
- Ungewöhnlicher Sinn für Humor
- Sie sind sensibler als andere Kinder."

Jetzt könntest du fragen: „Hat es wirklich Sinn, mein Kind testen zu lassen? Habe ich danach möglicherweise nicht mehr Probleme als zuvor? Muss ich dann nicht eine andere Schule suchen, wird mein Kind nicht noch schwieriger und ich habe noch mehr Probleme?"

Ich verstehe deine Ängste und Befürchtungen. Aber erstens hilft es nicht, „den Kopf in den Sand zu stecken", vielmehr ist es immer hilfreich, der Realität ins Auge zu sehen – denn zeigen wird sie sich früher oder später immer. Aber je später du sie wahrnimmst, desto schwerer wird es, sie zu handhaben.

Zweitens kann es für dein Kind eine unschätzbare Hilfe sein, endlich zu wissen, **warum** es sich immer anders fühlt – und dass der Grund nicht darin besteht, dass es minder-, sondern hochbegabt ist. Dies baut Selbstwert auf.

Drittens können dir die Fachleute, die sich auf diesem Gebiet sehr gut auskennen, raten, was du tun kannst, um deinem Kind optimal zu helfen.

Und viertens werden deine Bemühungen dadurch zigfach aufgewogen, dass dein Kind durch eine gute Lösung glücklich und erfolgreich wird und damit ein positives Lebensprogramm erhält, das es sein Leben lang begleitet.

# Legasthenie

Vor einigen Jahren war selbst den meisten Lehrern nicht bekannt, was unter dem Begriff *Legasthenie* zu verstehen sei (der Begriff *Legasthenie* kommt vom Griechischen *leg*, Lesen, und *asthenia*, Schwäche.) Wie viele Kinder wurden in ihrer Lese- und Schreibhemmung nicht verstanden und litten infolgedessen sehr.

Heute hat sich dies – Gottlob! – grundlegend geändert. Nicht nur die Lehrer, sondern auch die Eltern sind offen für diese Thematik, und viele Fachkräfte haben sich auf die Behandlung der so genannten Lese-Rechtschreib-Schwäche spezialisiert. Dies ist sehr gut und zeigt einen entsprechenden Fortschritt. Es entstehen aber nun neue Fragen, die wir uns – zum Wohle der Kinder – genauer betrachten sollten.

1. Legasthenie kann sowohl angeboren als auch durch eine schwierige familiäre Situation entstanden sein – oder beides.

2. Legasthenie ist zum Teil zu einem Schlagwort geworden, worunter immer mehr subsumiert wird

– zum Beispiel auch Hochbegabung, wie wir weiter oben sahen. Darüber hinaus werden Lernschwierigkeiten ganz allgemein, Blockaden, mangelnde Motivation, Ängste verschiedenster Art vorschnell mit diesem „Etikett" versehen.

3. Eltern verwenden gerne den Begriff *Legasthenie* für die unterschiedlichsten Schwierigkeiten ihrer Kinder. Sie schicken auch gerne ihre Kinder in eine Therapie – vorausgesetzt: **Sie** müssen sich nichts ansehen, **sie** müssen sich nichts bewusst machen oder gar ändern!

Das ist natürlich kein ideales Verhalten dieser Eltern. Sie sind aber nur zu einem Teil dafür verantwortlich. Den anderen Teil der Verantwortung tragen die Fachkräfte wie Psychologen, Pädagogen und Lehrer. Oftmals sind sie nicht kompetent genug, um den Kindern wirklich zu helfen und **den Eltern zu vermitteln, wie sie ihren Kindern helfen können und was sie sich selbst anschauen müssen.**

Hier trifft das zu, was ich in *Sai Baba spricht über Psychotherapie* sagte: „Therapeuten müssen hochkompetent und menschlich höchstentwickelt sein." Sind sie dies nicht, stellen sie keinen Segen, sondern genau das Gegenteil für die Menschheit dar.

Therapeuten sollten deshalb in die Behandlung der Kinder immer auch die Eltern einbinden, denn häufig genug liegt es an der familiären Situation, dass Kinder Probleme haben.

Und Therapie kann hier für alle eine große Chance darstellen, denn die Kinder lernen, dass Probleme, die angegangen werden, wunderbare Chancen sind zu wachsen, und die Eltern haben die Gelegenheit, alte Blockaden und Muster beziehungsweise negative Programme zu ändern.

**Nichts wird uns im Leben geschenkt – und das ist auch gut so. Aber alles wird zu einem Geschenk, wenn wir uns ganz dafür einsetzen, für jedes Problem eine gute Lösung zu erarbeiten. Dies ist zudem der beste Weg, Bewusstsein und Selbstwert aufzubauen.**

Wie man aus einer Schwierigkeit einen Weg erarbeiten kann, beschreibt sehr gut Tilo Grüttner in seinem Buch *Helfen bei Legasthenie.* Er verdeutlicht an der Geschichte des kleinen Hans (S. 17), der den Buchstaben „R" nicht schreiben kann, dass sich hinter der „reinen" Schreibschwäche noch etwas ganz anderes verbergen kann. Hans kann nämlich den Buchstaben „R" deshalb nicht schreiben, weil dieser ihn an seinen kleineren Bruder Rainer erinnert, der ihm seinen Platz als Ältester streitig macht.

Die Behandlung der Legasthenie bedeutet deshalb in vielen Fällen nicht allein die Behandlung einer mehr oder weniger großen Schwäche, sondern die Therapie einer familiären Konfliktsituation, die nicht auf **ein** Mitglied beschränkt ist, sondern vielmehr durch dieses **deutlich** wird.

Wichtig ist deshalb, dass Eltern – und auch Lehrer! – sich bewusst machen, was ihre Kinder leisten, wenn sie in die Schule kommen. Wie viele Kinder meinen bereits alles und außerdem alles besser zu wissen, und nun, durch die Schule, müssen sie sich eingestehen, **was sie alles nicht wissen.** Dies stellt eine große narzisstische Kränkung dar, auf die Kinder nicht selten mit den verschiedensten Krankheiten reagieren. Wird dies nicht verstanden, können leicht Blockaden entstehen, die sich zum Beispiel als eine echte oder scheinbare Legasthenie zeigen.

Sigrid Leo gibt in ihrem Buch *Plötzlich macht es klick!* (S. 23) Folgendes zu bedenken: *„Nach meinen Beobachtungen gibt es* *einen optimalen Zeitpunkt für jedes Kind, in dem es kurz vor dem Durchbruch zum ersten gelesenen Wort steht. Wird dieser Zeitpunkt nicht erkannt, so fühlt sich das Kind innerhalb der Klassengemeinschaft minderwertig, weil ‚alle anderen‘ schon lesen können. Und das noch nicht lesende Kind empfindet Druck, verkrampft und überfordert sich, bekommt Angst und der normale Lernfluss gerät ins Stocken."*

Mit anderen Worten: Kinder brauchen sehr, sehr viel Nachempfinden und Verständnis für die großen Leistungen, die sie vollbringen.

Wichtig ist auch, was A. Tomatis in *Das Ohr – die Pforte zum Schulerfolg* (S. 126) betont, nämlich dass Legasthenie auch mit einem Hörproblem zusammenhängen kann: „*Wenn das Ohr die Unterschiede der Frequenz beziehungsweise Höhe nicht erfasst, werden die Buchstaben mit Dominanz hoher Töne (s, f, ch, v) verwechselt. Den Buchstaben mit gleichem Timbre und nur im Grundton unterschieden (m, n, g, q) ergeht es gleich.*" Deswegen meint er, dass eine Leseschwierigkeit stets ein Hörproblem offenbare. Lass deshalb dein Kind einen Hörtest bei einem HNO-Arzt machen.

Da aber der Körper nicht von der Seele zu trennen ist, rate ich dazu, dem Kind auf beiden Ebenen zu helfen und ihm damit möglicherweise ganz neue Horizonte zu eröffnen.

Wie wir bei der Behandlung des nächsten Punktes sehen werden, kann Psychotherapie beziehungsweise eine Analyse „auf frustrierende Weise erfolglos sein", solange ein Aufmerksamkeits-Defizit-Syndrom (ADS, s.u.) nicht erkannt wird (Edward M. Hallowell / John Ratey *Zwanghaft zerstreut*, S. 58). Das heißt: **Ist die Legasthenie ein besonderer Ausdruck von ADS**, muss dieses zuerst diagnostiziert und behandelt werden, bevor die Behandlung der Legasthenie vorangehen kann.

# Aufmerksamkeits-Defizit-Syndrom

Beim ADS, dem Aufmerksamkeits-Defizit-Syndrom, früher nach seinem bekanntesten Merkmal, der **Hyperaktivität**, benannt, geht es darum, dass das Kind sich kaum, wenn überhaupt, konzentrieren kann. Es zeigt häufig Auffälligkeiten bezüglich **Aktivität, Aufmerksamkeit und Impulsivität.** Alles scheint es abzulenken, da es sich nicht **auf eine Sache** konzentrieren kann. Ein Kind mit ADS kann nicht ruhig sitzen, rennt hierhin und dorthin, kann schlecht bei einer Sache bleiben und hält es nicht am Familientisch aus, weil es plötzlich tausend Dinge mehr interessieren als das Essen.
**Es gibt mehrere Ausprägungen von ADS.** Die bekannteste ist **ADS plus Hyperaktivität,** die besonders durch mangelnde Aufmerksamkeit und Zappeligkeit auffällt. Dann gibt es den **hypoaktiven,** oft depressiven Träumer mit hoher sozialer Kompetenz, der häufig nicht erkannt wird. Dieser Typus findet sich besonders unter Mädchen. Schließlich noch den **hyperaktiven impulsiven Typus** mit geringer sozialer Kompetenz, der schnell aufbraust und häufig wütend reagiert, weil seine Frustrationstoleranz sehr, sehr niedrig ist.
**Um ADS kennen zu lernen und zu verstehen, solltest du unbedingt das sehr gut strukturierte und sehr informative Buch von Dr. Helga Simchen** *Die vielen Gesichter des ADS* **lesen. Ebenso das hervorragende Buch von Dr. Graf** *Homöopathie und die Gesunderhaltung von Kindern und Jugendlichen.*

„ADS gehört zu den häufigsten kinder- und jugendpsychiatrischen Störungen überhaupt", schreibt Dr. Petra-Marina Hammer im Vorwort von Dagmar Dietz' sehr berührendem und informativem Buch *Sitz doch endlich still* (S. 11). Sie fährt fort: „Die Zahlenangaben liegen bei ca. 8%, d.h. für

Deutschland: Über 1 Million Kinder/Jugendliche haben ein ADS oder **2 Kinder in jeder Schulklasse** (Hervorhebung durch mich). Allerdings ist ADS nicht nur etwas Deutschland- oder Europatypisches, sondern ADS gibt es in allen bisher wissenschaftlich untersuchten Kulturen unserer Welt."

Weiter schreibt Dr. Hammer: „**Nicht jedes Kind, das mal zappelt, unkonzentriert oder leicht abgelenkt ist, hat ADS. Aber viele Kinder haben ein ADS, das nicht erkannt wird, und leiden darunter** (Hervorhebung durch mich). Sie werden verkannt als Störenfried, Unruhegeist, Versager, Faulpelz, Tagträumer und Nervensäge. Ihr Verhalten wird falsch gedeutet und entsprechend falsch wird damit umgegangen. Früher oder später haben Kinder/Jugendliche mit ADS das Gefühl, die ganze Welt sei gegen sie. Sie gelangen zu der Überzeugung >>mit mir stimmt was nicht<<." (a.a.O., S. 11).

Diese Symptome können aber zum Beispiel deshalb gar nichts mit ADS zu tun haben, weil sie durch Erziehungsfehler hervorgerufen werden wie etwa dadurch, dass die Eltern ihr Kind nicht verstehen, ungeduldig, nicht nachempfindend, zu streng beziehungsweise unberechenbar sind.

Das Gefühl des Nicht-Genügens bekommen ADS-Kinder besonders in der Schule, denn hier fallen sie durch die Schwierigkeiten auf, die sie mit Rechtschreibung, Rechnen, Konzentration und im sozialen Kontakt haben.

Ein Kind mit ADS erzielt selbst dann, wenn es sehr begabt ist, höchstens mittelmäßige, oft schlechte oder sogar sehr schlechte schulische Leistungen, weil es sich nur schwer etwas merken, geschweige denn in Ruhe mit einer Sache befassen kann. „Im Grundschul- und oft auch im Jugendlichenalter eckt das Kind oft an und stört. Häufig werden die Eltern in die Schule zitiert, erhalten Anrufe und Briefe mit Klagen, was das Kind wieder alles gemacht oder nicht gemacht hat, versehen mit

Wertungen und vielfältigen Interpretationen", schreibt Cordula Neuhaus in *Das hyperaktive Kind und seine Probleme* (S. 27).

Sigrid Leo meint, es sei hilfreich für diese Kinder, wenn ihr Konsum an Süßigkeiten reduziert wird, denn das Süße wird von ihnen wie eine Droge verwendet. Deshalb sollte mit dem Kind vereinbart werden, *„vor jedem Verzehr von Süßem ein Stückchen Obst zu essen. So empfindet das Kind keinen Druck und oftmals wird der Appetit auf Süßes durch den Fruchtzucker des Obstes gestillt"*, schreibt Sigrid Leo (a.a.O., S. 19). Dies ist schon deshalb sehr gut, weil Zucker kein Lebensmittel (vgl. weiter unten den Abschnitt über *Ernährung*), sondern, ebenso wie Fernsehen, eine Droge ist, die nicht nährt, sondern aufputscht und das Immunsystem, die Nerven, die Zähne und den Verdauungstrakt schwächt.

Kinder, die viel Zucker konsumieren, haben deshalb ein seelisches **und** ein körperliches Problem – und nicht selten sehr früh Karies.

Eine Ernährungsumstellung ist sehr hilfreich (vgl. Dr. Graf a.a.O., S. 745), heilt aber ADS nicht. Da ADS-Kinder bereits sehr viel leisten müssen – Dagmar Dietz beschreibt dies eindringlich –, sollten sie nicht zusätzlich durch eine komplizierte und freudlose Diät belastet werden. Aber kein Fleisch, kein Weißmehl, keinen Zucker zu essen ist auch für sie eine sehr hilfreiche Ernährungsumstellung.

Besonders wichtig für ADS-Kinder ist, dass auf Rhythmus und auf Zeiten der Ruhe geachtet wird – gemeinsame Meditationen in der Klasse sind hier ein hervorragendes Mittel (vgl. auch das schöne Buch von Eva M. & Joachim H. Angerstein *Mit Kindern Stille üben*).

Ein großes Problem besteht aber darin, dass Kinder mit ADS wie magisch vom Fernsehen angezogen werden. Fernsehen verschafft ihnen zunächst durch die Spannung des Gesehenen eine Linderung ihrer Unruhe, aber mit der unangenehmen Nebenwirkung, dass nach dem Fernsehkonsum die Unruhe und damit die Abhängigkeit vom Fernsehen zunimmt. Fernsehen bringt deshalb keine Linderung, sondern ein neues, nicht geringeres Problem.

Unruhe ist aber genau das Gegenteil von dem, was ein Mensch wirklich braucht. Deshalb ist ein „Hörspaziergang", wie ihn Sigrid Leo empfiehlt (S. 21), ein wunderbarer Vorschlag. Kinder sollten früh die Ruhe und die Schönheit der Natur kennen lernen. Sie sollten ihre Wahrnehmung für die Dinge um sie herum schärfen. Sie sollten zum Beispiel auf die Farben, Gerüche, Geräusche und verschiedenen Vogelstimmen achten, Kontakt zum Boden aufnehmen und spüren, wie unterschiedlich sich die Rinde verschiedener Bäume anfühlt. Kinder sollten durch ihre Eltern dazu angehalten werden, ihre Umwelt als etwas Wunderbares zu sehen, und dieses bewusste Wahrnehmen als eine Quelle der Ruhe und inneren Sammlung erleben.

All dies sind sehr hilfreiche Vorschläge und sie sollten unbedingt berücksichtigt werden – das Problem des ADS bleibt dennoch bestehen. Was tun?
Ein Charakteristikum hyperaktiver Kinder ist, **dass** sie wollen, **dass** sie bemüht sind, **aber nicht können**. Eltern sollten sich dies vor Augen halten – besonders, wenn die Unruhe ihres Kindes sie an die Grenzen ihrer Leistungsfähigkeit beziehungsweise ihrer Geduld bringt (vgl. dazu das Buch des ADS-Kindes Felix Dietz *Wenn ich doch nur aufmerksam sein könnte!*)

Die Ärztin und Therapeutin Roswitha Spallek geht deshalb den Weg, das Medikament Methylphenidat (also Ritalin) zu verabreichen und hat die erstaunlichsten Erfolge. Kinder, die nicht durchschlafen konnten, die die ganze Familie tyrannisierten, schlafen; Kinder, die nicht einen Moment ruhig sitzen konnten, sitzen, und Kinder, die unzählige Fehler in einem Diktat hatten, schreiben kurze Zeit nach der Einnahme von Methylphenidat, wie durch Zauberhand geführt, ein Diktat mit bedeutend weniger Fehlern (a.a.O., S. 179, siehe Abbildung rechts).

Dr. Spallek schreibt dazu: *„Die Veränderung der Schrift unter Methylphenidat kann auch zur Diagnose des ADS verwendet werden. Kürzlich wurde mir ein 12-jähriger Junge vorgestellt, dessen Schrift so schlecht war, dass sich die Lehrer weigerten, Diktate und Aufsätze zu korrigieren. Die Eltern des eher hypoaktiven Jungen zweifelten an meiner Diagnose, dass er an einem ADS leide. Ich schlug vor, eine Stunde vor und eine Stunde nach der Einnahme von Methylphenidat eine Schriftprobe zu machen. Das Ergebnis dieses Tests hat die Eltern von der Diagnose überzeugt"* (a.a.O., S. 178).

**Doch nicht nur Kinder, sondern auch viele Eltern leiden an ADS und sollten sich entweder homöopathisch oder allopathisch und/oder psychologisch behandeln lassen.**

Es gibt nun Einwände gegen Methylphenidat, da es zu den Psychopharmaka zu rechnen ist und der Beipackzettel eine Unmenge möglicher Nebenwirkungen aufführt.
Ich finde es gut, dass heute viele Eltern sehr skeptisch Medikamenten gegenüber sind. Sie haben ein klares Bewusstsein dafür, wie gefährlich bestimmte Nebenwirkungen sein können – und sind!

Übungsdiktat

Als ich anfing Omas Gartenzaun zu streichen,
schien die Sonne und ließ meine ulltige rosa
farbe brandend schön leuchten.
"Mädchen, was machst du denn da?" Die alte
arme sah mich besorgt an. Ob sie eine neue
politische Bewegung sei, fragte ein Mann und eine
Raddalerin erkundigte sich, ob ich farbenblind
sei. Nachdem ich schneeweißchen ein junge
gefragt hatte, ob ich Schneeweißchens Schwester
sei malte ich weiter ohne ihn anzureden und mich um andere Bemerkungen zu
kümmern.

Übungsdiktat

Als ich anfing Omas Gartenzaun zu streichen,
schien die Sonne und ich ließ meine ulltige
Rosa farbe brandend schön leuchten.
"Mädchen, was machst du denn da?" Die
alte Dame sah mich besorgt an. Ob ich Rosa
eine neue politische Bewegung Bewegung sei,
fragte ein Mann und eine Raddalerin erkundigte sich, ob ich farbenblind sei.
Nachdem ein junge gefragt hatte, ob ich
Schneeweißchens Schwester sei, malte ich
weiter ohne ihn anzureden und
mich um andere Bemerkungen zu kümmern.

Beim ADS sollte man klug abwägen und dennoch nicht viel Zeit verlieren, weil die Kinder Gefahr laufen, als schwierig, faul, unsozial oder gar asozial abgestempelt zu werden – negative Einschätzungen, von denen sie sich nur sehr schwer lösen können, wie das Buch von Dagmar Dietz *Sitz doch endlich still* eindringlich schildert. Außerdem sind die aus dem ADS resultierenden Folgeerscheinungen wie zum Beispiel sehr niedriger Selbstwert, mangelnde Motivation, Depression oder Ängste später sehr viel schwerer zu behandeln.

Wofür sich manche Eltern und Kinderärzte entscheiden, zum Beispiel das Klagen, das Schreien, die Wutanfälle beziehungsweise die vielen Verletzungen einfach zu ignorieren und die Kinder gegebenenfalls einige Tage und Nächte durchschreien zu lassen, ist mit Sicherheit keine gute Lösung, da gerade das viele Schreien und die Wutanfälle typische Symptome von ADS sind.

ADS schränkt Kinder und Erwachsene unglaublich ein, es verhindert bei vielen nicht nur einen höheren Schulabschluss, sondern nicht selten sogar eine weiter führende Ausbildung – was für die Betroffenen ein sehr schwer zu tragendes Los darstellt.

Zudem führt es wegen der mangelnden Aufmerksamkeit der Betroffenen zu einem erhöhten Unfallrisiko – zu Hause, in der Schule und auf der Straße. ADS-Kinder lieben die Geschwindigkeit, weswegen sie „im Erwachsenenalter überzufällig Geschwindigkeitsübertretungen begehen und häufiger an Verkehrsunfällen beteiligt sind" (Michael Huss, a.a.O., S. 36).

Deshalb sollte jede Behandlungsmethode in Erwägung gezogen werden, sei sie allopathisch, homöopathisch oder therapeutisch, die Hilfe verspricht, aber natürlich nur, wenn sie von einem sehr verantwortungsbewussten Behandler empfohlen und begleitet wird und wenn nicht allein deshalb – möglicher-

weise auch noch ohne genaue Untersuchung und Differential-diagnostik – Ritalin gegeben wird, weil der Behandler das Problem „schnell in den Griff" bekommen will.
**Das rächt sich immer.**

### Therapiemethoden

Der Verlust an Selbstwert und die Einschränkung der Lebens-qualität für die ADS-Betroffenen und deren Familien können riesig sein. Ich stelle daher für die Behandlung von ADS verschiedene Therapieformen vor, damit nicht aus Unwissen-heit beziehungsweise aus Mangel an Alternativen die erstbes-te gewählt wird.

Es gibt kein Mittel, das für alle gut und hilfreich wäre. Das Mittel der Wahl hängt von vielen verschiedenen Faktoren wie der psychischen und physische Konstitution, der familiären Situation und dem Behandler ab.

So kann für einige Kinder **Ritalin**® aus verschiedenen Grün-den angezeigt sein. Für manche, dic sonst keinen Weg aus einem Frustrationszirkel fänden, eignet sich Ritalin als „Krü-cke" eine Zeit lang. Durch das Medikament entsteht eine gewisse Ruhe, bis sie eine neue gute Lösung finden.

Für andere wiederum ist diese Medikation gänzlich kontra-indiziert, da Ritalin bei ihnen derart in die Persönlichkeit eingreift, dass sie zum Beispiel ihre Fröhlichkeit und Kreativi-tät verlieren.

**Wird Ritalin gegeben, ist erstens eine präzise Differential-diagnose unabdingbar und zweitens, während des Thera-pieverlaufes, die genaue und differenzierte Beobachtung entscheidend, um immer wieder die richtige Dosierung finden zu können.**

Beim ADS gibt es keine schnellen Lösungen. Zuweilen sind mehrere Therapieformen gleichzeitig oder nacheinander angezeigt. So können eine **Psychotherapie,** wie die Verhaltenstherapie, aber auch Familienaufstellungen (vgl. *Sai Baba spricht über Psychotherapie)* sehr hilfreich sein.

**Heilungsmantren** können die Behandlung von ADS unterstützen. Wichtig ist ebenfalls, ADS-Babys – ebenso wie andere! – viel zu tragen, da **Körperkontakt** beruhigend und **heilend** wirkt. Auch die **Ergotherapie** bietet gute Möglichkeiten der Behandlung, wie auch die **anthroposophische Eurythmie**, **heilpädagogisches Reiten** und das **Erlernen nützlicher Strategien**, um Konzentration, Motorik und die Fähigkeit zu strukturieren zu erhöhen. Hier haben viele hervorragende Therapeuten mehrere gute Methoden entwickelt, die eine medikamentöse Behandlung gut unterstützten oder sogar ersetzten, und damit unzähligen Kindern geholfen.

Besonders wichtig ist ebenfalls, dass mit den Kindergärtnerinnen beziehungsweise Lehrern ein intensiver Kontakt und Austausch gepflegt wird.

Eine sehr hilfreiche Therapie kann auch in einer **hervorragenden homöopathischen Behandlung** bestehen, denn ihr Ziel ist es, ADS zu heilen (vgl. Judyth Reichenberg-Ullman & Robert Ullman *Es geht auch ohne Ritalin* S. 81 f.).

Leider wissen sehr viele Homöopathen entweder gar nichts oder viel zu wenig über ADS, weswegen sie nicht auf die **Diagnose** ADS kommen. Sie probieren deshalb unzählige Mittel an den Kindern beziehungsweise an der gesamten Familie aus, ohne dem Rechnung zu tragen, dass ADS ein ganz eigenes Krankheitsbild hat und entsprechend behandelt werden muss (vgl. Friedrich P. Graf, der sich in *Homöopathie und die Gesunderhaltung von Kindern und Jugendlichen* eingehend und sehr fundiert mit dem Thema ADS auseinander setzt).

Dr. Graf schlägt vor, das Kind zu viel Aktivität und Bewegung zu motivieren, denn diese bewirkten eine positive Veränderung und führten zwangsläufig zu mehr Schlaf.

Ein interessantes Beispiel in diesem Zusammenhang ist die Entwicklung von **Valentin.** Von Geburt an war er so unruhig, dass er kaum eine Minute ruhig liegen konnte. Die Nächte schrie er durch, zudem reagierte er sehr gereizt, wenn etwas anders verlief, als er es sich vorgestellt hatte.
Valentin wurde immer wieder sehr kompetent homöopathisch behandelt und zudem sehr, sehr viel getragen, wodurch eine gewisse Ausgeglichenheit entstand.
Als er aber in die Schule kam, zeigte sich das ADS mit aller Macht: Valentin hatte große Konzentrationsschwierigkeiten, konnte nicht ruhig sitzen, war schlecht in Rechnen und Rechtschreibung und entwickelte sich mehr und mehr zum Außenseiter.
Er war völlig frustriert, weil er von Tag zu Tag deutlicher merkte, dass er mit den anderen immer weniger mithalten konnte.
Da bekam er von einer hervorragenden Homöopathin sein Konstitutionsmittel in einer LM-Potenz sowie später eine Q-Potenz.
Bald nach der Gabe, die mehrmals während einiger Monate wiederholt wurde, nahmen die negativen Folgen von ADS spürbar ab.
Valentin konnte sich nun über längere Zeit konzentrieren. Er merkte sich Gedichte, Lieder und Rechenschritte viel besser, zudem blühte er sichtlich auf.
Motiviert durch viel Anerkennung und den Anstieg seiner Leistungen, hatte er immer mehr Freude in die Schule zu gehen und zu lernen.
Dadurch wurde er nochmals ruhiger, froher und erfolgreicher.

Entscheidend für die erfolgreiche Behandlung von ADS ist, dass die Eltern sowohl mit den Kindern als auch mit deren Behandler(n) aktiv zusammenarbeiten.

1. Die Eltern müssen einen **liebe- und respektvollen** Umgang mit ihren Kindern pflegen.

2. Die Motivation der Kinder sollte im Vordergrund stehen. Das heißt: Kritisieren sie ein Mal, sollten sie anschließend fünf Mal loben! Eine sehr gute Möglichkeit ist auch das Vergeben von Belohnungspunkten.

3. Sehr wichtig ist, dass Eltern ihre Kinder vor Reizüberflutung schützen.

4. Von unschätzbarer Bedeutung ist ein liebevoller, klarer Körperkontakt, der unbedingt frei von subtiler Verführung sein muss. Dieser Kontakt ist häufig hilfreicher als Worte!

5. Eltern müssen klare, gut überlegte Grenzen setzen, die nicht ausdiskutiert beziehungsweise „verwässert" werden.

6. Sie sollten sich immer wieder vor Augen führen, dass ihr Kind sehr viel Bewegung, Schlaf, Ruhezeiten, vor allem aber einen geregelten Tagesablauf braucht.

7. Eltern müssen sich auch darüber im Klaren sein, dass sie sich immer wieder fortbilden und an sich selbst arbeiten sollten.

Damit schließe ich dieses Kapitel über ADS, denn jeder muss seinen Weg, seinen „idealen" Behandler, seine beste Form der Entwicklung selbst finden.

Wenn dein Weg etwas länger sein sollte, fasse durch folgenden Satz neuen Mut: **Umwege sind manchmal die kürzesten Wege.**

Das heißt: Gib niemals auf – und du kommst ans Ziel!

## Ausbildungen

Unter Ausbildung verstehe ich alles, was nach der Schulausbildung, das heißt entweder nach Beendigung der Grundschule, nach der Mittleren Reife oder auch nach dem Abitur an Fachausbildungen gemacht wird, um einen Beruf zu erlernen. In Deutschland ist dies noch (*noch*, da die Titel „Meister" und „Geselle" abgeschafft werden sollen) so gegliedert, dass ein junger Mensch eine Berufsausbildung macht und diese als Geselle beendet, wodurch er befähigt ist, unter einem Meister zu arbeiten. Wenn er eines Tages selber den Meistertitel erlangt hat, dann kann er selbstständig arbeiten und seinerseits Lehrlinge ausbilden.

Diese Hierarchie, die noch von den Zünften aus dem Mittelalter stammt, hat sehr viel für sich. Sie gliedert die Ausbildung ganz klar.

Das Problem heute besteht aber darin, dass viele Werte, die früher noch vermittelt wurden, heute nicht mehr gelebt – und auch nicht mehr bezahlt werden. Wie soll zum Beispiel ein Schuster den hohen Standard einer meisterhaften Arbeit anstreben, wenn er dafür so viel Geld verlangen müsste, dass sein Kunde sich für diesen Preis gleich ein neues Paar Schuhe kaufen kann? Und wie soll er mit seinem Anspruch überleben, wenn in jedem Kaufhaus die Schuhe für einen Bruchteil des Preises repariert werden – und es dem Kunden außerdem egal ist, dass die Reparatur schlecht gemacht wurde, weil er die Schuhe sowieso nach einem halben Jahr wegwirft?

Die Konsumgesellschaft ist die Totengräberin vieler Werte, vieler **Sitten und Gebräuche. Es geht vielfach nicht darum, dass etwas Solides hergestellt wird, sondern dass es gut aussieht und „der Preis stimmt".** Dazu hat der Staat in vielen Ländern das Seine beigetragen! Die Vorschrift, ein Staatsbetrieb dürfe immer nur dem billigsten Angebot den Zuschlag geben, ist sehr töricht. Denn dass jemand seine Arbeit besonders billig anbietet, bedeutet doch wahrlich nicht, dass sie besonders gut ist. Außerdem ist diese Rechnung kurzsichtig: Denn verglichen werden müssen die Inhalte, das heißt die endgültige, abgelieferte Arbeit, nicht allein der Preis. Und wenn nun jemand wirklich der Billigste sein sollte, aber zu hoch gepokert und sich damit verkalkuliert hat? Angenommen, er muss während eines Baus Konkurs anmelden? Ist das Ergebnis dann immer noch „so günstig", wenn sich dadurch die Fertigstellung eines Projektes möglicherweise um Monate verzögert? Und ist diese Vorgehensweise anständig? Führt es zu einem guten Karma, jemanden so gedrückt zu haben, dass er den Auftrag nur dadurch bekommt, dass das geschieht, was er durch das Erhalten des Zuschlags für diesen Bau zum Beispiel verhindern wollte, nämlich dass er Konkurs anmeldet? Und geht nicht jede Insolvenz zu Lasten aller? Und wer kommt für die arbeitslosen Angestellten auf? Der Staat? Und wer ist der Staat? Ist es nicht jeder Einzelne? Das heißt eben auch derjenige, der den Preis so drückte. **Und was geschieht, wenn der Staat Konkurs anmeldet? ...**

Und wenn alle diese Entscheidungen etwa eine Schule betreffen und die Schüler all dies miterleben – lernen sie dadurch, wie man achtsam mit Geld, Arbeit und den Interessen aller umgeht? Mit Sicherheit nicht!

Billig, billig ist häufig der Schlachtruf derjenigen, die viel kaufen wollen, sich aber unbewusst nichts gönnen dürfen. Sie müssen sich etwas kaufen, weil sie sich „etwas Gutes" tun wollen. Es muss aber aus zwei Gründen billig sein: Erstens, weil sie sich unbewusst nicht mehr gönnen, und zweitens, weil es, wegen dieses unbewussten Verbotes, bald ungenutzt herumliegen wird!

„Billig, billig" hat viele Betriebe kaputt gemacht und damit die Ethik der Berufsinnungen sehr untergraben. Im Französischen heißt der Handwerker *artisan*, im Italienischen *artigiano*. Darin steckt das Wort *art* beziehungsweise *arte*, sprich: *Kunst*. Der Handwerker, so das Verständnis, betrieb eine Kunst. Und wo ist die Kunst heute geblieben? Da, wo sie in fast allen Bereichen geblieben ist: Auf der Strecke! Denn Kunst hat nicht nur mit Muse, sondern auch mit Muße zu tun, die im Griechischen *scholé* heißt und die Wurzel zur Schule bildet, wie wir weiter oben sahen. So lehrte Aristoteles, dass *scholé* das Wichtigste sei, um zu lernen und zu den tiefsten Schätzen in sich selbst zu gelangen – nach der alten Platonischen Auffassung, dass alles Wissen – das sind die Ideen – bereits in unserer Seele eingebettet sei. Wie Recht sie hatten!

Interessant in diesem Zusammenhang ist, dass der Gegensatz zu *scholé ascholía* ist, was im Lateinischen *otium* und *negotium* entspricht, aus dem sich das Italienische *negozio*, das Geschäft, ableitet!

Und was ist nun *scholé* genau? Ingemar Düring, der große Aristoteleskenner, schreibt zu *scholé* (S. 481 f.): Das „*Wort wird gewöhnlich mit ‚Muße' übersetzt. Es bedeutet aber (...) keineswegs Muße im Sinn von ‚pflichtfreier Zeit'"*, sondern es ist die Zeit, in der die allgemein anerkannten Tugenden wie „*Weisheit, Tapferkeit, Besonnenheit und Gerechtigkeit"* geübt werden. Die vom Zwang diktierte alltägliche Arbeit ist *ascholía*, die eigene Zeit eines jeden ist *scholé*. Das bedeutet nichts anderes, als dass die Schule beziehungsweise die Berufsschule oder die Lehrstelle den Schüler lehren sollen, die Tugenden und vornehmlich die „**Logik des Herzens**" zu üben. Dann ist seine Arbeit das Werk eines *artisan* beziehungsweise eines *artigiano*, eines Kunsthandwerkers.

Wenn ich aber von Berufsschule, von Muße und von Tugenden spreche, dann fragen sich viele, ob dies nicht alles etwas „abgehoben" beziehungsweise weltfremd sei. Die Realität sehe doch ganz anders aus! Hart, berechnend, skrupellos.
Ja, genau, das ist es, was ich meine! Die heutige Realität entspricht nicht den allgemeinen Kosmischen Gesetzen, deswegen kann sie keinen Segen bringen.
Deswegen sage ich: *Art comes from heart*, die Kunst kommt vom Herzen. Was bedeutet es also, dass es heute keine Kunst mehr gibt? Es bedeutet, dass die Herzen verschlossen sind. Und das müssen sie auch sein, denn, wie Aristoteles meinte, wir öffnen uns den großen Wahrheiten in der Muße. Muße hat heute aber keiner mehr, weil alles schnell und billig sein muss. Die Hetze ist deshalb die Krankheit Nr. 1 in vielen Ländern.
Wie sagt der Volksmund so treffend? *Gut Ding will Weile haben.* Oder auch: *Was lange währt, wird endlich gut!* So denkt heute aber kaum noch jemand – und kann auch nicht so denken, weil er es sich nicht leisten kann! Denn dieses Mehr an Zeit zahlt ihm keiner. Es geht um Zeit und Geld. Wer seine Zeiteinheiten nicht einhält, verdient nicht sein Geld. Also muss er sich sputen. Was aber in Hetze gemacht wird, kann nicht ausgereift sein. Ein jeder Reifungsprozess braucht seine Zeit. Und genau die hat heute kaum jemand!
Aber genau dies müssen Auszubildende wieder lernen.

# Universitäten

Damit kommen wir zu einem völlig anderen Bereich. An den Universitäten in vielen Ländern ist häufig viel Zeit. Da wird geforscht. Da wird gelehrt. Da wird analysiert. Und es wird nicht selten **unendlich viel Zeit vergeudet**!

Außerdem werden hier vielfach Menschen herangebildet, die für die Gesellschaft nicht nur kein Segen, sondern ein Schaden sind.

Denn die Universitäten vermitteln in den allermeisten Fällen zwei Dinge **nicht**: 1. Ethik und 2. praktisches Wissen!

Vielfach müssen die Studenten das lernen, was die Professoren interessiert. Und jeder Professor ist primär mit seinem Fachgebiet beschäftigt. Was zunächst nichts Schlechtes ist. Wenn es aber nur noch darum geht, dass Menschen über immer weniger immer mehr wissen, dann stimmt der Lateinische Spruch *„pro patria est dum ludere videmur"* – es ist für das Vaterland (was wir tun), auch wenn es so aussieht, als würden wir spielen. Für welches „Vaterland" sind sie aber tätig? Betreiben sie nicht vielmehr ausschließlich ihre eigenen Spiele?

Latein war früher die Sprache des Klerus und der Universitäten. Jetzt ist Latein eine tote Sprache. Und weshalb ist es eine tote Sprache? Weil kein Volk sie mehr spricht und damit mit Leben füllt.

Heute ist Latein nicht mehr die Sprache an den Universitäten, aber viel von dem Wissen, das dort vermittelt wird, ist ebenso tot. Und da könnte man mit dem nächsten Lateinischen Spruch das Problem umreißen: *„Amicus certus in re incerta cernitur"* – der sichere Freund wird in der unsicheren Sache erkannt. Das heißt, im Leben wird sich erweisen, ob das an der Universität Gelernte hilfreich war oder nicht, ob die Professoren,

Doktoren und Tutoren wahre Begleiter und im besten Sinne Freunde waren, die auf das Leben vorbereitet haben, oder nicht.

Hier tut sich etwas Grundsätzliches auf: Die Welt hat sich verändert – und verändert sich mehr und mehr. Wenn ich dies hier sage, dann erscheint es mir beinahe schon platt, so häufig wird dieser Satz erwähnt. Aber offensichtlich noch nicht häufig genug, dass einige dessen Inhalt realisierten! Die Welt hat sich verändert, haben dies einige Entscheidungsträger realisiert? Haben sie ihr Denken, ihr Reden und Handeln verändert? Nein! Es läuft vieles genauso weiter wie seit eh und je! Offensichtlich haben viele, die das Sagen an Schulen und Universitäten haben, noch nicht realisiert, dass der alte Satz nicht mehr gilt, dass gute Schüler und Studenten, die hervorragende Noten bekommen, eines Tages eine gute, sichere Anstellung erhalten.

Zum Teil trifft sogar genau das Gegenteil zu. Es sind die Querdenker, die Schüler und Studenten, die mehr auf die emotionale denn auf die rationale Intelligenz setzen, die großen Erfolg haben. Und es werden die Schüler und Studenten sein, die mit Herz, Liebe und Ethik handeln, die im Goldenen Zeitalter in die führenden Positionen kommen werden.

Das heißt: Es ist Zeit, dass Lehrer, Professoren, Minister und Regierende umdenken, denn was bisher noch vielfach zu sehen ist, gehört zu einer alten Zeit, der Zeit von Egoismus, Streit, Krieg und Zerstörung. Diese Zeit geht sichtbar zu Ende. Haben es die Verantwortlichen bereits gemerkt? Verändern sie die Ausbildung der Schüler und Studenten so, dass eine Einheit von Kopf und Herz, von rationaler und emotionaler Intelligenz entstehen kann?

Schlimm ist in diesem Zusammenhang, dass sich viele Lehrer und Professoren überhaupt keine Gedanken darüber machen, was sie ihre Studenten lehren müssten, damit diese mit einem wirklichen Fundus an Wissen durchs Leben gehen können. Nein, das interessiert viele überhaupt nicht, sondern nur damit setzen sie sich auseinander, was *ihnen* Spaß macht, wodurch *sie* berühmt werden.

Und dieser krasse Egoismus geht zuweilen so weit, dass diese Professoren vergebene Doktorarbeiten einfach nicht mehr weiter betreuen, weil sich ihre Interessenslage geändert hat und sie das mögliche Ergebnis, das sie selbstverständlich in einer Veröffentlichung als **ihr** Forschungsergebnis ausgegeben hätten, nicht mehr verwenden können. Dass ihre Studenten Monate oder gar Jahre daran gearbeitet haben, kümmert sie nicht im Geringsten.

Wenn dies Mathematik- oder Physikprofessoren tun, dann kann man sagen: Nicht ethisch, nicht anständig und außerdem ein miserables Vorbild, was schadet es aber der Quantenphysik, wenn der Professor X kein Vorbild für seine Studenten ist?

Wenn dics aber Medizin-, Psychologie-, Pädagogik- oder Betriebswirtschaftsprofessoren tun, dann ist die Situation dramatisch, denn hier wird ein Verhalten gezeigt und damit auch gelehrt, das sich in der Praxis als schrecklich erweisen wird.

Ist es verwunderlich, wenn einige Professoren mit der Zeit ihrer Studenten und dem Leben vieler Versuchstiere so achtlos umgehen, dass die Studenten rebellisch werden und meinen, sie hätten ein Recht auf die Straße zu gehen und, wenn es ihnen opportun erscheint, alles kurz und klein zu schlagen?

All dies muss sich ändern – und wird sich ändern. **Eine Medizin, eine Psychologie, eine Pädagogik und eine Wirtschaft ohne Spiritualität, ohne Liebe, ohne Respekt und Achtsamkeit, ohne tragfähige Ideale und Werte ist nicht das, was die heutige Welt braucht.**

**Und Lehrer ohne Herz sind in Wahrheit auch Lehrer ohne Verstand.** Denn es ist völlig unverständlich, warum sie ihren Schülern und Studenten all dieses Wissen vermitteln, mit dem sie in der Praxis eines Tages völlig allein dastehen werden. Was nützt es einem Medizinstudenten, wenn er mit einem Wust an Fachwissen bedacht wird, die Empathie, die Fürsorge, das Nachempfinden dagegen nicht einmal thematisiert werden?

Was nützt es einem Psychologiestudenten, wenn er Semester über Semester Statistik über Statistik macht, aber keine einzige Therapiemethode fundiert lernt?

Was soll ein Pädagogikstudent schon Sinnvolles lernen, der von seinem Professor niedergemacht wird?

Wie soll die Wirtschaft aufblühen, wenn die Ethik darnieder liegt und nicht einmal thematisiert wird?

**Solange die Schulen, die Ausbildungsstätten und die Universitäten keine Orte der Ethik, der Achtung, der Toleranz, der Fürsorge und der Verpflichtung sind, wird es keinen Frieden in der Welt geben. Lehrer und Professoren müssen sich überlegen, was ihre Schüler beziehungsweise Studenten wirklich benötigen, um eine fundierte, theoretisch und praktisch ausgereifte Ausbildung zu bekommen. Sowohl die Lehrer als auch die Auszubildenden müssen Mut zur Ethik, zur Liebe und zur Spiritualität haben. Die Schulen und die Universitäten müssen wieder Plätze der *scholé* werden: Der Weisheit, der Tapferkeit, der Besonnenheit, Gerechtigkeit und der Achtsamkeit (wie Buddha es nannte).**

**Darüber hinaus müssen diese Tugenden mit den Kardinaltugenden Liebe, Wahrheit, Rechtschaffenheit, Frieden und Gewaltlosigkeit verbunden werden.**

**Dann entsteht Frieden, dann entsteht Glück, dann entsteht eine große Weisheit in der Welt.**

Zum Glück für die Menschheit, die Tiere, die Pflanzen und die Umwelt gibt es bereits Professoren, Doktoren und Tutoren, die gemäß dieser Prinzipien leben, handeln und lehren.
Sie sind ein Licht für die Welt.

# PRAKTISCHES

Wenn ich den nun folgenden Abschnitt mit „Praktisches" überschreibe, dann könnte dies so verstanden werden, als seien die vorherigen Einteilungen rein theoretisch.

Das meine ich nun gar nicht! Ich bin sowieso nicht der Ansicht, dass man Theoretisches und Praktisches kategorisch trennen sollte – allein aus dem Gedanken der Einheit von Denken, Reden und Handeln nicht. Freud meinte, Denken sei Probehandeln, und so sollte das richtige Denken automatisch in die richtigen Worte und das richtige Tun fließen.

Vielleicht suchen Eltern Antworten auf bestimmte Fragen wie Kleidung, Körperkontakt, Therapie. So gehe ich hier auf diese Punkte ein.

## Klare Vorstellungen und Entscheidungen
## *vor* der Schwangerschaft

Ich kann es nicht genug betonen: Die meisten Probleme schaffen sich Menschen dadurch, dass sie sich weder Gedanken darüber machen, mit welchen Einstellungen sie tatsächlich an jemanden oder etwas herantreten, noch darüber, ob sie sich für jemanden oder etwas entschieden haben oder nicht.

Das Buch *Sai Baba spricht über die Welt und Gott* ist voller Anregungen, was Entscheidung, Kindererziehung oder Kleidung betrifft. Vielleicht macht es dir Freude hineinzuschauen, ich versichere dir, bei jedem Lesen wirst du etwas Neues entdecken.

So ist in der Geschichte *Isaak oder Der richtige Zeitpunkt* genau aufgelistet, was du beachten solltest, **bevor** du eine Beziehung eingehst. Hast du sie gelesen? Hast du dich daran gehalten? Hast du sie anderen empfohlen, weil du es wichtig fandest, was darin stand, es für dich aber nicht mehr in Frage kam, weil du bereits in einer festen Beziehung beziehungsweise verheiratet warst? Was sage ich dir hiermit? **Halte dich an die 72-Stunden-Regel: Was du innerhalb von 72 Stunden nicht umsetzt, wirst du in den meisten Fällen auch später nicht tun. Nimm dir also vor, Neues stets sogleich zu beginnen. Warte nicht bis morgen. Von gestern her betrachtet ist morgen heute!!**

Entscheidungen sind so wichtig, weil aus einer „lockeren" Beziehung schnell eine „sehr ernste" Familie werden kann. Im zuvor erwähnten Buch (S. 196) wird die Geschichte einer Frau geschildert, die mehrere gescheiterte Beziehungen hatte. Sie war traurig und traf auf einen Mann, den sie nicht sehr liebte, der sie aber gut trösten konnte. Von diesem wurde sie schwanger. Diese Tatsache ließ sie zunächst verzweifeln, denn nun musste sie sich für einen Mann entscheiden, zu dem sie noch nie richtig Ja gesagt hatte. Die Frau resignierte und fügte sich in ihr „Schicksal", wie sie meinte. Anschließend – und das steht nicht mehr dort – arrangierte sie sich mit der Situation und fand einen Weg zu ihrer Tochter. Lange Zeit war es nur ein Weg, kein tiefer, guter Kontakt. Und auch die Beziehung zu ihrem Mann war nie ohne Spannungen, ohne Probleme, ohne die ewige Frage: „Ist er der Richtige?"
Diese Frage kann dich mit der Zeit zermürben. Glaube mir deshalb, der ich Milliarden Schicksale kenne: Verlass dich nicht auf die Ideologie des *Kali Yuga*: *Ausprobieren sei das Ziel des Lebens.* Dieser Gedanke ist völlig verrückt, oder möchtest du die Folter in einem Südamerikanischen Gefängnis oder eine öffentliche Hinrichtung in China erleben?

Zig Millionen probieren heute alles nur Erdenkliche aus. Wunderbar! Aber wie viele bleiben dabei auf der Strecke? Wie viele Kinder verlieren durch dieses Herumprobieren ihre Eltern und ihr Zuhause? Wie viele Kinder haben niemals das Gefühl, wirklich gewollt, aus der Tiefe des Herzens geliebt zu sein?

**Selbstwert ist eine der wichtigsten Gaben eines Menschen und außerdem einer der Schätze, die er von seiner Kindheit an aus seinem Elternhaus mitnimmt.** Müssen dann Eltern nicht alles tun, um ihren Kindern so viel Selbstwert wie möglich mitzugeben?

**Der erste Schritt dazu ist, dass sie sich *vor* einer Schwangerschaft füreinander und danach klar für ein Kind entscheiden.**

Entscheiden sich Eltern von Anfang an für ihr Kind, ist ihr Kontakt ein ganz anderer. Es ist kein Zufall, dass ein Kind, das von seiner Mutter erwünscht ist, im Mutterleib besser versorgt wird als ein nicht erwünschtes. Darüber hinaus kann man ein Leben lang am Körper eines Menschen ablesen, ob er erwünscht war oder nicht (vgl. zur schizoiden Struktur, Stephan von Stepski, *Theorie und Technik der analytischen Körpertherapie,* S. 212 f.).

In Anlehnung an das hervorragende Buch von Jane Nelsen *Kinder brauchen Ordnung* sage ich: **Kinder brauchen eine klare Entscheidung für sie – und dies von Anfang an –, denn hierin zeigt sich ebenfalls eine Form von Ordnung!**

## Positive Ausrichtung
## während der Schwangerschaft

Die klare Entscheidung für das Kind führt dahin, dass Eltern bereits während seines Heranwachsens im Mutterleib mit ihm reden, ihm Lieder vorsingen, ihm aus heiligen Büchern vorlesen. Dies ist für das Kind vor und nach der Geburt genauso wichtig wie die Muttermilch, was heute auch die Wissenschaft weiß (vgl. Martin Dornes, *Der kompetente Säugling*, S. 41).
Nimm deshalb Kontakt zu deinem Kind auf, wähle so früh wie möglich seinen Namen aus. Viele Mütter träumen während der Schwangerschaft genau, wie ihr Kind sein wird, welchen Geschlechts es ist und welcher Name zu ihm passt. Sprich mit deinem Kind, es ist viel kompetenter, als du denkst!
Zudem ist deine Stimme von größter Bedeutung für dein Kind (vgl. zur Bedeutung der Stimme der Mutter für das Ungeborene und das Baby Alfred Tomatis, *Der Klang des Lebens*, S. 183 ff.).
Und mach es dir doch leicht: Wenn du nach der Geburt feststellen solltest, dass der Name doch nicht 100% passt, dann nimm ihn als zweiten oder dritten Namen. Und wenn ihr euch getäuscht habt und es nun doch kein Mädchen, sondern ein Junge – oder umgekehrt – ist und euer Name nicht zu ausgefallen ist, dann könnt ihr ihn ebenfalls als zweiten Namen nehmen: Aus Michaela wird Michael, aus Alexandra dann Alexander und aus Peter wird Petra.

Natürlich klappt dies nicht immer. Wenn du aber möchtest, dass es klappt, dann wirst du auch eine gute Lösung finden. **Wichtig sind nicht die Namen, wichtig ist auch nicht das Geschlecht, entscheidend ist der Kontakt**.
Für **Fernando** war das so. Er freute sich mit seiner Frau Juanita sehr auf das Kind, das nun seit einigen Wochen heranwuchs. Nun sagten alle, es werde mit Sicherheit ein Mädchen.

Auch darüber freute er sich, denn er hatte sich ganz für dieses Kind entschieden und spürte bereits jetzt einen guten Kontakt zu ihm.

Eines Nachts träumte Juanita ganz klar von ihrem Kind. Es war ein sehr schöner und erfüllender Traum. Das Kind erschien ihr im Traum und sagte ihr: „Ich bin kein Mädchen, ich bin ein Junge und bringe viel Freude mit mir!" Am Morgen nach diesem Traum war Juanitas Kontakt zu ihrem Kind noch enger, noch inniger. Darüber hinaus wusste sie nun genau, dass sie keine Tochter, sondern einen Sohn haben würden, worüber sie ebenfalls sehr glücklich waren.

Für Fernando, der sich bereits so sehr auf eine Tochter eingestellt und gefreut hatte, bedeutete dies eine Umstellung.

Juanita und er fanden bald einen Namen und sprachen ihr Kind immer damit an, wodurch sie von Anfang an einen liebevollen Kontakt zu ihrem Sohn hatten, der sich nach der Geburt von Tag zu Tag noch vertiefte.

## Geschwisterstellung

Von den Familienaufstellungen wissen wir, dass jeder in der Familie **seinen** Platz hat. Hat er ihn nicht, so kann dies zu Konflikten führen, die sehr weit reichen können.

Viele Eltern wissen wenig von diesen Gesetzen, was noch nicht schlimm sein muss. Schwierig wird es aber, wenn sie sich so verhalten, als wüssten sie genau, was richtig und falsch, was für sie und ihre Kinder das Beste sei, sie in Wahrheit jedoch eher ahnungslos sind.

**Ich sage: Von Herzen zugegebene Unwissenheit schützt vor Strafe.** Wenn Eltern ihren Kindern gegenüber Fehler, Unsicherheiten beziehungsweise Unwissen zugeben, dann können liebevoll erzogene Kinder sehr wohl damit umgehen. Besonders wenn die Eltern sich für ihre Fehler entschuldigen.

Probleme entstehen aber dann, wenn Eltern behaupten, etwas zu wissen oder zu können, bei dem ihre Kinder spüren oder herausfinden, dass es nicht stimmt, und – noch schlimmer! – wenn die Eltern Offensichtliches leugnen.

Wie heißt es so richtig? Gerechtigkeit erhöht ein Volk. Ein Volk ohne Gerechtigkeit geht unter!

In der Geschwisterstellung gibt es zwei Hauptprobleme, auf die ich hier eingehe. Wer mehr über Familienaufstellungen, deren Ausrichtung und Folgen wissen möchte, den bitte ich, in *Sai Baba spricht über Psychotherapie* nachzulesen.

**Nun zu den zwei Hauptproblemen.** Das erste besteht darin, dass häufig die Tochter der Liebling des Vaters und der Sohn der Liebling der Mutter ist. Diese Aufteilung der Zuneigung ist äußerst destruktiv, denn sie erzeugt „Prinzen" beziehungsweise „Prinzessinnen". Was heißt das? Sind Prinzen und Prinzessinnen so schwierig? Echte vielleicht nicht, es sind die falschen, die uns Probleme bereiten. Der Junge, der der Liebling seiner Mutter ist, und die Tochter, die der Liebling des Vaters ist, tun sich sehr schwer, eine gute Paarbeziehung zu führen. „Warum?", fragst du zu Recht. Weil sie in eine Position gehoben werden, in die sie nicht hingehören. Der Liebling der Mutter sollte nämlich ihr Mann sein und der Liebling des Mannes seine Frau. Die Kinder haben da überhaupt nichts zu suchen, denn diese Stellung als „Liebling" erzeugt negative und destruktive Gefühle wie Eifersucht, Verführung beziehungsweise Missbrauch und viele daraus resultierende Verletzungen.

**Zudem ist noch etwas sehr wichtig**: Kinder, die an die Stelle eines Elternteils gestellt werden, bekommen in Wahrheit keine besondere Stellung, es wird ihnen vielmehr böse mitgespielt, denn sie werden entweder überfordert oder missbraucht – oder leider beides.

Damit kommen wir zum zweiten oben angekündigten Punkt: Kinder müssen **ihren** Platz haben. Das heißt, die Töchter dem Alter entsprechend neben der Mutter – also direkt neben ihr die älteste und am entferntesten die jüngste –, die Söhne neben dem Vater in eben der genannten Reihenfolge.

Damit werden zweierlei Gesetze beachtet: **Kinder stehen nach einer klaren Rangordnung** *neben dem gleichgeschlechtlichen Elternteil.*

Wird diese Ordnung nicht eingehalten, entstehen Probleme. Steht zum Beispiel der älteste Sohn an Stelle des jüngsten und dieser anstatt des älteren neben dem Vater, kann dies schwer wiegende Folgen haben.

**Es gibt eine Göttliche Ordnung, die du einhalten musst, wenn du Segen in deinem Leben haben willst.** Hältst du sie nicht ein, musst du mit Schwierigkeiten rechnen, die so weit gehen können, dass deine Familie ewig von Streit, von Unfrieden, von Leiden gekennzeichnet sein wird.

So kann es sein, dass zum Beispiel der ältere Sohn bettnässt, nur weil sein jüngerer Bruder an seiner Stelle neben dem Vater steht – und die Mutter dies unterstützt.

Auch kann eine Tochter ständig aggressiv sein, in der Schule wenig leisten und Probleme mit den Klassenkameraden haben, weil sie von einer Schwester oder gar einem Bruder von ihrem ersten Platz neben der Mutter verdrängt wurde.

## Adoptivkinder

Besonders schwierig kann die Geschwisterstellung werden, wenn ein Adoptivkind dazukommt. Wird beispielsweise als Erstes das adoptierte Kind in die Familie aufgenommen und später kommen leibliche Kinder hinzu, erhebt sich die Frage, an welcher Stelle das Adoptivkind steht.

Wo steht zum Beispiel die adoptierte Tochter, wenn nach ihr ein Mädchen geboren wird? Jene kam ja zuerst in die Familie, das eigene Kind hat aber den Vorrang, weil es das leibliche Kind dieser Eltern ist.

In vielen Familien lässt sich auch in dieser besonders schwierigen Situation eine Lösung finden. In manchen dagegen, wo zum Beispiel die Probleme zwischen den Eltern auch noch eine Rolle spielen, ist dies mitunter sehr schwer. Dagegen kann die Geschwisterfolge ganz gut geklärt werden, wenn das adoptierte Kind ein anderes Geschlecht hat oder nachkommt.

Warum sage ich das? Weil sich immer wieder die Frage erhebt: Adoptivkinder – ja oder nein?

Ich finde, die Frage ist falsch gestellt. Sie müsste lauten: In welche Familie kommt dieses Kind? Und wenn (noch!) keine Kinder da sind, wie ist die Beziehung der Eltern?

Kategorisch die Adoption abzulehnen, halte ich für schwierig, denn das liebevolle Aufnehmen eines Kindes in eine Familie kann Rettung beziehungsweise Heilung bedeuten. Und viele Adoptiveltern leisten Wundervolles und tun den Kindern unendlich viel Gutes.

Alles im Leben stellt aber erst dann eine klare Aussage dar, wenn der Kontext, wenn die bewussten und unbewussten Motive deutlich werden. Solange dies nicht der Fall ist, kann etwas als gut erscheinen, was für alle negativ ist – oder umgekehrt.

Deshalb ist es wichtig, **vor** einer Entscheidung so viele Fragen wie möglich aufzuwerfen und zu beantworten. Je mehr Fragen im Vorfeld geklärt werden, desto weniger böse Überraschungen gibt es danach.

So haben es Kinder, die adoptiert werden, von Haus aus schwer – und dies im wahrsten Sinne des Wortes. Denn ihre

Familie war so schwierig oder sogar überhaupt nicht vorhanden, dass für sie ein neues Zuhause gefunden werden musste. Das Leben dieser Kinder beginnt bereits mit einer der größten Zurückweisungen: Ihre leiblichen Eltern behandelten sie vielleicht so schlecht, misshandelten sie so sehr, dass sie ihnen von offizieller Stelle her weggenommen wurden, oder ihre Eltern gaben sie selbst sogleich nach der Geburt weg. Sie vermittelten ihren Kindern auf diese Weise, dass sie ihnen nicht viel wert sind.

Dies stellt eine tief gehende Kränkung dar, die nicht leicht zu heilen ist, und das ist mit ein Grund dafür, dass viele Adoptivkinder unbedingt ihre leiblichen Eltern finden wollen: Sie hoffen dadurch Heilung dieser so schmerzenden Wunde zu erlangen und sehnen sich danach, dass ihre leiblichen Eltern ihnen – endlich! – sagen, wie sehr sie sie doch lieben.

In den meisten Fällen geschieht dies aber nicht – womit die Wunde manchmal noch tiefer wird. Zuweilen ist dies aber der Ansporn, endlich etwas zur Heilung dieser frühen Verletzung zu unternehmen.

Adoptivkinder – ja oder nein? Weder das eine noch das andere. Genauso wie man auf die Frage: *Sprung aus dem Fenster, ja oder nein?* nicht pauschal antworten kann. Denn erst einmal muss klar sein, wer springt, aus welcher Höhe er wohin springt und warum er springt. Das eine Mal ist es der Sprung aus einem Parterrefenster aus Freude und mit der klaren Einschätzung, dass es nicht hoch ist. Das andere Mal ist es der Sprung aus dem dritten Stock in das Feuerwehrtuch, weil das Haus brennt. Ein andermal ist es der Sprung aus dem ersten Stock aus falscher Einschätzung auf einen Strohsack, der zufälligerweise da lag. Weswegen alles gut ging. Es gibt aber dann noch all die anderen Varianten, bei denen die Fehleinschätzung so groß ist, dass es nicht mehr gut ausgeht.

Deswegen ist das größte Geschenk, das du in diesem Leben erhalten kannst, die **Selbsterkenntnis**. Sie allein garantiert dir die richtige Einschätzung deiner selbst und der Situationen, in die du gerätst. Kennst du dich nicht, weißt du nicht, was auf dich zukommt, dann weißt du weder wie du darauf reagieren sollst noch wie du reagieren wirst.

**Erkenne dich selbst, erkenne das Göttliche in dir, gehe geschmeidig durchs Leben, dann bist du dir, deinem Partner, deinen Kindern und der ganzen Welt um dich die größte Freude.**

## Sanfte Geburt

Frédérick Leboyer gebührt der Verdienst, dass er sich sehr früh und sehr intensiv mit der Möglichkeit einer sanften Geburt beschäftigte. Er hat vielen Frauen und vielen Kindern geholfen, die Geburt als ein freudiges, schönes Ereignis und nicht als schreckliches Trauma zu erleben.

Heute wird immer mehr in diese Richtung geforscht und umgesetzt.

Wichtig sind wieder einmal deine Ziele und deine Erwartungen als werdende Mutter beziehungsweise werdender Vater: Möchtest du wirklich, das heißt, von deinem Unbewussten her, eine sanfte Geburt? Kannst du dir so etwas überhaupt vorstellen? Oder steckt dir deine eigene Geburt „noch so in den Knochen", dass du dir ein positives Erlebnis gar nicht vorstellen kannst?

Erlebnisse werden zum Teil in der quer gestreiften, also in der willkürlichen Muskulatur gespeichert. Die unwillkürliche, die glatte Muskulatur, leistet einen erheblichen Beitrag zum Geburtsvorgang. Wenn nun die quer gestreifte Muskulatur einer Frau wegen ihres eigenen Geburtstraumas gegen die glatte arbeitet, dann entstehen zwangsläufig Spannungen und Schmerzen, weil der Geburtsvorgang nicht zielgerichtet verläuft.

Frauen sollten deshalb ihre eigene Geburt aufarbeiten, zum Beispiel durch **Akupunktur**, Rebirthing und/oder Rolfing. Rolfing ist eine sehr intensive Form der Massage, die tiefste Verspannungen löst (vgl. Stephan von Stepski, *Theorie und Technik*).

Frauen, die vor der Geburt ihre Traumata lösen und positive Bilder bezüglich der Geburt ihres Kindes aufbauen, geht es deshalb bei der Geburt ihrer Kinder oft besser als Frauen, die diese Traumata nicht lösen.

Denke stets an die Macht deiner Gedanken: **Du wirst, was du denkst.** Denkst du dich als Schwergebärende, dann wirst du mit Schwierigkeiten gebären, denkst du dich hingegen als Leichtgebärende, dann wird mit großer Wahrscheinlichkeit dein Kind leicht zur Welt kommen, denn du wirst auch noch Entscheidendes dafür tun!

Denn zum positiven Denken gehört auch **gute Planung**. Suche dir deine Hebamme sorgfältig aus, ebenso das Geburtshaus beziehungsweise die Klinik. Überlasse nichts dem Zufall, er könnte sich als böse Überraschung erweisen! Plane für dich, plane für dein Kind, plane für deine Familie, dann wird dich – welch ein Zufall!! – viel Positives überraschen.

## Viel Körperkontakt

Nicht wenige Frauen erleben eine gute Geburt und bekommen ein gesundes Kind, dadurch aber, dass sie ihm von Anfang an zu wenig Körperkontakt geben, entwickelt sich ihr Kind bei weitem nicht so, wie es sich mit mehr Körperkontakt entwickeln könnte.

Du musst bedenken, dass das Baby im Mutterleib einen ganz engen Kontakt zu seinem Körper und zu dem seiner Mutter erlebt. Es hat es dort eng, warm und geborgen, es hört bestimmte, vertraute Geräusche (vgl. H. Murooka, *Sleep Gently In The Womb*) und wird zudem perfekt ernährt.

Plötzlich, nach der Geburt, ist alles anders: Das Licht ist anders, die Geräusche, die Ernährung. Die Beinchen und Ärmchen bewegen sich in alle Richtungen – finden aber keinen Halt, keine Berührung. Auch der Hautkontakt ist nicht mehr, oder bei weitem nicht mehr, so intensiv wie vor der Geburt – weder zu sich selbst noch zur Mutter. Darüber hinaus sind die Temperaturschwankungen riesig, zudem hat das Kind zum ersten Mal Hunger.

Wickelst du deshalb den Bauch und die Beine deines Babys in den ersten Wochen nach der Geburt in ein Tuch, statt ihm einen Strampelanzug anzuziehen, so gibt ihm dies die Möglichkeit, zu seinen Beinchen Hautkontakt zu haben, das heißt, sich zu spüren und die gewohnte Form der Begrenzung zu erleben (vgl. Maria de Wit, *Kinderkleidung*, S. 33 f.). Natürlich benötigt das Baby jetzt unendlich viel Körperkontakt. **Ein Baby braucht im Grunde zwei Dinge: Milch und Körperkontakt! Keine Reglementierung und kein Getrenntsein.**

Das Tragen des Babys ist deshalb sehr wichtig, denn: **Der Körperkontakt, die Bewegung, die Stimme, die Liebe der Mutter geben dem Kind eine Sicherheit und Geborgenheit, die es als Grundgefühl ein Leben lang begleiten werden und damit eines der kostbarsten Geschenke darstellen!**

Bedenke, was ich weiter oben sagte: **Das Vertrauen, das dein Kind zu dir aufbauen kann, ist die Basis für sein Selbstvertrauen. Und dieses Selbstvertrauen ist die Basis für sein Glück und seinen Erfolg.**

Zum Körperkontakt musst du dir Folgendes vorstellen: Dein Kind ist ein zu früh geborenes Äffchen. Affenkinder sind Menschenkindern bei der Geburt weit überlegen. Erst nach drei Jahren holen die Menschenkinder ihre tierischen Vettern ein und überholen sie mit stets steigender Geschwindigkeit. Bei der Geburt ist dem aber nicht so. Deshalb sind Menschenkinder so hilflos. Wegen dieser Hilflosigkeit brauchen sie aber **keinen Kinderwagen, sondern Körperkontakt.** Kinder, die mit viel Körperkontakt aufwachsen, entwickeln sich schneller und besser als die armen Kinderwagenkinder, die nachts auch allein, noch dazu in einem separaten Zimmer, schlafen müssen.

Kleine Äffchen hängen immer am Bauch der Mutter. Wie schlecht es Affen geht und wie neurotisch sie sich entwickeln, wenn sie ohne nahen Kontakt zur Mutter aufgezogen werden, ist in John Bowlbys Buch *Attachment*, Bindung, eindringlich aufgezeigt (vgl. auch seine beiden anderen Bücher: *Separation*, Trennung, und *Loss*, Verlust).

**Kinder brauchen Körperkontakt, Körperkontakt und nochmals Körperkontakt** – und je kleiner sie sind, desto mehr.

Die Tragetücher, die heute in Deutschland überall zu bekommen sind, sind da ein ideales Hilfsmittel.

Aber bedenke eines: Eine Brahmanin, die ihr Kind bekommen hat, verlässt die erste Woche nach der Geburt nicht das Zimmer und erst nach vier bis sechs Wochen das Haus, um ihr Kind nicht auf einmal den vielen, fremden Eindrücken auszusetzen, sondern es vielmehr schrittweise an die neuen Eindrücke zu gewöhnen.

Viele Mütter tragen ihr Kind bald nach der Geburt überallhin – selbst zu Einladungen, Konzerten oder gar in Diskotheken! Die vielen Reize überfordern einen Säugling völlig und können sich katastrophal auf sein Nervensystem auswirken.

230

Wenn du es nicht vermeiden kannst, mit deinem Kind hinauszugehen, dann schütze es, so sehr du kannst, vor zu viel Kontakt mit der Außenwelt. Ganz schlecht ist es, ein Kind im Tragetuch mit dem Rücken zur Mutter und dem Gesicht zur Außenwelt zu tragen, denn dann ist es schutzlos der Außenwelt ausgeliefert, und die unendlich vielen Eindrücke werden ihm schaden.

Genauso wichtig ist es, dass du dein Kind nicht zu früh sitzend trägst, denn das überfordert seinen Rücken. Die waagerechte Haltung ist in den ersten Monaten bei weitem besser (vgl. Evelin Kirkilionis, *Ein Baby will getragen sein*, S. 118 u. 120). Trage deshalb dein Kind eng an deinem Körper und ermögliche ihm so viel Hautkontakt wie irgend möglich.

Lies dazu auch das wunderbare Buch von Jean Liedloff *Auf der Suche nach dem verlorenen Glück*, in dem deutlich beschrieben wird, wie segensreich das Tragen der Kinder am Körper ist.

Wenn die Autorin aber schreibt, Kinder, die man frei aufwachsen lässt, würden immer die Gefahr erkennen, dann stimmt dies für Kollektivgefahren, wie man sie im Urwald findet und die eindeutig erkennbar sind, wie zum Beispiel einen reißenden Strom. Für die unendlich vielen Gefahren der modernen Welt und der heutigen Haushalte können Kinder ihre Antennen nicht so präzise ausrichten, wie es nötig wäre, weswegen sie bei weitem nicht so geschützt sind wie die Urwaldkinder.

In *Sai Baba spricht über die Welt und Gott* steht eine Geschichte mit dem Titel *Zwei Frauen oder Kinder brauchen Liebe* (S. 126 ff.). Darin beschreibe ich nicht nur, wie wichtig Körperkontakt ist, und ebenfalls, dass Kinder nicht herzlos nach Zeitplan gestillt werden dürfen. Ich sage außerdem, dass es **besonders schlimm ist, wenn man Kinder einfach schreien lässt**, wie dies heute noch einige unwissende Ärzte, Hebammen beziehungsweise Heilpraktiker leider immer wieder empfehlen! **Tu dies niemals, du wirst es eines Tages mit absoluter Sicherheit bereuen, denn dein Kind wird bleibende Schäden davontragen.**

## Wolle, Seide, Baumwolle

Ebenso wie der liebevolle Umgang mit den Bedürfnissen der Kinder nach Nähe, Nahrung und Trost von kaum zu überschätzender Bedeutung ist, muss auch die Bekleidung des Babys sorgsam ausgewählt werden. Der kleine Körper kann nämlich Temperaturschwankungen mangels Masse nur schwer ausgleichen, und weil die Körperoberfläche von Babys im Verhältnis zu ihrem Inneren zu groß ist, kühlen sie schnell aus (a.a.O., S. 128).

Bedenke auch, dass der Kopf des Säuglings 18% seiner Körperoberfläche beträgt – beim Erwachsenen sind es nur 9%! Achte deshalb auf Kopfbedeckung, denn Kinder kühlen sehr schnell über den Kopf aus.

Gleichmäßige Wärme empfindet das Baby als Schutz und Geborgenheit, denn es kennt sie aus seiner vorgeburtlichen Zeit.

Ideal für Kleidung sind deshalb Wolle, Seide oder das besonders gute Wolle-Seide-Gemisch. Sollte es sehr heiß sein, können Kleinkinder auch ein Baumwolle-Seide-Gemisch tragen. Dies ist kühl, verhindert aber trotzdem das Auskühlen des Babys.

Stoffe rein aus Baumwolle kühlen dagegen den Körper aus. Kein Wunder, dass heutzutage, wo „Cool-Sein" so „in" ist, Baumwolle so viel getragen wird. Das Problem besteht aber darin, dass ein Körper, der immer wieder auskühlt, sich auf Dauer verspannt. Bei Babys – aber auch bei Erwachsenen –

kannst du das gut beobachten. Wird ihnen kalt, werden sie unbeweglicher und Blockaden entstehen.

Ähnlich wie mit der äußeren Kälte verhält es sich mit der inneren. Bekommen Kinder zu wenig Körperkontakt, werden sie *innerlich* starr. Fühlt sich ein Kind einsam, weint es. Bekommt es trotzdem keinen Kontakt, weil die Mutter starr ist und es nicht an sich drückt beziehungsweise gar nicht kommt, dann erstarrt das Kind. Der Weg zu seelischer und damit körperlicher Krankheit ist damit bereitet (*Sai Baba spricht über die Welt und Gott*, S. 128).

Gottfried Keller schrieb den Roman *Kleider machen Leute*. Sein Titel ist auf vielen Ebenen gültig: Einmal begegnen dir Menschen ganz anders, je nachdem, ob du im dunklen Anzug oder in Hemd und Pullover oder gar in abgerissenen Jeans auftrittst. Sodann drückt die Kleidung, die du trägst, ebenso wie die Farben und deine Körperhaltung deutlich aus, in welcher seelischen Verfassung du dich befindest.

„Kleider machen" aber auch insofern „Leute", als das, was dir deine Mutter anzieht, nicht unwesentlich deine körperliche Entwicklung, die Flexibilität deines Körpers und deinen Gesundheitszustand im Allgemeinen beeinflusst.

# Ernährung

Genauso wichtig ist natürlich die Ernährung! (Wie gut das Wörtchen *natürlich* hierher passt!) Die meisten Menschen ernähren sich schlecht – und unnatürlich! Sie essen zu viele Fette und zu viel Eiweiß. Außerdem essen sie insgesamt zu viel.

Wie du isst und was du isst, macht auch deutlich, auf welchem seelischen Entwicklungsstand du dich befindest und welche psychischen Probleme du hast.

Wer nicht lange genug gestillt wurde, kann Probleme haben, langsam, das Richtige und im rechten Maß zu essen. Was ist aber „lange genug gestillt"? Wir kommen hier wieder zum Hauptthema dieses Buches: Es geht nicht um einige gute Erziehungstipps, sondern um die Grundeinstellung. Denn was hilft es einem Kind, wenn die Mutter es eineinhalb Jahre stillt, es aber auf vielen verschiedenen Ebenen vernachlässigt?

Lässt eine Mutter ihr Kind schreien, wird deutlich, dass sie selbst nicht an ihrem eigenen Verlassenheits- beziehungsweise ihrem Verratsthema gearbeitet hat. Im Falle, dass sie nicht genügend Milch hat – auf Grund innerlicher Blockaden oder gesundheitlicher Aspekte –, muss sie zwangsläufig auf die Flasche zurückgreifen, denn sie kann ihr Kind nicht deshalb verhungern lassen, nur weil es unbedingt gestillt werden sollte. **So sind starre Regeln Gift für jede Erziehung – wie es eine zu große Flexibilität gleichermaßen sein kann!**

Mütter entscheiden, sofern sie nicht zu große ungelöste Probleme aus ihrer Kindheit haben, sehr genau und sehr stimmig, wann sie mit dem Stillen aufhören sollten. Und liebevoll behandelte Kinder signalisieren auch, wann es für sie genug ist. Außerdem können sie gut annehmen, wenn die Mutter zum Beispiel aus Kräftegründen aufhören will. Es geht eben um den guten Mutter-Kind-Kontakt. Ist er vorhanden, kann unendlich viel Gutes entstehen. Fehlt er, kann alles schief gehen.

Ist eine Mutter aus irgendeinem Grund nicht in der Lage zu stillen, so kann sie das Füttern mit der Flasche, das erst einmal nicht so ideal ist, um einiges verbessern. Sie kann sich zum Beispiel darum bemühen, dass die Öffnung im Schnuller nicht zu groß ist, wodurch der Saugreflex ihres Babys befriedigt wird. Sie kann ihrem Kind während des Trinkens viel Körper- oder gar Hautkontakt geben, sodass ihr Kind den Körperkontakt beim Trinken der Flasche bekommt, den es auch beim Stillen erhalten hätte.

Von großer Bedeutung – wie bei allem! – ist die Konzentration, mit der die Mutter dem Kind die Flasche gibt. Sie sollte in dieser Zeit hundertprozentig für ihr Kind da sein und sich von nichts und niemandem ablenken oder gar stören lassen. Eine hervorragende Ergänzung zur Babymilch – oder später Kuhmilch – ist Stutenmilch, denn sie stärkt in wunderbarer Weise das Immunsystem.

**Auf keinen Fall dürfen Kinder gezuckerte Getränke bekommen**, denn sie zerstören sowohl die Zähne als auch das Immunsystem.

Vorsicht auch bei Fertignahrung, denn häufig geht die Haltbarkeit und Sterilität auf Kosten der Vitalstoffe.

Ebenso wichtig ist, dass eine Mutter nicht versucht, ihrem Kind das Trinken aus der Flasche frühzeitig abzugewöhnen. Gerade wenn es nicht gestillt wurde, hat es möglicherweise einen Nachholbedarf.

Manche törichten Berater meinen, wenn ein Kind zu lange aus der Flasche trinkt, werde es als Erwachsener zum Trinker. Welch abwegige Behauptung! Wenn überhaupt, gilt genau das Gegenteil: Wird dem Kind die Flasche zu früh entzogen, entsteht möglicherweise eine „orale Wunde", die ein Leben lang gestillt sein will. Eben diese „orale Wunde" ist zum Beispiel eine Ursache für Alkoholismus!

Lass deinem Kind deshalb **seine Zeit** – in den meisten Fällen wissen Kinder viel besser als Erwachsene, was sie brauchen!

**Was du nicht essen solltest**

Zu dem was du nicht essen solltest, weil es dir auf Dauer schadet, gehören: Der oben bereits erwähnte Zucker, da er dich sehr schwächt, ebenso wie das weiße Mehl, da es dich nur satt macht, dir aber die lebenswichtigen Vitalstoffe nicht liefert (vgl. auch das wunderbare Buch von Max Otto Bruker

*Unsere Nahrung – unser Schicksal*, das du unbedingt lesen solltest).

Zum **Zucker** schreibt Dr. Bruker (S. 249 f.): *„Der Fabrikzucker ist also neben anderen industriell veränderten Nahrungsmitteln nicht nur an der Entstehung der ernährungsbedingten Schäden maßgeblich mitbeteiligt, sondern er ist auch in hohem Maße für die Unheilbarkeit der einmal entstandenen Krankheit verantwortlich, indem er die Durchführung gerade derjenigen Kostform unmöglich macht, die zur hilfreichen Behandlung unbedingt nötig wäre. So führt der Fabrikzucker zu der Entwicklung eines unheilbaren Teufelskreises, aus dem der einmal Erkrankte nicht wieder herauskommt."*

**Weißmehl** seinerseits hat nicht nur **keinen Nährwert**, sondern bringt uns um die Möglichkeit, über das **Vollkorn** ausreichend mit Vitalstoffen und Vitamin B versorgt zu werden. Weißmehl ist damit einer der großen Krankmacher.

Dr. Bruker bringt es auf den Punkt, wenn er schreibt (S. 173 f.): *„Ratten, die nur mit Weißmehl gefüttert werden, sterben nach wenigen Wochen, während sie bei Vollkornmehl gesund bleiben. Einen besseren Test und Beweis für die biologische Minderwertigkeit der Auszugsmehle gibt es nicht."*

**Raffiniertes Salz**, sprich: Natriumchlorid, solltest du unbedingt meiden. Wird natürliches Salz „chemisch gereinigt" und damit zu dem handelsüblichen Kochsalz, so wird es „auf die Verbindung Natriumchlorid reduziert". Damit wird „aus weißem Gold", aus dem natürlichen Salz, „weißes Gift" (Dr. med. Barbara Hendel & Peter Ferreira, *Wasser & Salz*, S. 93), nämlich Natriumchlorid.

Sobald das Kind feste Nahrung zu sich nehmen kann, erhebt sich außerdem die Frage nach Fisch und Fleisch.

Ich sage: Kein Fleisch. Vorsicht beim Fisch!

Fleisch solltest du nur in Notfällen, wirklich nur als Medizin essen. Das darfst du, denn das höher entwickelte Wesen muss sich auf Kosten des nieder entwickelten erhalten. Verschreibt dir ein Arzt zur Genesung zum Beispiel, Fleisch zu essen, und du tust dies nicht, weil du Vegetarier bist, und stirbst, so hast du dir Schuld aufgeladen. Isst du das Fleisch aber nicht und findest eine andere Lösung zu genesen, dann umso besser.

**Fisch** ist ebenfalls ein Tier und sollte deshalb nicht gegessen werden. Zudem sind die meisten Gewässer durch die Brutalität und Kaltschnäuzigkeit des *Kali-Yuga*-Menschen zum Teil in einem gefährlichen Maße verunreinigt. Fische, die die Gewässer rein halten sollten – man bedenke, dass die alten Römer immer Forellen in ihren Wasserzisternen hatten, um sie sauber zu halten! –, sind von den sich darin befindenden Chemikalien völlig verseucht.

Genauso ist es bei den angeblich so gesunden Zuchtlachsen. Sieh dir an, wie sie aufgezogen werden! Auf engstem Raum vegetieren Tausende von ihnen vor sich hin und werden mit einem „Kraftfutter" ernährt, das dich alarmieren sollte, denn es sind unzählige chemische Stoffe darin, die dir und besonders deinem Kind sehr schaden können. Für ein Kilo Lachs müssen fünf bis sechs Kilo anderer, billigerer Fischsorten verarbeitet werden. Kannst du dir vorstellen, wie viele Spuren an Schwermetallen, Pestiziden und sonstigen höchst gefährlichen Stoffen du mitgeliefert bekommst?

Lachs ist ebenso wie andere Fische nicht ungefährlich, denn er ist zum Teil voller Parasiten, da er durch die schlechten Umweltbedingungen in seiner Lebenskraft sehr geschwächt ist.

Ist es zudem richtig und gut für die Menschen, die Tiere und die Pflanzen, dass heutzutage die Meere mit Riesennetzen regelrecht leer gefischt werden?

Und das **Fleisch**? Findest du es gerecht, dass zum Beispiel eine Kuh, die durch ihre Milch das Leben deines Kindes erhält, als Dank dafür geschlachtet wird? Oder geschächtet? Was tust du dagegen? Regst du dich über eine Steuererhöhung vielleicht mehr auf als über das, was Rindern, Schweinen, Schafen, Ziegen, Gänsen, Truthähnen, Enten, Hühnern angetan wird? Weißt du, dass allein in Deutschland täglich 100.000 Tiere geschlachtet werden?

Und wie findest du es, dass die bereits schwer belasteten Innereien der Lachse anschließend zu Viehfutter verarbeitet werden?

Wie kannst du nur so naiv sein zu glauben, dass Menschen, die in der Lage sind, Tiere so brutal zu behandeln, mit dir besser umgehen würden? Alarmiert es dich nicht, was alles immer wieder über Betrügereien und Verbrechen in Zusammenhang mit der „Gewinnung von Fleisch" (welch euphemistische, welch beschönigende Beschreibung für das Töten von Lebewesen!) ans Tageslicht kommt? Aber ich sage dir: Es berührt dich nicht, weil die Tiere dich nicht berühren, ebenso wenig wie dich dein halb totes inneres Kind berührt. Wie schade, denn Herzlichkeit, Mitgefühl und Dankbarkeit sind doch die edelsten Gefühle des Menschen.

Wenn du aber schon kein Herz für die Tiere hast, so hab doch wenigstens eins für deinen Körper – durch den du so viel mit den Tieren gemeinsam hast. Denn wer Fleisch isst, noch dazu so schlechtes, der wird früher oder später tierische Krankheiten bekommen. Besonders im Alter.

Ich sage es wieder und wieder: Gicht, Krebs, Schlaganfall, Herzinfarkt, Parkinson und das Creutzfeld-Jakob-Syndrom haben ihre Wurzeln im Essen von Fleisch (vgl. auch Ronald Zürrer und Armin Risi, *Vegetarisch leben*, S. 6).

Es ist klar erwiesen, dass Menschen, die kein Fleisch essen, gesünder und länger leben als die Fleisch essenden (ebenda,

S. 5). Dies wird aber nicht publik gemacht, weil zu viele wirtschaftliche Interessen daran gekoppelt sind.

Setze dein Kind deshalb all diesen schrecklichen Energien nicht aus. Hast du immer noch Fragen, dann geh in ein Schlachthaus und sieh dir an, welche Energien du beim Essen von Fleisch auf deinen Teller bekommst. Und entscheide dann. Für dich und deine Kinder!

### Was du essen und trinken solltest

**Natürliches Salz**, denn es „ist lebensnotwendig, um vitale Funktionen aufrechtzuerhalten" (Dr. med. Barbara Hendel & Peter Ferreira, *Wasser & Salz*, S. 99).

**Belebtes Wasser**. Und wie erhältst du belebtes Wasser? Barbara Hendel und Peter Ferreira schreiben dazu: „*Eine natürliche, sehr effektive und zudem günstige Methode der Wasserbelebung ist die Verwendung von Quarzkristallen in Verbindung mit Ihrem Trinkwasser. Nehmen sie eine Hand voll roher oder geschliffener Quarzkristalle, beispielsweise Bergkristall, Rosenquarz oder Amethyst, und legen Sie die Kristalle in eine Glaskaraffe. Füllen Sie die Karaffe am Abend mit so viel Leitungswasser auf, wie Sie am nächsten Tag trinken wollen.*" (*Wasser & Salz*, S. 78).

**Getreide** ist das Wichtigste, was du dir und deinen Kindern geben kannst. Im Getreide, und hier besonders im ölhaltigen Keim, befindet sich die große Menge, die du an Vitamin B benötigst, um gesund zu sein. Es ist deshalb unbedingt notwendig, um gesund zu bleiben, dass **du Vollkornbrot und ungeschältes Getreide isst**. Du musst, um ein Leben lang gesund zu sein, **täglich Vollkorngetreide** zu dir nehmen, wie beispielsweise Dinkel, Kamut, Roggen, Hafer, Gerste, Amarant, Buchweizen. Dinkel und Kamut sind Urformen des Weizens und deshalb oftmals besser verträglich.

Am besten mahlst du das Getreide frisch und gibst schöne Zutaten dazu, wie Dr. Bruker sie in dem genannten Buch *Unsere Nahrung – unser Schicksal* (S. 196-197) beschreibt: *„Zur Verhütung ernährungsbedingter Zivilisationskrankheiten ist der tägliche Genuss von Frischgetreide in Breiform die unentbehrliche Grundlage. Getreide in Form von Vollkornbrot allein genügt nicht. Der Frischkornbrei ist das Zentralstück jeder biologisch vollwertigen Kost."*

Er fährt fort: *„Intuitiv hat **Bircher-Brenner** dies zu einer Zeit erkannt, in der die wissenschaftliche Ernährungsforschung von der Existenz notwendiger Vitalstoffe noch keine Ahnung hatte. Er empfahl schon vor 70 Jahren das Müsli, das heute als Bircher-Müsli weltbekannt ist. Es bestand ursprünglich aus 12 Stunden eingeweichten Haferflocken, 200 g geriebenen Äpfeln, 1 Essl. Zitronensaft, 1 Essl. Kondensmilch, 1 Essl. geriebenen Mandeln oder Haselnüssen. Da es sich bei den Haferflocken zwar um ein Vollgetreideprodukt handelt, das aber nicht mehr lebendig ist, empfehlen wir, heute **Getreide zu verwenden, das erst unmittelbar vor der Zubereitung geschrotet wird** (Hervorhebung durch mich). Auf diese Weise soll die Garantie gegeben sein, dass auch solche empfindlichen Vitalstoffe, die heute noch unbekannt sind, enthalten sind. Aus demselben Grunde ist es auch ratsam, die Kondensmilch im Original-Bircher-Müsli durch süße Sahne – flüssig oder geschlagen – zu ersetzen.*

*Um möglichst viel Abwechslung in die Zubereitung der Frischkorngerichte zu bringen, wird auch eine Art empfohlen, (...) in der die Körner zum Keimen gebracht werden"*, nach Dr. Evers (S. 329): *„3 Esslöffel Roggen oder Weizen (keine Mischung) werden über Nacht (etwa 12 Stunden) mit ungekochtem, kaltem Wasser eingeweicht. Am Morgen werden die Körner in einem Sieb mit frischem Wasser gespült. Tagsüber bleiben sie*

240

*trocken stehen. In der zweiten Nacht werden sie wieder mit Wasser übergossen, am nächsten Morgen wieder gespült. Dieser Vorgang wird so lange fortgesetzt (im Durchschnitt 3 Tage), bis die Körner keimen und die Keimlinge ca. 1/3 cm lang sind. In der Keimzeit sollen die Körner möglichst bei Zimmertemperatur stehen (d.h. nicht zu kalt und nicht zu warm). Diese gekeimten Körner können mit Zutaten versehen werden, wie beim Frischkornbrei angegeben. Sie sind gründlich zu kauen."*

Zum Schluss dieses Kapitels über Ernährung zitiere ich noch einen Bericht aus diesem so wichtigen Buch von Dr. Bruker (S. 210-214, *kursiv* und Hervorhebungen durch mich.):

### „Das Vorbild Dänemarks im 1. Weltkrieg

*Welch verheerende Auswirkungen die falsche Vorstellung von der Minderwertigkeit des pflanzlichen Eiweißes in dem Leben der Völker haben kann, zeigte das bekannte Beispiel von der Blockade Deutschlands im Ersten Weltkrieg. Demgegenüber bewahrte der dänische Arzt **Hindhede** sein Volk vor Hungersnot, obwohl ihm prozentual weniger Lebensmittel zu Verfügung standen als dem deutschen Volk. Er hatte 5 Dinge erkannt: 1., dass die Theorie von der Minderwertigkeit des pflanzlichen Eiweißes falsch war, 2., dass bei Fütterung der Tiere mit Kleie hochwertige Stoffe für den Menschen verloren gehen, 3., dass **der Mensch von einem Drittel des üblicherweise verzehrten Eiweißes mit Vorteil leben kann**, 4., dass die Ernährung des Menschen über den Umweg des Tieres einen erheblichen Nährwertverlust bedeutet, und 5., dass die Kleie nicht, wie bisher gelehrt, unverdaulich ist, sondern dass die hochwertigen Stoffe der Kleie vom Menschen genauso gut verwertet werden wie vom Schwein. Hindhede ordnete daher das Schlachten von vier Fünftel des Schweinbestandes an und ließ ihr Futter aus Kleie, Kartoffelschalen und Getreideresten* *für den Menschen verwenden. Auch der Bestand an Kühen wurde um ein Drittel verringert. So standen 800 000 Tonnen Vollgetreide vorwiegend für die Ernährung des Menschen zur Verfügung, die sonst zum größten Teil für die Verfütterung verwendet worden wären.*

*Bekanntlich waren die Maßnahmen Hindhedes ein voller Erfolg; es gelang dadurch, das dänische Volk vor einer Hungerkatastrophe zu bewahren, während die Menschen im benachbarten Deutschland, das während des ganzen Krieges über mehr Nahrung pro Kopf verfügte, Hungersnot litt. Hindhede sagte wörtlich: ,Dass wir in Dänemark 1917 Deutschland hungern sahen, obwohl ihm im Verhältnis zu unserer Bevölkerungszahl 70% mehr Roggen und 130% mehr Kartoffeln für die Ernährung seines Volkes zur Verfügung standen, war eine Tatsache, die uns unsere schwierige Lage infolge der Einfuhrsperre durch die Verbündeten noch deutlicher vor Augen hielt. Was uns rettete, war, dass wir in Dänemark den verhängnisvollen Irrtum erkannt hatten, den Deutschland beging, als es versuchte, seinen Viehbestand zu erhalten, und dabei den weiteren Umstand unberücksichtigt ließ, dass bei der Tierfütterung mit einer für den Menschen tauglichen Kost nicht weniger als 80% dieser Lebensmittel für die Volksernährung verloren gehen.'"*

Dr. Bruker fährt fort (S. 212 f.): *„Prof. Wiegener von der eidgenössischen technischen Hochschule in Zürich kam 1915 auf Grund eigener Versuche zu den gleichen Schlussfolgerungen wie Hindhede: ,Da der Mensch in der Lage ist, Kleie ebenso gut zu verdauen wie die Schweine und Wiederkäuer,* **bedeutet die Fütterung der Tiere mit Kleie für die Menschen einen Verlust von fast neun Zehnteln des Nährstoffes im Getreide.'.**

*Trotz dieser schon mehr als 80 Jahre zurückliegenden Erfahrung hat sich in der praktischen Handhabung in der Volks-*

*ernährung nichts geändert. **Nach wie vor wird die Kleie den Menschen vorenthalten und zur Tierfütterung benützt und noch obendrein durch den Verlust unersetzlicher Vitalstoffe die Gesundheit der Völker zerstört."***

Und weiter sagt Dr. Bruker: *„**Dasselbe, was vom Ernährungsumweg über das Schwein gesagt ist, gilt in ähnlicher Weise auch für andere tierische Produkte. In einer Sonderschrift der dänischen Regierung im Herbst 1917 wird erklärt, dass der Verlust an Nahrungsstoffen für die Volksernährung durch die Schweinezucht 81,3%, durch Milchwirtschaft 81,6% und mit der Fleisch- und Fettbeschaffung durch Schlachttiere 94,7% betrage. Das bedeutet, dass auch die Milchwirtschaft nur 18,4% und die Fleisch- und Fettwirtschaft nur 5,1% der Nährwerte zurückgeben, die für sie aufgewendet worden sind. Hindhede zog daraus den Schluss, dass bei Berücksichtigung dieser Tatsachen Dänemark seine Bevölkerung 5,8-mal vergrößern oder von 3 Millionen auf 17 Millionen steigern könnte".***

Und zum Schluss sagt Dr. Bruker: *„Im Hinblick auf die Versorgung der Erdbevölkerung mit Nahrung wäre aus diesen Erkenntnissen der Schluss zu ziehen, **dass die Menschen dieser Erde zu einer vegetarischen Ernährung zurückkehren müssten."***

An dieser Stelle frage ich: Warum kehren die Eltern, die Lehrer, die Politiker nicht zur vegetarischen Ernährung zurück? Warum tun die Regierungen nichts? **Warum werden die steigenden Kosten für die Krankenkassen ständig beklagt, aber die Bevölkerung nicht über eine gesunde Ernährung aufgeklärt? Warum wird dies nicht in den Schulen gelehrt?** Warum wird die Fleisch-, Fisch-, Weißmehl- und Zuckerindustrie gefördert – auf Kosten der Gesundheit der Völker? Warum müssen Milliarden Menschen darben beziehungsweise Hungers sterben, damit andere ihr Vieh mästen und anschließend schlachten, essen und damit ihre Gesundheit ruinieren können?

**Die Veränderung der Welt beginnt mit dir, das heißt mit der Veränderung deiner Ernährung.**

**Denk nicht lange darüber nach, sondern tu es noch heute – zu deinem Wohl und dem aller anderen.**

## Mäkeln

Früher hieß es: „Was auf den Tisch kommt, wird gegessen!", dabei wurde zum Teil in der schlimmsten Art und Weise über die Bedürfnisse der Kinder hinweggegangen. Kinder haben nämlich ein sehr genaues Gespür dafür, was für sie gut ist und was nicht. Wann sie das eine brauchen und wann etwas anderes. Dieses natürliche Wissen um das, was sie brauchen, dürfen Eltern auf keinen Fall beeinträchtigen geschweige denn zerstören (vgl. auch Alexander S. Neill, *Theorie und Praxis der antiautoritären Erziehung*, wie freilassend er mit den Essgewohnheiten seiner Tochter umging und wie gut es ihr tat!). Denn die Folgen sind hastiges Essen, schlechtes Kauen und Verdauen, Magen-Darm-Probleme, Fettleibigkeit, falsche Essgewohnheiten, die bis zu Süchten beziehungsweise Krankheiten aller Art führen können.

Achte deshalb unbedingt auf das Sättigungsgefühl und die Ablehnung mancher Speisen, denn dein Kind weiß häufig besser, was es braucht, als du. Wie viele arme Kinder wurden gezwungen, Fleisch beziehungsweise Innereien zu essen, Spinat wegen des vielen Eisens, das er nicht hat (!), Lebertranöl und vieles Schreckliche mehr.

Lass dein Kind, es verhungert mit Sicherheit nicht. Deinem Kind irgendeinen Brei in den Mund zu stopfen, ihm gar die

Nase zuzuhalten, damit es den Mund aufmacht, es sitzen zu lassen, bis es aufgegessen hat, sind Formen der Vergewaltigung, die deine mangelnde Liebe, deine Ignoranz und elterliche Unfähigkeit dokumentieren. Tu dies deshalb nie, denn es ist schwarze Pädagogik.

Viele Eltern leben heute aber ein anderes Extrem: Ihre Kinder dürfen nicht nur alles bestimmen, sondern auch alles ablehnen. Gemüse schmeckt ihnen nicht, Obst mögen sie nicht, Tofu lehnen sie ab, Reis ist ihnen zu fade. Am liebsten essen sie nur Nudeln und Süßigkeiten! (Vgl. dazu weiter oben den Abschnitt über Ernährung).

Dies stellt aber kein Zeichen einer freien Erziehung dar, sondern eine Erziehung ohne Grenzen, wo die Kinder zu Haustyrannen erzogen werden – häufig von einer Mutter, die selber große Probleme mit dem Essen beziehungsweise mit ihrem Gewicht hat oder die über das Essen ihre Liebe beweisen will.

Es ist richtig, dass ein Kind nicht essen muss, was es nicht mag. Wenn es aber alles nicht mag, was gesund ist, so weist dies darauf hin, dass dieses Kind ein Problem mit seiner Mutter hat. Denn für das Kind wird die Mutter durch nichts mehr symbolisiert als durch das Essen: Die Mutter ernährt es vor der Geburt und danach durch das Stillen, durch die Fläschchen, die sie reicht, und das Essen, das sie bereitet.

Kinder haben ein Recht zu sagen, was sie nicht mögen. Jeder hat das. Kinder haben aber – ebenso wie Erwachsene! – kein Recht zu mäkeln.

Mäkeln ist Nichtachtung des Essens und derjenigen, die es zubereitet haben.

**Wie denken Mütter über sich, dass sie sich dies gefallen lassen? Welches Vorbild geben sie dem Kind?**

Und bedenke noch etwas: Du beziehungsweise dein Kind, ihr könnt euch das Mäkeln nur leisten, weil ihr mit so viel Wohlstand gesegnet seid, dass ihr wählen könnt.

Lebtet ihr in einem armen Land oder in einer Zeit, in der Hunger herrscht, könntet ihr euch euer Mäkeln niemals leisten. Denn dann würde durch den Hunger alles äußerst köstlich schmecken.

Würdige deshalb das Essen, würdige diejenigen, die es zubereitet haben – und mäkle nie!

## Trockenwerden

Viele Eltern machen sich andererseits das Leben dadurch sinnlos schwer, dass sie zu streng beziehungsweise zu unflexibel sind.

Warum darf zum Beispiel ein Kind mit sieben Jahren nicht mehr aus der Flasche trinken? Wieso muss es mit zwei oder gar anderthalb trocken sein? Warum?

Manche Eltern sind so fehlgeleitet, dass sie ihre Kinder streng maßregeln oder gar schlagen, wenn sie als Zwei- oder Dreijährige noch in die Windeln machen. Warum? Warum sollen Kinder so früh trocken sein? Warum überlässt du es nicht den Kindern und damit der Natur? Und sehr viel sinnvoller als eine „Klingelmatratze" (Cordula Neuhaus *Das hyperaktive Kind,* S. 24), die laut tönt, wenn sie nass wird, finde ich das Herausfinden der Ursachen, **warum** ein Kind bettnässt. Hat es möglicherweise ein ADS (Aufmerksamkeits-Defizit-Syndrom)? Wird es in der Familie zu wenig beachtet? Wurde es von einem Geschwisterkind entthront?

**Gehe diesen Fragen nach, anstatt Druck auf dein Kind auszuüben.**

Bedenke: Wie viele Menschen haben im Erwachsenenalter die größten Blasen- beziehungsweise Darmprobleme, nur weil sie zu früh trocken sein **mussten.**

Lass dein Kind! Lass ihm **seine** Zeit. Erzwinge nichts. Wie sagte ein Dreijähriger so weise? „Zwingen kann jeder!" – lieben aber nicht, ergänze ich. Zwingen ist keine Leistung. Lieben dagegen sehr wohl. Zum Lieben gehört das Verstehen und zum Verstehen gehört es, dass man dem anderen **seine** Zeit lässt. Liebe, Verstehen und Seine-Zeit-Lassen sind die besten Verhaltensweisen, um den Kindern innere Ruhe zu geben. Neben dem Glück und dem Selbstwert das größte Geschenk, das Eltern ihren Kindern mitgeben können. Und wie leicht ist dies zu erlangen: Durch etwas Loslassen!

Denk immer daran: **Zwingen kann jeder. Innere Ruhe, Glück und Selbstwert vermitteln dagegen nicht.**

Gehöre du zu den Eltern, die Vertrauen in ihr Kind haben, die der Meinung sind, dass alles **seine** Zeit braucht und dass man nichts erzwingen sollte – kein Achtzehnjähriger will noch eine Windel beziehungsweise eine Nuckelflasche!!

Durch dieses gelassene Abwarten machst du deinem Kind ein weiteres Geschenk: Es lernt durch deine Geduld, wie wichtig es ist, abzuwarten und die Zeit des anderen zu respektieren.

Achte auf die Bedürfnisse deiner Kinder, und du lehrst sie damit Respekt, Vorsicht und außerdem auch noch **das Salz des Lebens**! Was ist das? **Geduld**! Geduldige Menschen können unendlich viel erreichen. Wenn sie außerdem noch Selbstwert und damit Achtung sich und anderen gegenüber haben, sind der Erfolg, das Glück und die Gesundheit auf ihrer Seite.

Und all dies entsteht, wenn du deinen Kindern mit Geduld, Achtung und Vertrauen begegnest.

Lohnt sich das nicht?

# Durchschlafen

Damit kommen wir zu einem weiteren Thema, bei dem sich erweist, mit wie viel Liebe du für dein Kind da bist. Das Durchschlafen ihres Kindes ist für viele Eltern ein großes Thema, das durch den Verzehr von Fleisch zusätzliche Gewichtung erlangen kann. Mit dem Fleisch gelangen viele Gefühle der Tiere in deinen und, wenn du stillst, in den Körper deines Kindes. Die Panik der Tiere, die sie während der Schlachtung haben, überträgt sich über den Verzehr ihres Fleisches auf dich.

Schlafprobleme kennen aber auch Kinder von Vegetariern. Manche Kinder kommen so verletzt aus einem früheren Leben, dass sie sich sehr schwer damit tun, wieder auf Erden zu sein. Liebe ist deshalb die beste Heilung. **Das Schlimmste ist, wie ich immer wieder betone, Babys schreien zu lassen. Gerade die Methode, sie täglich länger schreien zu lassen, ist herzlos und brutal.**

Wie vielen Kindern wurde damit nicht nur der Wille, sondern der Lebensnerv gebrochen. **Und was hilft all dies, wenn dein Kind an Hyperaktivität leidet?** (Vgl. weiter oben zu ADS.)

Denke daran: **Deine Aufgabe ist es, die Lebensfreude und den Selbstwert deines Kindes zu erhalten und zu fördern.** Mit diesen Schreckenspraktiken zerstörst du sowohl das eine wie das andere.

Die durchwachten Nächte sind bisweilen entsetzlich. Und selbst für zwei Elternteile – umso mehr für einen allein Erziehenden! – zum Teil unerträglich.

Es ist ein Problem, dass es heute keine Großfamilie mehr gibt, die bei der Erziehung der Kinder unterstützend mitwirken kann.

Manche Eltern, die ein offenes Herz haben und deshalb unbedingt eine Lösung für ihr Kind suchen, stellen Personen für die Nacht an.

Es reicht zuweilen, wenn diese Person 2 bis 3 Tage die Woche für das Kind da ist, damit die Mutter ausschlafen kann. Zudem erlaubt zum Beispiel der Deutsche Staat diese Kosten steuerlich geltend zu machen. Lass dein Kind trotzdem auch von einem Experten untersuchen, ob es möglicherweise an einem Aufmerksamkeits-Defizit-Syndrom (ADS) leidet (vgl. auch das Kapitel dazu in diesem Buch), denn Schlafstörungen sind typische Anzeichen für Hyperaktivität – wobei nicht jedes Kind, das schlecht schläft, hyperaktiv ist!

## Osteopathie

Es gibt viele verschiedene Gründe, warum Kinder sich schwer tun durchzuschlafen. Außer dem zum Teil erheblichen **Elektrosmog, Wasseradern etc.** sind es nicht selten **osteopathische** Probleme. Die Geburt ist für viele Kinder ein unglaublicher Gewaltakt. Sie hinterlässt deshalb nicht selten, sowohl in der Psyche als auch im Körper, tief gehende Traumata.

Auf der körperlichen Ebene können die Auswirkungen einer schweren Geburt folgenreich sein. So kann sich die Geburt tief greifend auf die Stellung der Schädelknochen und der Wirbel auswirken. Hier kann eine gute osteopathische Behandlung Wunder wirken.

Sie muss aber von einer wirklichen Fachkraft durchgeführt werden. Ich sage dies deshalb, weil es sowohl bei den Osteopathen als auch bei Kraniosakraltherapeuten große Qualitätsunterschiede gibt.

Lass deshalb dein Kind von einer Fachkraft behandeln, von der du in Erfahrung gebracht hast, dass sie hervorragend ist.

Und ist nach 5 – 10 Sitzungen keine merkliche Besserung eingetreten, dann erkundige dich nach einer anderen.
Bete und du wirst die Hilfe finden, die du suchst.

## Allopathie, Homöopathie

Bei diesen Behandlungsarten handelt es sich um zwei sehr hilfreiche Methoden. (Wobei ich mich hier der Einfachheit halber auf diese beiden beschränke, obwohl es natürlich viele andere gibt, wie zum Beispiel die naturheilkundlichen Therapieverfahren, die den Menschen viel Gutes tun).
Viele Vertreter der einen oder anderen Form sind aber so mit sich und ihrer Kunst beschäftigt, dass sie ganz vergessen, was sie der anderen zu verdanken haben! Was steht weiter oben?
*„Glück (...) entsteht (...) allein durch Beziehungen mit Menschen, die du liebst und respektierst."* Warum respektieren sich so viele Homöopathen und Allopathen nicht? Sicherlich nicht zum Wohl der Patienten!
Für das Wohl ihrer Patienten setzen sich dagegen jene Ärzte ein, die sich sowohl mit Homöopathie als auch mit Allopathie beschäftigen. Sie haben damit zwei Möglichkeiten, aus denen sie das Beste für ihre Patienten auswählen – sofern sie sich **eingehend** mit beiden Fachgebieten auseinander setzen.

Denn Vorsicht: Nichts ist schlimmer als Einseitigkeit, Engstirnigkeit oder gar Fanatismus. Und wie sagte Hans Kasper so treffend? *„Mit Fanatikern zu diskutieren heißt mit einer gegnerischen Mannschaft Tauziehen spielen, die ihr Seilende um einen dicken Baum geschlungen hat."*
Mit anderen Worten: Man hat keine Chance, denn eine faire, hilfreiche Auseinandersetzung findet nicht statt.
Wie wird die Allopathie von den Homöopathen gewürdigt? Werten die Homöopathen deren Verdienst und setzen sich damit auseinander?

Und wo würdigen die Allopathen ihrerseits die Homöopathie und sehen, dass durch sie sowohl akute als auch chronische Krankheiten schnell und leicht geheilt werden können?

Man fange nur mit *Apis* bei der Behandlung mancher Insektenstiche an, gehe über zu *Urtica* bei einer schmerzhaften Reaktion zum Beispiel durch Brennnesseln bis hin zu *Arnica* bei vielen Verletzungen oder den vielen wunderbaren Mitteln für Kinder- beziehungsweise andere Krankheiten.

Eltern sollten sich **durch einen guten Homöopathen eine Notfallapotheke zusammenstellen lassen und lernen** beziehungsweise in Absprache mit ihm erfahren, welches Mittel, wann und in welcher Potenz sie einnehmen oder ihren Kindern verabreichen sollten.

**Sie sollten dies aber unbedingt in Absprache mit ihm tun, sonst kann schnell der Schaden größer als der Nutzen sein.**

Eine Hausapotheke ist aber auch dann von großem Nutzen, wenn der Homöopath die sofortige Einnahme eines Mittels spätabends beziehungsweise an einem Feiertag verordnet.

Wie viele Kinder müssten weniger leiden, wenn Ärzte und Homöopathen mehr kommunizierten, intensiver zusammenarbeiteten, voneinander lernten und die Eltern informierter wären.

Dies wird aber kommen, denn jegliches Berufs-Ego hat im Goldenen Zeitalter keinen Platz mehr.

## Antibiotika

Damit kommen wir zum Gebrauch beziehungsweise Missbrauch von Antibiotika. **Antibiotika sind ein Segen.**

Freud starb 1939 daran, dass seine Krankheit damals noch nicht antibiotisch behandelt werden konnte.

Häufig werden diese Mittel heute aber auch dann verschrieben, wenn sie nicht notwendig oder gar kontraindiziert sind.

Zudem können Antibiotika einen fatalen Kreislauf anstoßen. Da in vielen Fällen kein Neuaufbau der Darmflora durchgeführt wird, können sich nach der Einnahme von Antibiotika Pilze entwickeln, die die Lebenskraft schwächen. Werden diese bekämpft, können anschließend Viren entstehen und so fort. Es ergibt sich dadurch ein Teufelskreis, der die Gesundheit enorm schwächt.

Ich wiederhole: Antibiotika können Leben retten. Sie können aber auch, wenn sie unklug verwendet werden, die Lebensqualität sehr einschränken.

So **kann** zum Beispiel eine Blasenentzündung bei einem Mädchen beziehungsweise bei einer Frau bereits durch eine hohe Gabe von Vitamin C (wobei Nierensteine ausgeschlossen sein sollten), Wärme und viel Trinken verschwinden. Sie kann ebenfalls durch sehr gute Psychotherapie oder durch Homöopathie kuriert werden. Es kann aber auch sein, dass nur ein Antibiotikum Linderung verschafft.

Wie heute aber selbst die spezifischsten Antibiotika missbraucht und sogar an die armen Masttiere tonnenweise verfüttert werden, ist höchst gefährlich. Es werden den Tieren hochspezifische Antibiotika gegeben, wodurch resistente Erreger entstehen können beziehungsweise bereits entstehen und entstanden sind. Durch diese Menschen **und** Tiere verachtende Praxis wird den Medizinern die Möglichkeit genommen, Menschen zu behandeln, die von entsprechenden Erregern befallen sind.

Es ist **allerhöchste Zeit,** diese destruktive Entwicklung zu stoppen.

# Impfen

Beim Impfen wird deutlich, wie unterschiedlich der Ansatz verschiedener medizinisch tätiger Berufsgruppen ist.

Die einen sagen, das Impfen sei ein wahrer Segen für die Menschheit. Wie viele Krankheiten stellten dank der Impfungen keine Gefahr mehr für die Menschheit dar. Wie gering seien die Risiken und die Nebenwirkungen, wie groß dagegen die Vorteile, der Schutz und der gesundheitliche Gewinn.

Andere wenden ein, dass die Nebenwirkungen viel größer seien als angenommen. Viele spätere Krankheiten führen sie auf die Folgen von Impfungen zurück und lehnen deshalb das Impfen kategorisch ab.

Und nun? Was tun? Wer hat Recht?

Beide und keiner!

Warum sage ich das so? Weil es traurig und typisch für das *Kali Yuga* ist, dass Menschen mit verschiedenen Ansichten sich nicht friedlich auseinander setzen und dadurch zu mehr Klarheit und Wissen gelangen, sondern jeweils dem andern alles Mögliche unterstellen.

Wozu? Haben die Beteiligten noch das Wohl ihrer Patienten vor Augen?

Als Erstes: Impfungen helfen.

Zweitens sind sie eine große Hilfe für Menschen, die zum Beispiel aufgrund ihrer sozialen oder gesundheitlichen Situation ein hohes Risiko für bestimmte Erkrankungen haben oder dorthin reisen, wo die Wahrscheinlichkeit gesundheitlicher Gefahren hoch und die medizinische Versorgung dürftig ist.

Natürlich gibt es Impfschäden. Völlig richtig. Und es ist ein Verdienst der Homöopathie – wie vieles andere auch! –, dies aufgezeigt zu haben.

Deswegen sollten Ärzte sich damit auseinander und sich nicht einfach darüber hinwegsetzen. Denn durch die Impfungen gelangen nicht nur Fremdeiweiße, sondern auch Fremdstoffe wie zum Beispiel Quecksilber, Formaldehyd, Aluminium-hydroxid und andere Konservierungsstoffe, Spuren von Antibiotika usw. in den Körper. Da heutzutage sehr früh – sogar vor dem dritten Monat – geimpft wird, zudem viele verschiedene Impfungen gleichzeitig verabreicht werden, können einige Kinder diese Belastung ihres Immunsystems nicht verarbeiten. Die verschiedensten Krankheiten können die Folge sein. Anderen Kindern macht dies gar nichts. Aber eben nicht allen!

Mütter können in den meisten Fällen nicht genau spüren beziehungsweise entscheiden, ob eine Impfung für ihr Kind angesagt ist oder nicht. Es fehlen ihnen häufig die dazu notwendigen Informationen des Für und Wider. Zudem sind sie nicht selten von den Schreckensgeschichten über die Folgen der durch Impfung zu verhindernden Erkrankungen so beeinflusst – auch wenn diese „nur" mit einer Wahrscheinlichkeit von 1 : 1 Million auftreten –, dass ihnen ein klares Urteil sehr, sehr schwer fällt.
**Klare, objektive Information ist hier deshalb entscheidend!**

Es gibt aber auch die anderen Fälle, beispielsweise dass jemand durch eine schwere Hepatitis seine Leber verlor oder Dauerschäden davontrug beziehungsweise dass Menschen an Wundstarrkrampf starben und jede Hilfe zu spät kam, weil sie nicht geimpft waren.
Die Probleme hätten sich nur verschoben – sagen die Impfgegner, womit sie teilweise Recht haben. Warum gleichen die Homöopathen aber die Risiken der Impfungen nicht aus oder informieren ihre Patienten über eine hilfreiche Vor- oder Nach-

behandlung? Natürlich ist diese Vor- und Nachbehandlung vielfach nur in sehr eingeschränktem Maße möglich.
**Die Information ist deshalb umso wichtiger.**

Alles im Leben hat seinen Preis. Alles hat seine Vor- und Nachteile. Klug abwägen kann allein derjenige, der gut informiert ist. Wie will sich aber jemand informieren, der gar nicht weiß, dass es noch eine andere Seite außer der gibt, die er kennt?

Die Auseinandersetzungen zwischen den Anhängern und Gegnern der verschiedenen wissenschaftlichen und therapeutischen Ansätzen müssen so gestaltet werden, dass Anderem, Neuem offen begegnet wird.

Nur dann können sich Patienten ein umfassendes Bild machen, können sich bewusst mit den Vorteilen und den Risiken einer möglichen Impfung auseinander setzen und deshalb abwägen, welche Impfung sinnvoll und welche besonders gefährlich, welche in einer bestimmten Situation besonders hilfreich und welche tatsächlich überflüssig ist.

## Emla®-Pflaster

Ich habe eine ganz einfache Frage: Warum wird das Emla-Pflaster so wenig verwendet?

Viele Kinder, die panische Ängste vor Spritzen haben, werden immer wieder traktiert, anstatt dass man ihnen eine halbe Stunde vor einer Spritze an der Einstichstelle ein Emla-Pflaster aufklebt. Das Pflaster hat eine anästhetische, das heißt betäubende Funktion, weswegen der Einstich nicht mehr schmerzt. Manche Ärzte und Eltern verwenden es. Warum nicht alle anderen auch? Einige, weil es € 3,00 und etwas Zeit kostet! Was ist aber mit der Seele der Kinder? Ist sie nicht unbezahlbar?

Andere Ärzte begründen ihr Handeln damit, dass sie meinen, den Kindern würde es Selbstbewusstsein geben, wenn sie den Einstich ohne Betäubung ertragen. Meine Frage: **Würde es ihnen nicht noch viel mehr Selbstwert geben, wenn der Arzt sie so ernst nähme, dass er sie fragte, ob sie die Spritze mit oder ohne Betäubung haben wollten?**

Wie heißt es so schön? „*Wer viel fragt, bekommt viele Antworten!*" Ist es vielleicht dies, was diese eiligen Ärzte vermeiden wollen?

Es gibt viele hervorragende Ärzte, die mit viel Ethos und viel Bereitschaft Dienst am Nächsten leisten.

Deswegen sage ich: **Achte deine Mitmenschen, denn es ist *dein* Leben**! (Vgl. auch *Sai Baba spricht zum Westen*, 26. 9.)

Was heißt das? Alles, was du tust, ist mit deinem Leben verbunden. Tue Gutes, sei mitfühlend und liebevoll und dein Leben wird aufblühen.

Wie dichtete Johann Wolfgang von Goethe so wunderbar?

„*Willst du glücklich sein im Leben, trage bei zu andrer Glück; denn die Freude, die wir geben, kehrt ins eig'ne Herz zurück.*"

## Krankenhausaufenthalt

Langsam tut sich etwas in vielen Krankenhäusern, denn vor nicht allzu langer Zeit trennten die Ärzte noch erbarmungslos die Kinder von ihren Eltern – **mit entsprechend katastrophalen Folgen, denn es wurden häufig die Lebensfreude, die Beziehungsfähigkeit und der Selbstwert der Kinder gestört, wenn nicht gar zerstört**!

Jeder aufmerksame Therapeut stellt fest, dass unzählige Menschen, die Beziehungsprobleme haben, als Kinder in ein Krankenhaus gegeben und dort allein gelassen wurden (vgl. die Werke von John Bowlby).

Wenn Kinder allein in einem Krankenhaus gelassen werden, dann erfriert zunächst etwas in ihrer Seele, bis diese sich völlig verschließt.

Niemals wären so viele Menschen so beziehungsgestört, wenn sie in ihrer Kindheit nicht derart allein gelassen worden wären. Und die Krankenhausaufenthalte tragen dazu einen erschreckenden Teil bei.

Das Furchtbare für die Kinder war – und ist es vielerorts immer noch! –, dass Ärzte, Schwestern **und leider auch viele Eltern** sich nicht in ihre kindlichen Psychen hineinfühlen konnten – und können. Es wird einfach der Körper behandelt. Fertig.

Wo bleibt bei dieser Behandlung die Seele? **Was geschieht mit den unzähligen Tränen dieser Kinder? Sind diese „nicht relevant"?** Welchen Stellenwert hat die Seele in eurem Denken? Wo ist eure Liebe? Wo ist Gott?

Provokant frage ich: Wozu den Körper überhaupt behandeln, wenn die Psyche dabei zu Schaden kommt? Gemäß dem zynischen Motto: Operation geglückt – Patient tot!

Um das zu verhindern, müssen die **Ärzte, die Schwestern und viele Eltern** erst einmal **Nachempfinden** lernen. Kindern sollten so wenige Schmerzen – psychische wie physische – wie möglich zugefügt werden (s.o. zum **Emla-Pflaster**). Sie sollten liebevoll und empathisch auf das vorbereitet werden, was mit ihnen gemacht wird. Außerdem **muss stets ein Elternteil bei seinem Kind sein** können. Die Amerikaner, die in diesen Sachen viel weiter sind als viele andere Nationen, nannten das *rooming in*, in einem Raum sein. Durch die ständige Anwesenheit der Familienangehörigen fühlen sich die Kinder geschützt – und werden darüber hinaus schneller gesund!

Wirklich sicher fühlen sie sich aber nur unter zwei Voraussetzungen: Dass sie sich von ihren Eltern nachempfunden und notfalls auch verteidigt fühlen.

Denn nicht alles, was manche Ärzte machen wollen, ist notwendig, einiges sogar nicht sinnvoll.

Es kann das Verhältnis zwischen den Eltern und dem Kind sehr intensivieren, wenn das Kind sich gehört, verstanden und gestützt fühlt.

Unter diesen Voraussetzungen kann selbst ein Krankenhausaufenthalt zu einer guten Erfahrung für Kinder werden und das vertrauensvolle Verhältnis innerhalb der Familie intensivieren.

Dazu ein Beispiel: Lady **Clara** war in der Kleinstadt, in deren Nähe sie auf einem sehr schönen Gut lebte, sehr bekannt. Sie stammte von einer sehr bekannten, wenn nicht gar berühmten Familie ab, und jeder freute sich oder war gar stolz, sie zu kennen. Lady Clara hatte eine Tochter namens **Sidonie**, die mit fünf Jahren operiert werden musste, weil ihr Blinddarm drohte durchzubrechen. So gingen Mutter und Tochter ins Krankenhaus, und alle freuten sich, Lady Clara und Sidonie zu sehen. Sie bekamen ein schönes Zimmer zugewiesen und der Chefarzt selbst begrüßte sie auf dem Weg vom Empfang zu ihrem Zimmer. Er war ein imponierender Mann mit seinem breiten Gesicht und dem verwegenen Schnurrbart. Er war auch sehr, sehr nett zu Sidonie. Diese klammerte sich aber nur ängstlich an ihre Mutter, denn das Ganze machte ihr große Angst. Lady Clara hatte aber die ganze Zeit über ihren Arm um Sidonie gelegt oder hielt sie an der Hand und erklärte ihr alles: Dass sie untersucht wird, dass sie ein Pflaster auf den Arm bekommt, dann eine Spritze, dass sie dann einschläft und dass, wenn sie wieder aufwacht, der schmerzhafte Blinddarm weg ist. Sidonie verstand dies, fühlte die Liebe ihrer Mutter –

hatte aber trotzdem Angst. Da tat ihr der beständige Körperkontakt sehr gut.

Als sie auf dem Zimmer waren, klopfte es, die Tür ging auf und der Chefarzt kam mit all seinen Oberärzten, Stationsärzten und mehreren Krankenschwestern ins Zimmer. Sie alle wollten Lady Clara sehen, und er wollte sie offensichtlich durch dieses Aufgebot ehren.

Sidonie empfand es aber überhaupt nicht als Ehre, vielmehr ergriff sie die helle Panik. Sie dachte, sie werde jetzt am „lebendigen Leibe" operiert, und wehrte jede Berührung des Chefarztes ab. Sie hätte sich unter diesen Umständen niemals freiwillig untersuchen lassen. Lady Clara erkannte die Situation und bat deshalb den Chefarzt, mit seinem „Tross" noch einmal hinauszugehen, damit sie Sidonie beruhigen und alles erklären könne. Dieser sehr kompetente und sehr herzliche Mann kam ihrer Bitte gerne nach und versprach, in einer Viertelstunde wiederzukommen.

Diese Zeit nutzte Lady Clara, um Sidonie **zu beruhigen, sie nachzuempfinden und ihr zu versichern, dass nichts geschehen werde, was ihr schade und wobei sie, Sidonie!, sich nicht geschützt fühlte, und dass sie bei vielem mitbestimmen könnte.**

**Welch eine kluge Frau, welch eine gute Mutter. Sie wurde nicht umsonst so geehrt!**

Nach einer Viertelstunde kam der Chefarzt mit seiner Begleitung zurück – und Sidonie war völlig ruhig. Sie ließ sich von den warmen, vorsichtigen Händen gerne untersuchen und hatte dadurch eine positive Einstellung Erwachsenen und Ärzten gegenüber gewonnen, die sie ein Leben lang begleitete.

Ich beschreibe diese Geschichte von Lady Clara, damit du dich als Elternteil genauso souverän verhältst wie sie. Denk daran: Du bist Gott. Du kannst alles erreichen. Mache dich nicht klein, du würdest damit dein Kind nicht schützen, ganz im Gegenteil, es würde sich ausgeliefert fühlen, zudem würdest ihm ein sehr schlechtes Lebensprogramm mitgeben. Stehe zu dir. Stehe zu den Bedürfnissen deines Kindes. Es hat ein Recht auf vollständige Information, es hat ein Recht, mitentscheiden zu können. Es geht ja um seine Seele, um seinen Körper.

Frei erzogene Kinder haben ein sehr gutes Gefühl für das Richtige.

Weil diese Einstellung so wichtig ist, möchte ich dir noch ein Beispiel erzählen. **Aurel** war im Alter von fünf Jahren vom Zaun gefallen und mit dem Kopf auf einen Abgrenzungsstein geschlagen. Die Folge war eine klaffende Wunde, Gott sei Dank nicht auf der Stirn, sondern direkt über dem Haaransatz. Seine Mutter blieb trotz der großen Verletzung ruhig, versorgte die Wunde und ihn so, dass er bald kaum noch Schmerzen hatte.

Dann fuhren er, seine Mutter und sein Vater zum nächsten Krankenhaus. Hier war der diensthabende Arzt so grob zu Aurel, dass sein Vater sogleich intervenierte, den Arzt in die Schranken wies und samt Frau und Kind das Krankenhaus verließ. Sie fuhren zum nächsten Krankenhaus, hier war der Arzt von Dienst sehr nett, wollte aber Aurels klaffende Wunde dadurch nähen, dass er sie örtlich betäubte. Bei den ersten beiden Einstichen schrie Aurel auf. Daraufhin stoppten seine Eltern den Arzt und fragten ihn, wie viele Einstiche er noch machen müsse. Es wären noch mindestens vier gewesen. Nun fragten sie Aurel, ob er dies aushalten könne. Er sah sie flehend an und meinte: „Nein, bitte nicht!". „Gut", meinten die Eltern, „dann nicht." Sie erklärten dem Arzt, dass sie auf ihren Sohn hören würden, dass er von ihnen selbst nun ein Emla-Pflaster, und wenn dessen anästhetische Wirkung ganz entfaltet sei, kämen sie wieder, damit er eine Spritze bekomme und dann beim Dämmerschlaf / Narkose genäht werden könne. So geschah es auch, und es war sehr gut, dass Aurel und seine Eltern so entschieden, denn der Schnitt ging bis auf die Schädeldecke, weswegen sich das Nähen lange hinzog. Wie hätte so ein kleines Kind dabei die ganze Zeit ruhig liegen und ein Tuch über dem Kopf haben sollen?

Und was sagte Aurel, als er aus der Narkose aufwachte: „Vielen Dank, Mami, vielen Dank, Papi!" Ist das nicht der schönste Lohn für gute Eltern?

Glaube nicht blind irgendwelchen angeblichen Autoritäten. Wirkliche Autoritäten zeichnen sich durch Liebe, Nachempfinden und In-sich-Ruhen aus. Sie können deshalb anderen, und besonders Kindern, Raum, Achtung und Schutz geben und dann liebevoll Grenzen setzen, wenn es angezeigt ist.

Das Wichtigste, was du aber als Elternteil tun kannst, ist, dir bewusst zu werden, dass deine Entscheidungen und deine Form der Kommunikation sich über Jahre beziehungsweise Jahrzehnte auswirken werden.

Du bist der Gott deiner Kinder. Sei deshalb ein sehr, sehr guter, sehr verständnisvoller, ein sehr achtungsvoller Gott. **Zu deinem und zum Wohl deiner Kinder.**

## Zahnarzt

Die heutige Medizin leistet zum Teil Wunderbares. Schier Unglaubliches wird von einem Tag zum anderen zur Routine. Nur in der Zahnheilkunde scheinen Ärzte in vielen Ländern den notwendigen Standard noch nicht erreicht zu haben.

Jahr für Jahr gehen durch Unfähigkeit, Rücksichtslosigkeit, Desinteresse und Gewinnsucht vieler Zahnärzte unzählige Zähne verloren, Menschen werden sinnlose Schmerzen zugefügt, und sie benötigen letztendlich ein Gebiss.

261

Hinzu kommt die Unfähigkeit der Krankenkassen und der Regierungen, wodurch das Gesundheitssystem immer teurer wird (vgl. die klugen Ausführungen von Dr. Bruker, a.a.O., S. 34 ff.).

All dies müsste nicht sein. Es gibt hervorragende Krankenversicherungs-Modelle, wie es anders und sinnvoller ginge, die bereits in anderen Ländern mit Erfolg eingeführt wurden. Sie werden aber in den EU-Ländern offensichtlich aus Desinteresse, Gewinnsucht, Partikularinteressen oder Ideologie nicht eingeführt (vgl. das Modell von Johann-Matthias Graf von der Schulenburg und Wolfgang Greiner *Gesundheitsökonomie*).

Zähne haben eine große Bedeutung für den Menschen. Sie symbolisieren Kraft, Energie, sie gestalten die Sprache und den Gesang. Außerdem tragen sie sehr zur Erscheinung eines Menschen bei.

Kinder sollten deshalb früh lernen, ihre Zähne gut zu putzen. Sie sollten keinen raffinierten Zucker beziehungsweise Honig essen – und wenn doch, möglichst bald danach Zähne putzen.

Darüber hinaus sollten Kinder frühzeitig eine gute Beziehung zu ihrem Zahnarzt aufbauen können, der sie hoch kompetent, einfühlsam und – soweit irgend möglich – schmerzfrei behandeln sollte. Kein Kind sollte auch nur den geringsten **vermeidbaren** Schmerz beim Zahnarzt erdulden müssen.

Jeder hat heute die Möglichkeit, bis ins hohe Alter seine Zähne gesund zu erhalten.

Deshalb sollten Eltern, Zahnärzte und Kinder alles tun, um dieses so lohnende Ziel zu erreichen.

Wenn Gott den Menschen in Form ihrer Zähne ein Material schenkte, das mehr als hundert Jahre halten kann, sollten alle Beteiligten ihr Allerbestes dazu tun, um diesen kostbaren Schatz zu erhalten.

Sehr hilfreich sind deshalb die speziell auf Kinder ausgerichteten Zahnarztpraxen, in denen Kinder sehr kompetent und außerdem altersgerecht behandelt, informiert und ins richtige Zähneputzen eingewiesen werden. Außerdem können hier frühzeitig **die Zähne versiegelt** werden, wodurch sie noch besser gegen Karies geschützt sind.

## Das Trotzalter

Viele Kinder kommen im zweiten bis dritten Lebensjahr in eine so genannte Trotzphase. Die Eltern dieser Kinder wissen sich häufig nicht zu helfen, sie reagieren ärgerlich, streng, verständnislos.

Ich sage: Vorsicht, denn Gewalt ist in den seltensten Fällen ein guter Ratgeber. **Gewalt erzeugt immer Gegengewalt.** Denk an das, was ich weiter oben von Jane Nelsen als Reaktion auf elterliche Macht beziehungsweise Gewalt zitierte: Die „vier R des Strafens" (S. 27): **Ressentiment, Rache, Rebellion, Rückzug.**

Sei deshalb sehr vorsichtig, wenn du versucht bist, deine elterliche Macht zu missbrauchen. Frage dich lieber, **warum** dein Kind so reagiert. Was ist geschehen? Was ist bereits früher geschehen? Was drückt dir dein Kind durch sein Verhalten aus?

Glaubst du, du kannst ein Kind immer wieder gegen seinen Willen zwingen und erwarten, dass es nicht dann trotzt, wenn es seine Identität aufbaut – was besonders ab dem zweiten bis dritten Lebensjahr geschieht?

Glaubst du, dass ein Kind, das mit Liebe und Achtung geleitet und damit zu einem echten Gehorsam geführt wurde, genauso trotzig ist wie ein Kind, das unterdrückt wurde?

Mit Sicherheit nicht!

Und was kannst du tun, „wenn es trotzdem trotzig ist?", fragst du. Frage dein Kind, was es braucht. Versuche dich in sein Wesen hineinzufühlen. Wer sagt dir denn, dass du Recht hast und nicht dein Kind?

**Menschen neigen dazu, von einem Extrem zum anderen zu schwanken: Entweder sie trauen sich gar nichts zu oder sie glauben, alles zu wissen.**

Halte dich an einen wichtigen Maßstab: **Der Kluge ist vorsichtig! Der Kluge fragt nach. Der Kluge wägt ab. Der Kluge handelt nie im Zorn** (vgl. dazu das ausgezeichnete Buch von Henning Köhler *Von ängstlichen, traurigen und unruhigen Kindern).*

Bedenke eine entscheidende, eine erschütternde Regel in diesem Zusammenhang: **Ein Mensch kann in einer Minute des Zorns all das zerstören, was er mit schwerer Arbeit ein ganzes Leben aufgebaut hat!**

Versuche deshalb niemals den Willen deines Kindes zu brechen. Es braucht diesen Willen, um in seinem Leben erfolgreich zu sein.

Der Satz: „Kinder sind mit drei Jahren erzogen!" stammt aus der schwärzesten Pädagogik und hat unendlich viele Menschen zerbrochen, unzählige Kriege hervorgebracht und Millionen Menschen das Leben gekostet.

Gehe nie mit Gewalt gegen Gewalt vor. Es führt nur zu Gegengewalt. Sieh dir all die Konflikte auf der Erde an. Warum sind sie im Moment nicht zu lösen? Weil dumme, herzlose Menschen glauben, mit Gewalt, mit Härte, mit Hass etwas erreichen zu können. Sie sind so dumm, dass sie das Töten von Hunderten von Menschen als Erfolg preisen können. Es sind dumme, junge Seelen, die noch viel Leid vor sich haben.

# Wut

Die heutige Zeit verherrlicht die Wut. Sie weiß offensichtlich nicht, was sie damit tut. Kein Weiser würde dies tun. Und warum nicht? Weil der Satz **„Wie du mir, so auch dir"** Gültigkeit hat. Schlägst du heute jemanden, dann mag er möglicherweise nicht in der Lage sein, zurückzuschlagen. Sei aber versichert: Die Ohrfeige bekommst du auf die eine oder andere Weise zurück. Nichts geht im Universum verloren. Keine Tat bleibt ohne Konsequenzen.

Das Verherrlichen von Wut beziehungsweise von Aggression ist aber auch deshalb äußerst gefährlich, weil du nie weißt, was du auslöst. Woher weißt du, wo der andere steht, dem du deine Wut ausdrückst? Woher weißt du, dass er dich nicht nieder- oder gar totschlägt?

Befasse dich mit den äußerst interessanten Forschungen über die Amygdala-, die Mandelkern-Reaktionen. Lies das Buch von Daniel Goleman, *Emotionale Intelligenz*, und du wirst staunen, wie gefährlich Wutanfälle sein können. Sie haben manch einen Menschen zum Verbrecher oder gar zum Mörder werden lassen – „nur" weil ihm „die Nerven durchgingen"!

Versuche unbedingt Situationen zu vermeiden, wo du in einen Wutanfall geraten – oder bei anderen einen auslösen könntest. Menschen, die in eine Amygdala-Reaktion geraten, das heißt in einen unkontrollierten Wutausbruch, sind für andere und für sich selbst völlig unberechenbar und deshalb hoch gefährlich. „Denn Zorn nährt Zorn" (a.a.O., S. 85).

**Lass es nie so weit kommen! Ziehe dich aus der Situation zurück.** Gehe in ein anderes Zimmer, trinke ein Glas Wasser, lenke dich ab. Wenn du kannst, **suche, was du geben kannst,** und suche nicht den Fehler bei dem anderen!

Als Elternteil musst du dich kontrollieren. Wie viele Eltern haben ihren Kindern fürs Leben geschadet, weil sie ihre Wut nicht kontrollieren konnten. Lass es nie, niemals so weit kommen!

Bedenke stets: Auch wenn du nicht handgreiflich wirst, sondern „nur" schreist, gibst du deinem Kind ein miserables Beispiel. Es lernt durch dein aggressives Verhalten, dass man – angeblich! – mit Wut etwas erreichen kann. Eine fatale Lehre. Damit bringst du dein Kind möglicherweise in die größte Gefahr, denn wie schnell kann es – aus dem Wiederholungszwang heraus – bei anderen die Wut auslösen, die es bei dir erlebte, und erhält dann eine entsprechende Reaktion? Erinnere dich an die Geschichte des jungen Mannes, die ich weiter oben erwähnte, der in einem Lokal groß prahlte und um ein Haar das Leben verloren hätte.

Sei daher vorsichtig mit Wut, die Folgen können unglaublich schnell schrecklich sein. Beherrsche dich, bezähme deine Wut, damit weder du noch deine Kinder jemals die so schmerzlichen Sätze sagen müssen wie: **„Hätte ich das doch nie getan! Hätte ich mich doch nur beherrscht! Wäre ich doch nur weggegangen!"**

Viele können nicht einmal mehr diese traurigen Sätze sagen, weil sie durch einen einzigen Wutausbruch umkamen.

## Bestätigungen

Viele Eltern reagieren wütend, wenn sich Kinder in ihren Augen nicht richtig verhalten. Sie haben etwas Grundsätzliches falsch gelernt: Sie meinen, Erwachsene, Kinder, Tiere würden am besten durch Kritik, durch Strafe lernen. Dies ist ein riesiger Irrtum, den sich die Eltern bewusst machen und unbedingt korrigieren sollten.

**Mensch und Tier lernen am schnellsten und dauerhaftesten durch Bestätigung.**

Was helfen dir Ressentiment, Rache, Rebellion und Rückzug? Gar nichts. Sie führen zu falschem Gehorsam, zu Ablehnung und Kampf. Wie schade! Wie erfüllend ist doch eine gute Eltern-Kind-Beziehung. Was gibt es Schöneres? Und wie wird sich wohl der Kontakt zu deinem erwachsenen Kind entwickeln, wenn du ihm immer wieder mit Kritik und Wut begegnetest?

**Zum Weg der Liebe gehören Bestätigung und das Aufzeigen von Konsequenzen.** Der Weg von Wut und Hass ist dagegen von Kritik, Ablehnung und Strafe gepflastert.

Das eine ist die Form des Goldenen Zeitalters, das andere ist die des *Kali Yuga*, in dem Kriege immer noch als sinnvolle Form der Konfliktlösung angesehen werden.

Gehe nicht diesen Weg, sondern bestätige, ermuntere, verstehe dein Kind und empfinde es nach. Dies wird dein und sein Leben aufblühen lassen.

Bestätigung (Dale Carnegie) und Lernen durch Konsequenzen (Jane Nelsen) öffnen das Herz und bauen Selbstwert auf. Kritik und Strafe verschließen das Herz, entmutigen und zerstören Selbstwert und Vertrauen.

**Lobe, lobe, lobe dein Kind, damit wirst du Unglaubliches erreichen.** Lies immer und immer wieder das Buch von Dale Carnegie, *Wie man Freunde gewinnt*, und du wirst neue Wege finden.

Gib noch heute die Vorstellung auf, du könntest etwas durch Kritik erreichen. Menschen sehen den Splitter im Auge ihres Nächsten, nicht aber den Balken im eigenen.

Und kennst du es nicht, wie selbstüberzeugt Kinder sind? Kennst du es nicht, dass sie völlig überzeugt zum Beispiel erzählen, dass 6 minus 4 gleich 3 sei – wie ich weiter oben bereits erwähnte? Und sich nicht davon abbringen lassen?

Hast du nicht beobachtet, welch große narzisstische Kränkung die Schule für deine Kinder darstellt, weil sie hier Tag für Tag erkennen, was sie alles nicht beherrschen, obwohl sie meinten, es zu wissen?

Gehe neue Wege, gehe kreative Wege im Kontakt zu deinen Kindern – und auch sie werden neue, kreative Wege gehen.

**Denk immer daran: Deine Aufgabe als Elternteil ist es, die Freude, den Selbstwert, die emotionale Intelligenz deiner Kinder zu fördern. Dies gelingt dir mit Kritik nicht, sehr wohl aber durch Bestätigung, durch Anerkennung, durch Lob und dadurch, dass du deinem Kind vermittelst, dass du dich an ihm freust. Freu dich an deinen Kindern, und sie werden sich an sich selbst – und an dir – freuen!**

**Ich meine damit aber nicht, dass Verwöhnen, keine Struktur geben, keine Grenzen setzen erstrebenswerte Verhaltensweisen seien. Ganz im Gegenteil: Sie können deinem Kind sehr schaden, weil es durch sie eine sehr niedrige Frustrationstoleranz und wenig Motivation haben wird.**

**Wie viele Streitereien, Kämpfe, Geschrei, Wutausbrüche gibt es in manchen Familien. Und warum? Weil die Eltern meinen, ihre Kinder durch Kritik, Demütigung, Wut und Strafe erziehen zu müssen – und zu können! Und, wie ich bereits ausführte, wenn du kritisierst, dann kritisiere die Handlung: „Dass du den Teller zerschlagen hast, finde ich nicht gut!"**

Kritisiere aber nicht dein Kind. Sage nicht: „Wie kannst du nur so dumm sein, den Teller zu zerschlagen!", denn dies wäre eine äußerst destruktive Äußerung.

Das Goldene Zeitalter verlangt eine grundsätzliche Verhaltensänderung von dir. Glaube nicht, Kritik, Strafe und die damit verbundene Demütigung würden irgendetwas Sinnvolles bewirken. Wut, Streit und Krieg sind sinnlos.

Lobe, bestätige, anerkenne deine Kinder, und du wirst Wunderbares zusammen mit ihnen erleben, denn diese Form der Liebesäußerung lässt die Herzen aufblühen, wodurch Freude, Leichtigkeit und eine positive Lebenseinstellung erwachsen. Ist dies nicht Lohn genug dafür, dass du dein Verhalten änderst?

## Benimmregeln

*„1788 veröffentlichte Adolph Freiherr von Knigge sein wohl berühmtestes Buch ‚Über den Umgang mit Menschen'. (...) Manch einer mag sich fragen, ob wir heute, zu Beginn des 21. Jahrhunderts, überhaupt noch solche Richtlinien brauchen. Habe ich als Individuum nicht das Recht,"*, fragt Herbert Schwinghammer in *Knaurs Neuer Knigge* und fährt fort: *„mich so zu verhalten, wie ich es für richtig erachte – vorausgesetzt, ich füge dabei niemandem Schaden zu? Für einen einsamen Wald- oder Steppenbewohner, dessen nächster Nachbar einen Tagesmarsch entfernt wohnt, spielen Konventionen sicherlich kaum eine Rolle. Doch die meisten Menschen ziehen ein Leben in Gemeinschaft einem Einsiedlerdasein vor. Ohne gegenseitige Rücksichtnahme wäre das Leben sicherlich sehr ungemütlich und einsam.*
*Allgemein anerkannte Verhaltensnormen machen ein geordnetes und harmonisches Zusammenleben erst möglich – auch wenn man dafür auf das eine oder andere verzichten und egoistische Beweggründe manchmal zurückstellen muss"* (S. 8).

Petra Begemann drückt es in ihrem Buch mit dem Titel *Business-Knigge* noch deutlicher aus: *„Die Zeiten, wo jeder, der Wert auf Umgangsformen legte, in den Verdacht hoffnungslosen Spießertums geriet, sind endgültig vorbei. Was sich die*

*68er nie hätten träumen lassen, ist längst Realität: Benimm ist in – ja mehr noch, ist unerlässlich, wenn man in qualifizierten Berufen Karriere machen will"* (S. 7).

Was heißt dies für dich als Vater beziehungsweise Mutter? Dass du deinem Kind nicht nur tragfähige Ideale und Werte, sondern auch gute Umgangsformen mitgeben solltest. Das Buch des Freiherrn hieß bezeichnenderweise *Über den Umgang mit Menschen*, **nicht**: *Benimm dich richtig, sei brav!*

„Brave" Menschen, die wie dressierte Hunde dastehen oder -sitzen, will keiner – und sie werden kaum Erfolg haben. Es geht deshalb um den Umgang mit Menschen. Das heißt, wie verhalte ich mich, dass sowohl der andere als auch ich uns wohl fühlen?

Deswegen ist die Aussage, dass ein Wald- oder Steppenbewohner Umgangsformen möglicherweise nicht braucht, sehr interessant, denn sie beschreibt ihn als jemanden, der sich um den richtigen Umgang mit anderen nicht sonderlich kümmert. Das ist aber keine große Kunst. Ebenso wie es keiner besonderen Fähigkeiten bedarf, unglücklich, unruhig und lieblos zu sein. Diese sind – wie Armut – schnell zu erreichen.

So ist der richtige Umgang mit Menschen eine große Kunst – besonders, wenn jemand bei sich, in seiner Mitte, in seiner Ruhe ist.

Das will gelernt sein.


In früheren Zeiten wurde in der Pädagogik vieles falsch gemacht. Da wurden die Kinder kritisiert, gedemütigt, gegängelt, unterdrückt – und diese Schreckensbehandlung sollte zum richtigen Verhalten in der Gesellschaft führen.

Aus diesem Grund waren die „68er" hilfreich: Sie räumten auf mit sinnlosen „alten Zöpfen", sie lockerten die Umgangsformen auf, hinterfragten alles und brachten „neuen Wind" in althergebrachte Konventionen. Warum sollte man heute Kartoffeln nicht mit dem Messer schneiden, nur weil früher die

Messer anliefen? Dies ist heute im Zeitalter des Edelstahls sinnlos. Warum sollte der höher Gestellte abwarten, bis der nieder Gestellte ihn grüßt, allein um die Rangordnung zu wahren? Wie herzlos! Gerade der höher Gestellte sollte seinen Untergebenen zuerst grüßen – oder warten Eltern immer, bis die Kinder sie begrüßen beziehungsweise *Guten Morgen* sagen?

Benehmen ist gut, Herz **ebenfalls**. Nicht besser, sondern **ebenfalls**! Dies ist der Fehler, den beide Seiten begingen: Die Konservativen meinten, Konvention sei das Allerwichtigste, und ob sie damit ihren Kindern einen Bärendienst erwiesen, war ihnen völlig gleichgültig. Das Wichtigste war ihnen die Konvention, nicht das Wohl ihrer Kinder. Wie dumm.

Die Avantgardisten meinten dagegen, das Gefühl, die Echtheit sei wichtig, nicht die Form.

Natürlich besteht die Wahrheit in der Verbindung dieser beiden Standpunkte: **Form ist wichtig, aber mit Herz; Lockerheit ist wichtig, jedoch in Grenzen, das heißt mit guten Umgangsformen.**

Denn es erfreut uns ebenso wenig der Mensch, der sich zwar perfekt, doch völlig „verkopft" benimmt, wie der herzliche Mensch, der nicht die Gesprächsdistanz von mindestens 50 bis 60 cm einhält. Wie unangenehm es ist, wenn Menschen, mit denen wir nicht vertraut sind, uns zu nahe kommen, kann man gut in einem Aufzug beobachten oder auch in einem Gespräch, bei dem einer ständig zurückweicht und der andere ihm distanzlos folgt. Dieser glaubt, dass er folgt, der andere fühlt sich dagegen *verfolgt*.

Richtiges Verhalten ist deshalb entscheidend, wenn du Erfolg haben möchtest – deshalb zitierte ich sogar aus dem Business-Knigge! Richtiges Verhalten bringst du deinem Kind am besten bei, wenn du es die Bedeutung, den Nutzen von richtigem Verhalten erleben lässt.

So streiten zwei Kinder. Ein Mann kommt dazu und hilft zu klären. Was war geschehen? Der kleine Junge hatte seiner etwas älteren Freundin, die im Ausland aufgewachsen war, ein selbst gemaltes Bild geschenkt. Darauf hatte sie nun achtlos gekritzelt, wie er fand. Das Mädchen ging aber nicht auf seine Gefühle der Enttäuschung ein, sondern erzählte schnippisch, sie habe in ihrem Land viele Bilder gemalt und verschenkt, und die Beschenkten hätten immer darauf gekritzelt. Der Junge tobte, weil er spürte, dass seine Freundin etwas behauptete, was ihn niederdrückte. Der Mann meinte zu dem Mädchen: „Pauline, schau, Florian ist verletzt, weil er dir ein Bild geschenkt hat, was er für dich gemalt hat. Er findet, dass du es nicht achtest, wenn du darauf schreibst, denn es ist sein Bild für dich!" Pauline stutzte und wollte am liebsten wieder mit der Geschichte ihrer vielen beschriebenen Bilder kommen. „Frag doch mal Florian, was er braucht!", ermunterte sie der Mann. Etwas unwillig fragte sie ihn, und prompt kam: „Eine Entschuldigung!"
Diese konnte sie ihm von Herzen geben, als sie verstanden hatte, dass er sich von der Art und Weise verletzt fühlte, wie sie mit seinem Geschenk umgegangen war.
Durch diese kleine Interaktion haben beide viel gelernt. Florian erfuhr, dass er ein Recht auf seine Gefühle hat und dass es hilfreich ist, zu seinen Gefühlen zu stehen. Pauline realisierte, dass es wichtig ist, die Gefühle des anderen zu achten, dass es nicht hilfreich ist, kunstvoll abzulenken, und dass eine Entschuldigung, die von Herzen kommt, Wunder wirken kann.

So sind beide Teile der Arbeit des Freiherrn von Knigge von Bedeutung: Einmal die Betonung des achtsamen Umgangs mit Menschen und dann das Pflegen der Manieren.
Im Kindesalter mag es noch nicht so bedeutsam sein, welche Haltung jemand einnimmt, wenn er sich zum Beispiel wie

Pauline entschuldigt. Unter Erwachsenen kann dagegen die Körperhaltung oder der Blickkontakt wichtiger als die verbale Entschuldigung sein. Denn **Menschen kommunizieren zu 90% nonverbal.** Bedenke deshalb: Neun Zehntel deiner Kommunikation, wie zum Beispiel deine Körperhaltung, können dein gesprochenes Wort widerlegen!

Achte deshalb genau auf deine Haltung: Wie du sitzt, wie du stehst, wie du gehst, wie du sprichst, wie du jemanden ansiehst.

Bring es deinen Kindern liebevoll, spielerisch bei, wie sie sich gut verhalten. Lass sie Sport machen, der sie stärkt.

Halte dir aber noch etwas Wesentliches vor Augen: **Menschen mit einem guten Selbstwertgefühl fällt es leicht, andere zu achten, sich zu entschuldigen, behutsam und zurückhaltend zu sein.**

Darüber hinaus fällt es Menschen, die viel bestätigt wurden und eine gesunde Selbstachtung haben, leicht, sich so zu verhalten und zu bewegen, dass andere sich von ihnen geachtet fühlen.

Oder, nochmals anders ausgedrückt: Wie sollen deine Kinder wissen, wie sie etwas anderen ausdrücken können, wenn sie es zu Hause nicht erlebt haben? **Beziehungsweise: Wie willst du deine Kinder die richtigen Benimmregeln lehren können, wenn du durch deine Unfähigkeit, liebevoll mit ihnen umzugehen, beweist, dass du gar nicht weißt, was du lehrst, oder wenn du – noch schlimmer! – dich selber nicht an das hältst, was du ihnen vermitteln willst?**

Lebe du deshalb deinen positiven Umgang mit Menschen zuallererst mit deinem Partner und deinen Kindern, dann hast du bereits sehr, sehr viel erreicht. Denn wer die Atmosphäre in seiner Familie ändert, ändert damit auf Dauer die ganze Welt.

# Bitte und Danke

Worauf viele Eltern erschreckend wenig achten, sind die Worte *Bitte* und *Danke*. Bei sich selbst und bei ihren Kindern. Dabei sind diese Worte von so großer Bedeutung.

Das *Bitte* ist ein Ausdruck der Ehrerbietung, der Würdigung und der Achtung. Nach dem alten Gesetz: **„Wie ich dir, so auch mir"**, bedeutet das *Bitte*, dass ich den anderen ebenso achte wie mich selbst. Deshalb ist das Wörtchen *Bitte* so groß: Es drückt die Achtung aus, die ich in der Lage bin für mich, für den anderen, für Gott zu empfinden.

**Deshalb ist ein Leben ohne *Bitte* ein Leben ohne Achtung. Und ein Leben ohne Achtung ist ein Leben ohne Freude.**

Damit kommen wir zu dem anderen so wichtigen Wörtchen, dem *Danke*. Das *Danke* drückt noch deutlicher aus, dass ich sehe, was ich erhalte, dass jemand mir etwas gibt und dass dies nicht selbstverständlich ist.

In *Sai Baba spricht über Psychotherapie* sage ich, dass ein Mensch jede Form der Schuld zurückzahlen kann – außer die der Mutter gegenüber. Das, was eine Mutter für ihr Kind tut, geht in vielem so weit, dass ein Kind es niemals an sie zurückgeben kann. Ein Kind hat aber die Möglichkeit, seiner Mutter eine große Freude zu bereiten: Dadurch, **dass es glücklich und dankbar ist**. Mütter müssen ihre Kinder aber dazu erziehen. Und wie tun sie dies? Durch Ermahnung, Schimpfen, Kritisieren oder Aggressionen? Natürlich nicht, denn wie sagen Rudolf Dreikurs und Vicki Soltz in *Kinder fordern uns heraus? „Will die Mutter wirklich das Verhalten ihrer Kinder ändern, muss sie **handeln**. Worte sind wertlos."* (S. 167). Dadurch, dass sie ihren Kindern mit gutem Beispiel vorlebt, wie sie *Bitte* und *Danke* sagt, dass sie ihre Kinder bittet, dies ebenfalls zu tun – und nicht reagiert, wenn diese Worte nicht ausgesprochen werden.

Kinder lernen sofort, wenn sie feststellen, dass sie etwas nicht bekommen, was sie haben wollen. Dies ist einfaches **Lernen durch Konsequenzen.**

Und auch hier tun Eltern dies nicht für sich, sondern für ihre Kinder. Denn höfliche, dankbare, fröhliche Kinder werden überall gerne gesehen. Und wie sagt H. Jackson Brown Jr. so schön? *„Lerne begreifen, dass Glück nicht durch Besitz, Macht oder Prestige entsteht, sondern allein durch Beziehungen mit Menschen, die Du liebst und respektierst".* Dieses wunderbare Buch mit dem Titel *Gedanken zu einem positiven Leben* solltest du immer wieder lesen, denn es vermittelt dir 365 wunderbare Weisheiten, die ein liebender Vater für seinen Sohn zusammenstellte.

Sein Sohn sagte „Danke", von ganzem Herzen – und ich schließe mich dem an.

Lesen wir Punkt 124 in H. J. Browns schönem Buch, dann kommen wir zu einem weiteren Gesichtspunkt: *„Gewöhne Dir an, anderen Liebenswürdigkeiten zu erweisen, ohne dass sie merken, von wem sie sind."* Genau dies drückt die Liebe der Eltern aus. Es ist für sie so selbstverständlich, Gutes für ihre Kinder zu tun, dass sie gar keinen Dank erwarten.

So ist es auch für Gott nicht wichtig, dass die Menschen Ihm danken – für den Menschen ist es aber entscheidend, dass er dankbar ist! Denn Dankbarkeit ist eine der wichtigsten Voraussetzungen für Glück – besonders für andauerndes Glück (vgl. Stephan von Stepski-Doliwa, *Ich bin ich und ich bin gut, mein Dank, meine Erfolge, meine Ziele*).

So verlieren Menschen, die weder Gott noch ihren Mitmenschen gegenüber dankbar sind, früher oder später ihr Glück und ihren inneren Frieden. Zudem bläht ihre Undankbarkeit ihr Ego auf, was ihr Leben ebenfalls nicht erleichtert.

# Sind Kinder die Freunde der Eltern?

Wie wir immer wieder sehen, sind Kinder sehr von ihren Eltern, von deren Wissen, Klarheit, Einsatz und Liebe abhängig. Sind damit die Eltern die Freunde ihrer Kinder? Oder die Kinder die Freunde ihrer Eltern?

Was heißt es, ein Freund zu sein? Ein Freund ist jemand, mit dem ich auf **einer** Stufe stehe und mit dem mich tiefe positive Gefühle verbinden. Kinder sind damit über lange Zeit nicht die Freunde ihrer Eltern, denn sie stehen **nicht** auf derselben Stufe mit ihnen. Warum nicht? Denk an die Zeit nach der Empfängnis und nach der Geburt. Nach der Empfängnis entscheiden die Eltern über das Leben oder den Tod eines Kindes – zum Beispiel wenn sie sich für eine Abtreibung entschließen sollten (vgl. dazu *Sai Baba spricht über Beziehungen*, S. 195 ff.). Oder nach der Geburt, wo Eltern völlig frei sind, über das Kind zu bestimmen und zu verfügen, ob sie es behalten, ob sie es weggeben, ob sie es gar verkaufen oder töten! Die Eltern haben eine unglaubliche, manchmal eine unheimliche Macht über ihre Kinder, die nicht selten über ein ganzes Leben – und darüber hinaus! – reicht.

Zudem sind Eltern über viele Jahre ihren Kindern ein Vorbild und werden von diesen nachgeahmt.

Der springende Punkt ist außerdem: Dass die Eltern ihre Kinder auch dann noch, wenn diese erwachsen sind, als Fünf- bis Siebenjährige sehen und zum Teil behandeln – und die Kinder sich zudem auch noch so verhalten!

Das heißt, es besteht lange, lange Zeit eine Übertragungssituation zwischen Eltern und Kindern, weswegen eine paritätische, eine gleichberechtigte Basis für eine Freundschaft nicht gegeben sein kann.

Die Eltern-Kind-Beziehung ist einzigartig und von einer Intensität und Liebe bestimmt, an die Freundschaften nur selten heranreichen. Dies liegt daran, dass Kinder ihren Eltern den Körper und dessen Erhaltung zu verdanken haben. Die Eltern wiederum erleben durch ihre Kinder gefühlsmäßige Erfahrungen und Tiefen, die sich in den meisten Fällen über ein ganzes Leben, häufig sogar über einige Inkarnationen erstrecken.

Natürlich sollte dies auch bei Partnerbeziehungen der Fall sein. Wie wir aber zurzeit überall beobachten können, trennen sich unzählige Menschen und sehen beziehungsweise sprechen sich nie wieder.

Betrachtet man Familienaufstellungen, sind viele Fragen ohne das Aufstellen der Eltern – oder Kinder – nicht zu beantworten. Wie sagte Goethe: *Blut ist ein ganz besonderer Saft!* Dieser so besondere Saft – der deshalb auch nicht vergossen werden darf, weder bei Menschen noch bei Tieren! – verbindet Eltern und Kinder.


Unter der Voraussetzung, dass ein hohes Maß an Liebe und Klarheit zwischen Eltern und Kindern besteht, können sie zu einem viel späteren Zeitpunkt – etwa ab dem 35. Lebensjahr – mehr und mehr eine freundschaftliche Ebene anstreben. Die Eltern und die Kinder sollten spüren, was für sie stimmig ist und wie sie ihre Beziehung zueinander gestalten und halten müssen, um sich mehr und mehr zu geben.

Keinesfalls sollten Eltern schon bei heranwachsenden Kindern, besonders in der Pubertät, versuchen Freunde zu sein.

Heutzutage wird beinahe alles hinterfragt. Dies ist zunächst einmal nicht schlecht, sondern in vielen Fällen sogar gut. Leider bleibt es häufig nicht beim Hinterfragen, sondern es wird nicht selten auch gehandelt, **bevor** eine klare Antwort gefunden worden ist. Und dies stellt in der Beziehung zwischen Eltern und Kindern immer wieder ein mehr oder minder großes Problem dar.

Wie gesagt besteht zwischen Eltern und Kindern ein großes Machtgefälle. Jene dürfen befehlen, entscheiden, Konsequenzen ziehen, diese müssen gehorchen. Die Macht der Eltern bedeutet für die Kinder zunächst einmal Hilfe und Rettung. Möchte zum Beispiel ein Kind über die Straße rennen und die Mutter sieht die Gefahr und ruft, es solle stehen bleiben, so entscheidet hier das Gehorchen des Kindes möglicherweise über Leben und Tod oder Invalidität.

Dieses Machtgefälle wird heute in Frage gestellt. So sehen sich plötzlich Eltern und Kinder auf einer Stufe, reden sich gegenseitig mit Vornamen an und besprechen ihre Erlebnisse, als wären sie Freunde. Sie sind es aber nicht, und Eltern müssen sich dies besonders dann vor Augen halten, wenn sie versucht sein sollten, ihre Probleme, speziell ihre Eheprobleme oder gar ihr Sexualleben, mit ihren Kindern zu besprechen. **Hier gibt es keine Gleichheit. Hier gibt es nichts zu hinterfragen und damit gleichstellen zu wollen! Das Kind braucht die Sicherheit, die Mutter als Mutter und den Vater als Vater haben zu können.**

Kinder haben ein Recht, ihre Probleme, ihre Sorgen mit ihren Eltern zu besprechen. Dies ist ein Teil der elterlichen Aufgabe. Und gute Eltern sind sehr gerne für ihre Kinder da. **Es ist aber nicht die Aufgabe der Kinder, für die Eltern als Berater da zu sein.** Sprechen Eltern mit ihren Kindern über ihre Beziehungsprobleme oder gar über ihre Sexualität, so grenzt dies an Missbrauch! Diese Fragen haben nichts in der Beziehung zwischen Eltern und Kindern zu suchen – ebenso wenig wie der Kuss der Eltern auf den Mund der Kinder.

Eltern sind die Erzeuger, die Ernährer, die Beschützer, die Berater, die Vertrauten, die ärztlichen Behandler, die Lehrer und manchmal auch die Seelsorger ihrer Kinder. Die Kinder sind dies zunächst erst einmal nicht. Kehrt sich das Verhältnis um, sodass die Eltern die Rolle der Kinder übernehmen und bettlägerig sind, dann wachsen die Kinder mehr und mehr in die Rolle der Eltern hinein – und so wie diese sie ins Leben begleiteten, so begleiten nun die Kinder ihre Eltern aus dem Leben hinaus.

Wenn Kinder so für ihre Eltern sorgen, seelisch, körperlich und nicht selten auch finanziell, dann erfüllt sich das, was ich immer wieder sage: Eltern sind (Englisch) *parent*, was ich wie *pay rent*, zahl ihnen die Rente, ausspreche. Geschieht dies, gleicht sich ein wenig aus, was die Eltern den Kindern gaben. Ganz wird sich dies nie ausgleichen, denn „der goldene Ball des Lebens" wird nicht an die Eltern zurück-, sondern an die eigenen Kinder weitergegeben. So soll es auch sein, denn wie sagt Goethe so wunderbar? „*Grün allein ist des Lebens goldener Baum*", und dieser wächst von den Wurzeln zu den Blättern – und nicht umgekehrt!

## Pubertät

„*Pubertät ist, wenn die Eltern schwierig werden!*", sagte einmal eine Vierzehnjährige. Ich finde, dass diese Behauptung in vielen Fällen zutrifft!

Nun werden viele Eltern erstaunt sein – manche sogar empört. Warum? Was lässt euch empört sein? **Empörung ist doch häufig die Schranke, die Lernen verhindert.**

Pubertät bedeutet für den heranwachsenden Menschen eine schwierige Zeit, in der sich fast alles verändert. Sein ihm bis dahin vertrauter Körper verändert sich, seine Gefühlswelt, seine Identität, seine Stellung in der Gesellschaft – bei den Jungen auch noch die Stimme. All dies müssen eure Kinder leisten. Ist euch dies bewusst? Ist es euch in dieser großen, beinahe alles umfassenden Dimension bewusst? Könnt ihr eure Kinder bei diesem schwierigen Prozess begleiten? Könnt ihr sie nachempfinden? Könnt ihr ihnen eure Achtung vermitteln?

Bedenkt, was Freud sagte: Dass in der Pubertät all das wieder auflebt, was an Gefühlen und Konflikten in den ersten Lebensjahren angelegt wurde.

Wart ihr als Eltern für eure Kinder in ihren allerersten Jahren da? Habt ihr sie damals nachempfinden und verstehen können? Habt ihr sie nicht aus Bequemlichkeit oder weil ein herzloser Bekannter, Verwandter, Arzt oder Heilpraktiker euch dies riet, übergangen, angeschrieen gar geschlagen oder durchschreien lassen? Seid ihr ihnen mit Respekt und Achtung begegnet – und habt zum Beispiel immer angeklopft, wenn ihr in ihre Zimmer gehen wolltet? Habt ihr euch um gute Schulen beziehungsweise um *Sathsang*, um gute Gesellschaft, für eure Kinder gekümmert? Denn bedenke: **Es sind die Freunde und Bekannten, die besonders Jugendliche in der Pubertät beeinflussen und du erntest dann, was du vorher säst.**

Wenn ihr immer positiv für eure Kinder da wart, verstehe ich nicht, warum sie zu dem obigen Spruch kommen können.

Ich würde den obigen Spruch verändern in: **Pubertät ist dann, wenn deutlich wird, dass die Eltern-Kind-Beziehung schon früher schwierig war!**

Ich sehe Kinder wie Blumen. Behandelst du sie richtig, dann gedeihen und blühen sie. Wenn nicht, blühen sie nicht nur nicht, sondern sterben gar.

Würdest du einem Menschen glauben, der dir versicherte, seine Rosen seien verstockt, seine Orchideen widerspenstig? Ein guter Gärtner würde es doch nie bei solchen Aussagen bewenden lassen, sondern sogleich fragen, **wie** du deine Pflanzen behandelt hast.

Und wie könnte die Antwort lauten? Dass du sie falsch behandelt hast. **Dass du ihnen das gegeben hast, wovon *du dachtest*, dass es ihnen gut täte, das ihnen aber nicht gut tat.** Die Pflanzen waren weder verstockt noch widerspenstig, sie sind vielmehr wegen falscher Pflege eingegangen. Hättest du dich doch vorher bei einem **guten** Gärtner erkundigt!

Viele Eltern haben ein großes Problem, das darin besteht, dass sie sich nicht eingestehen wollen, **wie sehr sie selbst in ihrer Kindheit gelitten** haben. Da erzählen sie, wie sie geschlagen, gedemütigt, überfordert, missachtet wurden – und quittieren das Ganze mit dem äußerst törichten Satz: „Es hat mir nicht geschadet!" Ich frage: Woher wisst ihr das? Wer sagt euch, dass eure Eltern euch so viel Selbstwertgefühl, das heißt, Selbst-Gefühl, gelassen haben, dass ihr überhaupt spürt, wie es euch geht beziehungsweise was alles nicht mehr geht, nicht mehr möglich ist? **Woher wisst ihr, dass ihr nicht zum Schaden für eure Kinder seid, weil euer „inneres Kind", also eure Gefühlswelt, so geschädigt wurde, dass ihr dies nicht mehr spüren könnt und ebenfalls nicht merkt, dass ihr der Gefühlswelt eurer Kinder in ähnlicher Weise schadet?**
Viele Menschen sind sich dessen nicht bewusst, was sie tun und was sie damit sich und anderen auf lange Sicht antun.
Wer nicht liebevoll zu sich ist, kann es auch nicht zu anderen – besonders nicht zu seinen Kindern – sein. Vielen Eltern wurde es leider nicht erlaubt, gut zu sich zu sein und dadurch Selbstwert, Selbstwahrnehmung und Selbstreflexion aufzubauen. Sie können deshalb nicht spüren und wahrnehmen, was sie damit sich und anderen – besonders aber ihren Kindern – antun.

Kaum erstarken diese Kinder, setzen sie Grenzen – auch ihren Eltern. Sie müssen dies tun, um ihre Identität zu finden – manchmal sogar um sie zu retten. Die Eltern können mit diesen Grenzen in vielen Fällen nicht umgehen. Die Frage ist aber: Haben sie jemals die Grenzen ihrer Kinder respektiert?

War ihr Verhalten ihren Kindern gegenüber **klar und eindeutig?** Haben sie sie überhaupt wahrgenommen? Wo bleibt dann aber das Nachempfinden, das Verstehen und das Achten des Kindes? Muss es sich nicht wehren, um seinen Weg zu finden und zu gehen?

Sehen die Eltern, wo sie stehen beziehungsweise wo ihre Kinder stehen? Überlegen sie sich überhaupt, ob dies der richtige Platz ist, den sie ihnen – manchmal eher unbekümmert – zuweisen?

Stelle dir viele Fragen – denn dein Kind stellt sie dir ebenfalls, zudem stellt es dich als Person in Frage. Und je kritischer du dir gegenüber bist und je mehr ehrliche Antworten du findest, desto leichter wirst du dein Kind verstehen.

## Partnerschaften

Viele Jugendliche haben heute bereits mit zwölf, dreizehn Jahren ihre ersten Beziehungen – auch sexuell. Das empfinden die Jugendlichen – und nicht wenige ihrer Eltern – als völlig normal. Mütter begleiten – als große Leistung der Liebe und Fürsorge! – ihre Töchter zum Frauenarzt, und der verschreibt den Minderjährigen völlig selbstverständlich die Antibabypille.

Und wie endet diese so hoch gelobte sexuelle Freiheit? Mit gebrochenen Herzen!

Bert Hellinger hat völlig Recht, wenn er sagt, die erste Beziehung habe 100% und jede weitere immer nur die Hälfte des verbleibenden Prozentsatzes an Intensität, Nähe und Hingabe. Viele Jugendliche hatten heute bereits mit 18, 20 Jahren fünf bis zehn unterschiedliche sexuelle Partner, und so geht es dann weiter.

Was soll damit erreicht werden? Wofür soll das gut sein?

Menschen behaupten, dies sei gut, weil sie niemals aufstellen, wie stark frühere Partnerschaften noch wirken. Wenn sie sähen, wie viel Einfluss die so genannten „Verflossenen" noch haben, dann dächten sie nicht daran, jene als „Verflossene" zu bezeichnen, denn sie sind es nicht!

**Für nicht wenige endeten einige Beziehungen vor 10 bis 20 Jahren, aber sie hängen immer noch an ihnen, obwohl sie sich dessen nicht bewusst sind.** Deshalb können sie sich nicht auf die gegenwärtige Partnerschaft einlassen, weil sie von früheren blockiert sind.

**Beziehungen sind kein Scherz. Beziehungen sind auch kein Zeitvertreib. Beziehungen sind nicht zum „Probieren" da. Menschen sind keine Versuchskaninchen** – diese sollten im Übrigen auch nicht so gebraucht, verbraucht und misshandelt werden.


Eine Beziehung kann einen Menschen ein Leben lang beschäftigen. Du solltest Partnerschaften nicht leicht nehmen, denn sie können sehr, sehr gefährlich werden. Wie viele Menschen haben Wunden, die ihnen ein früherer Partner schlug und die über Jahre und Jahrzehnte nicht heilen. Wie viele Menschen nahmen und nehmen sich das Leben, weil eine Beziehung sie tief enttäuschte.

**Partnerschaften sind eine sehr, sehr ernste Angelegenheit – und das Herz ist keine „Spielwiese", sondern ein „Zweisitzersofa".** Einen Platz hast du und den anderen dein Partner.

**Probiere deshalb nie herum. Schreibe dir vielmehr auf: Erstens, wie dein Partner sein soll, welche Eigenschaften er haben sollte, zweitens, was du von ihm brauchst, und drittens, was du geben möchtest.**

**Mache dir drei genaue Listen,** und lernst du jemanden kennen, dann vergleiche ihn mit deiner Liste. Gehe keine „faulen Kompromisse" ein: Wie viele sind Beziehungen aus Langeweile, aus Einsamkeit, aus Imagegründen, aus einem Wunsch nach Anerkennung, aus einem Bedürfnis nach Nähe beziehungsweise Sexualität eingegangen und haben es bitter bereut.

Lies in *Sai Baba spricht über die Welt und Gott* die Geschichte *Isaak oder Der richtige Zeitpunkt* und überprüfe, ob du mit einem möglichen Partner die Gemeinsamkeiten hast, die dort beschrieben werden.

**Hast du Zweifel, hast du kein klares, gutes Gefühl, beginne keine Beziehung.** Gehe nie eine sexuelle Beziehung ein, bevor du dich gefühlsmäßig klar für jemanden entschieden hast. Sexualität ist ein sehr starker Trieb mit vielen Gesichtern – Lust, Freude, Anerkennung, Nähe, Selbstwert.

Sexualität ist aber auch eine Kraft, mit der nicht zu spaßen ist. Sie kann dich im Nu in die größten Probleme und das tiefste Leiden verwickeln.

Lerne deshalb, dich zu schützen. Achte dich. Achte dein Herz. Achte deine Sexualität. **Du bist es wirklich wert.** Arbeite täglich mit dem Buch *Ich bin ich und ich bin gut*, denn das baut deinen Selbstwert auf und lässt dich aktiv mit deinen Zielen arbeiten.

**Lehre als Mutter beziehungsweise als Vater deine Kinder, vorsichtig mit ihrer Seele, ihrem Körper und mit anderen umzugehen. Lehre sie Achtsamkeit** und du wirst sie vor vielem bewahren und ihnen deshalb viel geben können.

Nütze als Jugendlicher die Zeit bis 18, um deine Selbstachtung zu finden und aufzubauen. Geh keine Beziehung vor frühestens 18 ein, denn dein Selbstwert ist davor noch zu schwach, als dass du dir den Partner aussuchen könntest, der optimal zu dir passt.

Ein schlechter Selbstwert bedingt, dass jemand eine Beziehung eingeht, mit der er auf Dauer nicht zufrieden ist.

Und bist du nicht zufrieden und außerdem jung, dann wird deine Partnerschaft nicht von Dauer sein.

**Trennungen führen zu Enttäuschungen. Hast du Angst, enttäuscht zu werden, wirst du dich nicht auf deinen Partner einlassen beziehungsweise dir einen Partner suchen, der nicht so wichtig ist, dass er dich tief enttäuschen kann. Unzufriedenheit, Verlust von Selbstwert und Trennung sind damit vorprogrammiert. Je häufiger dir dies passiert, desto unklarer wirst du in deiner Partnerwahl sein.** *„Übung macht hier nicht den Meister"* bezüglich des Erfolges, sondern des Misserfolges!

**Achte dich und sei deshalb sehr, sehr vorsichtig.**

**Programmiere dich auf keinen Fall auf „Suchen" und „Ausprobieren", sondern auf Finden, auf Glück und auf Beständigkeit.**

Dein Herz ist viel zu zart, als dass du leichtfertig damit umgehen könntest.

Warte deshalb, bis der/die Richtige kommt – und werde dadurch klar, stark und somit in die Lage versetzt, besonders viel geben und annehmen zu können.

Wegen all der Verletzungen, die Jugendliche erleiden können, sollten Eltern von Anfang an ein hervorragendes Vertrauensverhältnis zu ihren Kindern aufbauen, die Voraussetzung dafür, dass diese sich etwas von ihnen sagen lassen – besonders in der nicht ganz leichten Zeit der Pubertät. Und sie sollten mit ihren Kindern bereits ab dem **zehnten Lebensjahr** – natürlich gemäß deren Entwicklung! – reden und ihnen auf alle nur erdenklichen Weisen helfen, sich zu schützen, damit sie mit leidenschaftlichen Gefühlen vorsichtig umgehen und sie nicht unbekümmert ausleben.

Hier reicht aber „gut Zureden" häufig nicht aus. Eltern müssen Kindern tragfähige Werte und Ideale vermitteln und sie für wichtige Inhalte beziehungsweise Hobbys begeistern.

Langeweile und miserable Vorbilder sind die Ursache dafür, dass Jugendliche vieles tun, was ihnen langfristig schadet und womit sie kaum umgehen können.

Eltern und Schulen müssen hier eine Ausrichtung, sie müssen Alternativen schaffen, die Jugendliche begeistern können. Der Einsatz lohnt sich unbedingt, denn es gibt nichts Schöneres als junge Menschen, die glücklich, positiv und klar ihr Leben genießen.

## Gayatri

Von dem Thema einer guten Ausrichtung ist es nur ein Schritt zum Gayatri-Mantra, dessen Hauptbedeutung ist: Führe mich zur Erleuchtung (siehe Anhang).

Das Gayatri kann heilen, schlechte Energien auflösen, bietet großen Schutz und verschafft innere Ruhe. Es wird gesungen und hat eine kräftige, mächtige und trotzdem liebliche Melodie.

Eine noch lieblichere Melodie hat das Sai-Gayatri, das Gayatri, das auf mich ausgerichtet ist und seine Kraft durch die Wahrheit erhält, dass ich der Avatar dieser Zeit bin.

Diese Aussage bereitet vielen Menschen Schwierigkeiten, denn sie können sich mit dem Gedanken nicht anfreunden, dass ich der inkarnierte Gott sei. Deshalb diktierte ich in *Sai Baba spricht über die Welt und Gott* eine Geschichte mit dem Titel *Es wirkt* (S. 28 f.). Die Erzählung handelt davon, dass Kinder positiv auf das Singen dieses Mantras reagieren und sich im Nu beruhigen. Dieses Mantra wirkt übrigens auch dann, wenn jemand nicht daran glaubt.

Für manche Menschen ist die Aussage dieses Mantras, ich sei Gott, nicht akzeptabel. Dabei ist daran gar nichts so Außergewöhnliches. Denn erstens stimmt es, und zweitens bist auch du Gott. Der einzige Unterschied zwischen mir und dir ist, dass ich es weiß und du noch nicht!

Auf jeden Fall helfen diese Mantren, und du solltest das eine oder andere unbedingt deinen Kindern von Anfang an, also bereits während der Schwangerschaft, mindestens drei Mal oder noch besser dreimal drei Mal vorsingen – also dreimal morgens, mittags und abends. Es wird dir und ihnen gut tun, denn die Hauptaufgabe der beiden Mantren – des Gayatris und Sai-Gayatris – ist es, Probleme zu lösen und deine spirituelle Entwicklung zu beflügeln.

## Therapien

Viele, die einen spirituellen Weg gehen, meinen, durch das Rezitieren von Mantren könnten sie alles lösen und sich vielleicht sogar eine Psychotherapie ersparen. Grundsätzlich stimmt das, insbesondere für die östlichen Menschen, denn sie haben mehr Geduld. Der westliche Mensch ist unruhiger, umtriebiger und stark auf schnelle Lösungen ausgerichtet – wodurch er viel bewirken kann und es zu gut funktionierenden Wirtschaftsgefügen und Demokratien gebracht hat.
Dadurch, dass er gewöhnlich im Tun und nicht in der Geduld die Lösung seiner Probleme sucht, wird er aber nicht so lange warten, wie die Mantren benötigen, um aus der Tiefe zu wirken und zu verändern. Deshalb ist er bei einer ausgezeichneten Therapie besser aufgehoben.
Nun kommen wir zu einem grundsätzlichen Problem: **Die meisten Menschen glauben, das Problem seien und Probleme hätten nur die anderen. Wären die anderen anders,**

**wäre alles gut.** Menschen tun sich so schwer zu sehen, wo **ihre** *blinden Flecken* sind – deswegen heißen sie ja auch *blinde Flecken*! Deshalb beginnen sie selbst dann nicht über sich nachzudenken, wenn sie bereits auf mehreren Gebieten Probleme haben und ihre Beziehungen ihnen Schwierigkeiten bereiten. Viele begnügen sich vielmehr damit, die Schuld den anderen zu geben, und setzen ihren wenig Erfolg versprechenden „Trott" fort.

Die Welt wäre eine sehr viel bessere, wenn die Menschen nicht ständig die Probleme bei anderen sähen – wir hätten es dann aber auch nicht mehr mit den Auswirkungen des *Kali Yuga*, sondern mit dem Goldenen Zeitalter zu tun! *Kali Yuga* **bedeutet Blindheit.** Diese Blindheit ist auf allen Gebieten festzustellen, so auch in der Kindererziehung und im Problembewusstsein.

Deshalb finden nicht wenige Eltern es immer noch völlig abwegig, dass **ihr** Kind Therapie braucht. Ihr Kind braucht „so etwas" nicht – und sie selber schon gar nicht!

Kein Wunder, dass Menschen, die so denken, Probleme haben. Denn wer so mit seiner Situation und der seiner Kinder umgeht, hat selbstverständlich Schwierigkeiten. Denn hätte er keine, würde er zumindest fragen, wieso der andere – zum Beispiel ein Freund, ein Lehrer oder der Partner – auf die Idee kommt, dass Therapie ihm möglicherweise helfen könnte.

Nur derjenige, der nachfragt, erhält Antworten, und nur wer Antworten hören will, kann sich auch weiterentwickeln. **Und nur wer sich weiterentwickelt und weiterentwickeln will, ist im Strom des Lebens.** Wer abblockt, versucht sich unbewusst abseits zu stellen. Wie willst du aber abseits vom Leben stehen? Nur durch das Leben hast du einen Körper und eine Existenz. Stehst du abseits vom Leben, stehst du zwangsläufig abseits von deinem Körper, von deinen Gefühlen und von deiner Existenz. Und wenn wir uns erinnern, bewirken seelische Probleme Blockaden im Körper, die bis hin zur Unfähigkeit zu leben gehen können. Damit ist die Ablehnung der Öffnung für das Leben am Ende die Ablehnung der eigenen Existenz.

Was gibst du aber an deine Kinder weiter, welche Programme vermittelst du ihnen, wenn du dein eigenes Leben ablehnst? Lehnst du dann das ihre nicht auch ab?

Gute Therapie ist also wichtig. **Besonders, wenn die Eltern sie machen.** Denn sind die Eltern klar, sind es die Kinder auch.

Anna Freud hat sich sehr für Kinder eingesetzt. Sie nahm im Krieg Waisenkinder auf und betreute sie zusammen mit ihrer Freundin Dorothy Burlingham. Die beiden Frauen hatten nach ihrer gemeinsamen Emigration nach London 1940 die *Hampstead Nurseries* gegründet, in der sie Kinder aufnahmen, betreuten, deren Verhalten erforschten und ihre Beobachtungen, Erfahrungen und Überlegungen in vielen Schriften festhielten, da die großzügigen Amerikanischen Geldgeber um monatliche Berichte baten. Diese Berichte, die Anna Freud zum Teil in den langen Bombennächten schrieb, geben ein eindrückliches Bild der damaligen Situation und der Entwicklung der Kinder.

Anna Freud, ihr Vater Sigmund Freud, Dorothy Burlingham, August Aichhorn, Alfred Adler, Margaret Mahler, Bruno Bettelheim, René Spitz, Alice Miller und viele mehr gehören zu den Persönlichkeiten, deren Leistungen für die Kinder nie überschätzt werden können. Sie setzten sich mit umfassendem Wissen, Einsatz und großer Liebe für die Kinder ein und haben damit der Menschheit unendlich viel gegeben.

Kein Wunder, dass die Kinderanalyse ein hohes Ansehen bekam, wie man gut in deren Schriften oder in dem Fallbericht von Annelise Ude-Pestel namens *Betty* sehen kann, in dem sie die erfolgreiche Therapie des gleichnamigen Mädchens schildert.

Es gab aber auch andere Richtungen, die sich um die Kinder bemühten und sich Verdienste erwarben, so das Psychodrama. Der hoch begabte und menschlich bewundernswerte Therapeut Jakob Levy Moreno begründete vom Theater ausgehend diese Therapieform, die über den theatralischen Ausdruck therapeutisch viel lösen kann. Das Psychodrama beschäftigt sich heute mehr und mehr mit Kindertherapie und tut hier viel Gutes.

Sehr geglückt ist der Ansatz von Bert Hellinger, denn er stellt sogleich die ganze Familie auf. Sollte es für die Klärung notwendig sein, so blickt der Therapeut auf mehrere Generationen zurück. Darüber hinaus stellt er nicht Familienangehörige auf, sondern Gruppenmitglieder, was den ganzen Prozess leichter und beweglicher macht.
Entstanden ist diese Methode aus der Bewegung, die Gregory Bateson, Jay Haley, Ronald D. Laing, Helm Stierlin und Mara Selvini Palazzoli begründeten beziehungsweise weiterführten. Von diesen Ansätzen kommt auch der Begriff der „Systemischen Familientherapie". Sie verwendeten ihn zuerst, bezeichneten damit aber etwas anderes als Bert Hellinger. Sie arbeiteten nämlich mit der ganzen Familie.
Wegen der Dynamik und den damit zwangsläufig verbundenen Verwicklungen waren die oben genannten Therapeuten nicht allein tätig, sondern zu mehreren, wobei der eine Teil die Therapie durchführte, während der andere hinter einem Einwegspiegel die Arbeit beobachtete beziehungsweise supervisionierte.
Wie die genannten Autoren immer wieder berichteten, hatten sie große Erfolge mit dieser Therapiemethode, die sich auch

als besonders effizient bei der Behandlung von Psychosen erwies (vgl. Bateson et al., *Schizophrenie und Familie*).

Diese Therapieform hatte aber zwei entscheidende Nachteile: Es musste mehr oder minder die ganze Familie bereit sein, zu den Sitzungen zu kommen. Und es mussten mehrere Therapeuten bestellt und bezahlt werden. Dies geht im Rahmen einer Forschertätigkeit oder universitären Arbeit wie bei Helm Stierlin sehr gut, und seine Arbeiten, die weltweite Beachtung finden, belegen dies eindrücklich.

Für viele Therapeuten in eigener Praxis erweist sich dagegen die Familienaufstellung, wie Bert Hellinger sie lehrt, als praxisorientiert. Sie ist – sofern mehrere Gruppenmitglieder zur Verfügung stehen – gut anzuwenden. Die Einschränkungen bestehen hier wiederum darin, dass manche Therapeuten sich als Fachkräfte meinen verstehen zu können und annehmen, was bei Bert Hellinger ganz klar, plausibel und einfach aussehe, sei es auch tatsächlich und gelänge auch ihnen (vgl. auch *Sai Baba spricht über Psychotherapie*, S. 188 f.). Hier tun sich zum Teil große Probleme auf, und mancher meint bei einer Aufstellung nach Bert Hellinger die Hilfe zu finden, die er sucht – und muss feststellen, dass es nicht allein die Methode ist, die hilft, sondern zumindest genauso sehr der Anwender.

Außer den beschriebenen gibt es noch viele verschiedene Therapiemethoden, die bemüht sind, Kindern zu helfen. Interessant ist die Arbeit von Isolde Mehringer-Sell, die sehr gefühlsbezogen mit Kindern arbeitet, und, wie der Titel ihres Buches verrät – *Mama, glaub mir, ich habe schon einmal gelebt* –, die Kinder auch in frühere Leben begleitet. Sie macht dies sehr gut und kompetent. Und das Buch belegt dies. Darüber hinaus ist es von großer Bedeutung, dass die Realität mehrerer Leben anerkannt wird.

Trotzdem sage ich: Vorsicht! In frühere Leben zu gehen ist kein Scherz! In den Veden steht nicht umsonst, Menschen sollten sich nicht zu früh, also nicht zu lange vor ihrer *Moksha*, vor ihrem endgültigen Verlassen ihres Körpers, mit früheren Leben auseinander setzen.

Die Arbeit mit den Themen früherer Leben ist hilfreich, und die Therapie von Isolde Mehringer-Sell dokumentiert dies. Bist du dir aber immer bewusst, mit welchen Unwägbarkeiten du zu tun haben kannst und welchen Gefahren du dich aussetzt, wenn du dich in frühere Leben begibst? Und was geschieht, wenn sich jemand an diese Therapieform heranwagt, nicht aber ihre Kompetenz und Klarheit hat?

Mein Leitspruch, den ich allen Therapeuten ans Herz legen möchte, ist: ***Keep it simple!*** Je einfacher deine Arbeit ist und je differenzierter du dich als Mensch und Therapeut verhältst, desto mehr beweist du deine Meisterschaft. Und nur Meister sollten therapieren (vgl. ebenfalls, was ich dazu in *Sai Baba spricht über Psychotherapie* sage).

Aber: Wenn du einem Kind mit deinem Einsatz hilfst und keinem schadest, dann hat sich deine Bemühung bereits mehrfach gelohnt, denn machst du ein Kind glücklich, schaffst du mitunter einer ganzen Familie Erleichterung. Und geht es einer einzigen Familie gut, strahlt dies auf die gesamte Gemeinschaft aus, in der sie lebt.


## Kommunikation

Damit kommen wir zum A und O allen menschlichen Ausdrucks: Der Kommunikation!

Erfolg und Misserfolg auf allen Ebenen werden durch deine Form der Kommunikation bestimmt.

**Kannst du dich gut, empathisch und rücksichtsvoll aus-drücken und hörst außerdem gut zu, dann ist der Erfolg dein.** Wie viele Probleme, Streitereien, Zerwürfnisse, kriege-rische Auseinandersetzungen entstehen wegen mangelhafter oder gar miserabler Kommunikation!

Da ich sowohl in *Sai Baba spricht über Beziehungen* als auch in *Sai Baba spricht über Psychotherapie* und sowohl in *Sai Baba spricht zum Westen* als auch in *Sai Baba spricht über die Welt und Gott* viel über Kommunikation geschrieben habe, zitiere ich als Beispiel eine liebevolle und empathische Kom-munikation aus dem Buch von Prof. Webb et. al., *Hochbegab-te Kinder, ihre Eltern, ihre Lehrer* (S. 104-105).

*„Ein Psychologenkollege veranstaltete öfters mal Wochen-endseminare. Sein kleiner vierjähriger Sohn wusste, dass Papa, wenn er am Wochenende zu Hause ist, mit Freude sein neues Auto wäscht. An einem Samstag wollte er seinem Vater eine Freude bereiten. Als der Vater abends nach Hause kam, empfing ihn sein kleiner Sohn freudestrahlend und voller Erwartung: ‚Papa, komm schnell, ich habe eine Überraschung für Dich!', und lief in die Garage. In dem Augenblick be-schlich den Vater ein mulmiges Gefühl. Und tatsächlich: Sein kleiner Sohn hatte versucht, den Wagen zu waschen, hatte aber leider statt des Schwamms die Stahlwolle erwischt. Der ganze Autolack war rundum auf Handarbeitshöhe eines Vier-jährigen zerkratzt. Er musste stundenlang gearbeitet haben!*

*Wie würden Sie reagieren?"*, fragen die Autoren und fahren fort:

*„Der Vater sah sofort, dass da nichts mehr zu retten war. Trotz seines Entsetzens reagierte er nicht auf seine spontane Wut, sondern sah die Absicht seines Kindes, stellte sie in den Mittel-punkt seiner Aufmerksamkeit und nahm seinen kleinen Sohn in*

den Arm und freute sich ausgiebig mit ihm über die gute Absicht, die Mühe und Anstrengung, die er auf sich genommen hatte, um ihm eine Freude zu bereiten. Dann nahm er ihn an der Hand, ging zum Putzschrank und zeigte ihm das richtige Autowaschtuch für die Autowäsche und erklärte ihm den Unterschied zwischen Stahlwolle und Tuch und dass der empfindliche Autolack besser mit einem weichen Tuch gereinigt werden kann. Dieser einfühlsame und kluge Umgang mit dem Kind hat Folgendes bewirkt:

- **Gefühl des Kindes:** *Ich habe etwas Gutes gemacht; mein spontaner Impuls war richtig, einem Menschen eine Freude bereiten zu können (Absicht).*
- **Erwartung des Kindes:** *Ich bekomme Zuwendung und Anerkennung, wenn ich jemandem eine Freude bereite.*
- **Konsequenz:** *Ich bin gut, ich werde geliebt; ich habe Lust, es wieder zu tun (Motivation); ich vertraue meinem Vater und mein Selbstbewusstsein ist gut.*

**Hätte der Vater seiner Wut Raum gegeben und das Kind ausgeschimpft, hätte er Folgendes bewirkt:**

- **Gefühl des Kindes:** *Erschrecken über das Schimpfen, Erschrecken über den Fehler, ‚Ich wollte doch was Gutes tun, deshalb ist das Schimpfen ungerecht; ich empfinde Wut und Zorn gegen meinen Vater' (oder das Kind bekommt Schuldgefühle).*
- **Erwartung des Kindes:** *Es ist gefährlich, meinen spontanen Gefühlen zu vertrauen und positive Erwartungen zu hegen, es kann schief gehen; ich kann abgewiesen und abgelehnt werden.*

– *Konsequenz: Ich bekomme Angst vor Fehlern, mein Selbstzutrauen und mein Selbstwertgefühl sinken, es ist gefährlich, Menschen zu vertrauen, ich ziehe mich zurück, und meine Motivation sinkt. Oder das Kind verstrickt sich in einem Wutanfall, und was richtig gewesen wäre, hat wegen der Wut und des Kummers keinen Raum mehr."*

Die Autoren fahren fort:

*„Mit der Zeit werden Sie lernen, Ihre Affekte zu kontrollieren und zuerst auf die Absicht und nicht auf den Fehler des Kindes einzugehen. Es ist für das Gelingen von entscheidender Wichtigkeit, dass Ihre Korrektur der Handlung des Kindes mit einem >UND< und nicht mit einem >ABER< verbunden wird. Mit dem >ABER< zerstören Sie sofort das Gefühl, das Sie mit der Aufmerksamkeit für die Absicht aufgebaut haben. Ihre Belehrung soll dem Kind zeigen, was es wie nächstes Mal anders und besser machen soll, sie soll zielorientiert und nicht fehlerorientiert sein."*

Dieser Bericht **macht die Liebe, die Achtung und das Nachempfinden, das dieser Vater für seinen Sohn hat, deutlich.** Sie sind schlicht beispielhaft und er wird seinem Sohn genau das richtige „Kapital für sein Leben" mitgeben. Dazu gehört neben der Freude am Leben das Vertrauen zu den Menschen. Wie viel Achtung muss dieser Vater haben, dass er selbst in dieser schwierigen Situation voll und ganz auf sie zurückgreifen kann!

**Es gibt nichts Wichtigeres in deinem Leben, als dass du dich achtest. Achtest du dich, dann achtest du deinen Partner und deine Kinder.**

Begegne ihnen stets mit Achtung und Respekt. Denke dir immer, dass du nur einen kleinen Körper vor dir hast, nicht aber die Größe der Seele sehen kannst, die darin steckt.

Weißt du, wie häufig diese Seele bereits gelebt hat und ob sie dir nicht weit überlegen ist?

Lass dich nicht von dem kleinen Körper täuschen, es könnte eine uralte Seele darin sein, der du Achtung zollen solltest.

Achte deine Kinder. Überlege dir immer, was sie aufbaut und was ihr Glück vergrößern könnte.

Achte auf deine Freude und dein Lachen. Hab Freude und lache täglich! Sei unbedingt dankbar und auch darin deinen Kindern ein Vorbild.

Sprich regelmäßig mit deinem Partner, und dein Leben wird leicht sein.

Leicht wie ein Lächeln.

Und bedenke dabei: Ein Lächeln, das vom Herzen kommt, vergeht nie.

Und was ist die Quintessenz dieses Buches?

Begegne deinen Kindern mit Liebe.
Achte sie, verstehe sie, empfinde sie nach.
Fördere ihre Freude, ihren Selbstwert, ihre Kreativität.
Sei ihnen ein Vorbild und deshalb idealisierbar.

Denn deine Kinder sind Gottes Leihgaben, die Er dir gab
als Zeichen Seiner Gnade.
Deine Kinder gehören nicht dir. Gott vertraute sie dir vielmehr an,
damit du ihnen hilfst, *ihren* Weg zu gehen.

Und nur wenn du sie ihren Weg gehen lässt, wirst du *deinen* gehen.
Denn zur Liebe, mit der du deinen Kindern begegnen sollst,
gehört untrennbar die Freiheit.

Die Liebe und die Freiheit sollten stets der Motor sein,
mit dem du immer wieder die *besten* Lösungen
für deine Kinder findest.
Dies ist dann gelebte Gnade.

# ANHANG

## *Gayatri Mantra*

*Om Bhur Bhuvah Svah*
*Tat Savitur Varenyam*
*Bhargo Devasya Dhimahi*
*Dhiyo Yonah Prachodayath*

Lasst uns über das *OM* meditieren, jenen Urlaut Gottes, aus dem die drei Bereiche, das Grobe-Irdische, das Feinere-Ätherische, das Feinste-Himmlische (*Bhur Bhuvah Svah*), hervorgegangen sind.

Lasst uns das höchste, unbeschreibbare, göttliche Sein (*Tat*) verehren (*Varenyam*), die schöpferische, lebensspendende Kraft, die sich auch in der Sonne (*Savitur*) kundtut.

Lasst uns über das strahlende (*Bhargo*) Licht (*Devasya*) Gottes meditieren (*Dhimahi*), welches alles Dunkel, alle Unwissenheit, alle Untugenden vernichtet.

Oh Gott, wir bitten Dich inständig (*Yonah Prachodayath*), dass Dein Licht unseren Geist (*Dhi*) erhellen möge.

(Aus dem Gesangbuch der Kieler Baba-Gruppe)

Das *Gayatri Mantra* ist ein viele tausend Jahre altes und sehr starkes *vedisches Mantra*.
Es dient dazu, negatives Karma aufzulösen. Es schützt, reinigt (auch Nahrung) und führt zur Erleuchtung.

Baba rät, es mindestens dreimal, besser neunmal am Tag zu singen.
Das *Gayatri* kann auch mit der *Japamala* (Kette mit 108 Perlen) gesungen werden.
Es kann beliebig häufig rezitiert werden, wichtig ist, dass die Zahl durch drei teilbar ist.

(Stephan von Stepski-Doliwa)

Die Tonbandkassette mit ausführlicher Erklärung und der Melodie ist zu beziehen bei der Sathya Sai Vereinigung e.V., Dietzenbach.

# LITERATURLISTE

Aichhorn, A.: Verwahrloste Jugend,
  Wiener Psychoanalytischer Verlag, 1925

Angerstein, E. M. & J. H.: Mit Kindern Stille üben,
  Südwest Verlag, 1997

Baskin, D.: Divine Memories of Sathya Sai Baba, Sri Sathya Sai
  Books and Publications Trust, 1990

Bateson, G. et al.: Schizophrenie und Familie, Suhrkamp, 1969

Begemann, P.: Business-Knigge, Eichborn Verlag, 2001

Bettelheim, B.:
– Kinder brauchen Märchen,
  Deutsche Verlags-Anstalt, 1980 (4. Auf.)
– Kinder brauchen Bücher,
  Deutsche Verlags-Anstalt, 1982 (2. Auf.)

Bowlby, J.:
– Attachment, Basic Books, 1969
– Separation, Basic Books, 1973
– Loss, Basic Books, 1980

Brown, H. J. Jr.: Gedanken zu einem positiven Leben,
  Quellen–Verlag, 1992

Bruker, M. O.: Unsere Nahrung – unser Schicksal,
  Emu Verlag, 2003 (36. Auf.)

Carnegie, D.:
– Wie man Freunde gewinnt, Scherz Verlag, 1997
– Besser miteinander reden, Scherz Verlag, 1996

Cornell, J.: Amma. Das Leben umarmen, Theseus Verlag, 2002

Dietz, D.: Sitz doch endlich still, Bastei Lübbe, 1999

Dietz, F.: Wenn ich doch nur aufmerksam sein könnte!, Eltern-
  selbsthilfe Ffm, 1999 – Bestellungen unter Tel.: 069/54 08 22

Dornes, M.: Der kompetente Säugling,
Fischer Verlag, 2001 (10. Auf.)

Dreikurs, R. & Soltz, V.: Kinder fordern uns heraus,
Klett-Cotta Verlag, 1995 (20. Auf.)

Dreißig, G.: Das Licht in der Laterne, Urachhaus, 1997 (6. Auf.)

Düring, I.: Aristoteles, Carl Winter Verlag, 1966

Erickson, E. E.: Kindheit und Gesellschaft, Klett Verlag, 1971

Fox, R.: Identification of the academically gifted.
American Psychologist, 1981, 36 (10, 1103-1111)

Freud, A.:
– Das Ich und die Abwehrmechanismen (1936),
  in: Die Schriften der Anna Freud, Bd. I, Kindler Verlag, 1980
– Monatsberichte 1-23 in Bd. II,
– Monatsberichte 24-56 in Bd. III

Freud, S.: Zur Einleitung der Behandlung, Bd. 8,
Gesammelte Werke, Fischer,1978 (7. Auf.)

Goleman, D.: Emotionale Intelligenz, dtv, 2001 (14. Auf.)

Graf, F. P.: Homöopathie und die Gesunderhaltung von Kindern
und Jugendlichen, Sprangsrade Verlag, 2003

Grüttner, T.: Helfen bei Legasthenie, rororo, 1991

Hallowell, E. M. & Ratey, J.: Zwanghaft zerstreut,
rororo, 2002 (6. Auf.)

Hellinger, B. & Hövel, G. ten: Anerkennen, was ist,
Kösel Verlag, 1997 (6. Auf.)

Hendel, B. & Ferreira, P.: Wasser & Salz, Ina Verlag, 2001

Hochschild, A. R.: Keine Zeit, Leske + Budrich, 2002

Huss, M.: Medikamente und ADS, Ravensburger, 2002

Jeitner-Hartmann, B. (Hrsg.): Kinder-Beschäftigung,
Otto Maier Ravensburg, 1991

Jumsai, A. & Burrows, L.: Handbuch für Lehrer,
Sathya Sai Vereinigung, 1993

Kirkilionis, E.: Ein Baby will getragen sein,
Kösel Verlag, 2002 (5. Auf.)

Kohut, H.: Narzissmus, Suhrkamp Verlag, 1976

Klöckner, B. W.: Systematisch reich, Mosaik Verlag, 2000

Köhler, H.: Von ängstlichen, traurigen und unruhigen Kindern, Verlag Freies Geistesleben, 1997 (4. Auf.)

Kuhnert, K.: Das Geschenk der Delphine, Heyne Verlag, 2001

Kutik, C.: Das Kinderfestebuch, Verlag Freies Geistesleben, 1995

Kutik, C. & Ott-Heidmann, E.-M.: Das Jahreszeitenbuch, Verlag Freies Geistesleben, 1996 (6. Auf.)

Küstenmacher, W. T. & Seiwert, L.J.: Simplify your life, Campus Verlag, 2002 (3. Auf.)

Leboyer, F.: Das Geheimnis der Geburt, Kösel Verlag, 1997

Liedloff, J.: Auf der Suche nach dem verlorenen Glück, Beck Verlag, 1995

Lynch, D. & Kordis, P.: Delfinstrategien, Paidia Verlag, 1991

Mahler, S.M., Pine F. & Bergman, A.: Die psychische Geburt des Menschen, Fischer Verlag, 1978

Mehringer–Sell, I.: Mama, glaube mir, ich habe schon einmal gelebt, Schirner Verlag, 1997

Menninger, K.: Strafe – ein Verbrechen?, Piper Verlag, 1970

Miller, A.:
– Das Drama des begabten Kindes, Suhrkamp Verlag, 1979
– Am Anfang war Erziehung, Suhrkamp Verlag, 1980
– Du sollst nicht merken, Suhrkamp Verlag, 1981

Molcho, S.: Körpersprache, Mosaik Verlag, 1998

Murooka, H: Sleep Gently In The Womb, 1975, Toshiba EMI 773 (Platte)

Neill, A.S. : Theorie und Praxis der antiautoritären Erziehung, Rowohlt Verlag, 1970 (15. Auf.)

Nelsen, J.: Kinder brauchen Ordnung, Mosaik, 2000

Neuhaus, C.: Das hyperaktive Kind und seine Probleme, Ravensburger Verlag, 2002 (11. Auf.)

Nhat Hanh, T.: Vierzehn Tore der Achtsamkeit, Theseus, 1998

Patzlaff, R.: Der gefrorene Blick – physiologische Wirkungen des Fernsehens und die Entwicklung des Kindes, Verlag Freies Geistesleben, 2001 (2. Auf.)

Paungger, J. & Poppe, Th.: Vom richtigen Zeitpunkt, Hugendubel Verlag, 1994 (17. Auf.)

Piper, N.: Felix und das liebe Geld, Beltz & Gelberg, 2000

Plattner, E.: Die ersten Lebensjahre, Urachhaus Verlag, 1993 (24. Auf.)

Pöllath, J. K. & Weidinger, G. u. W.: Hausbuch der Feste und Bräuche, Südwest Verlag, 1993

Ponder, C.: Bete und werde reich, Goldmann Verlag, 1992 (3. Auf.)

Reichenberg-Ullman, J. & Ullman, R.: Es geht auch ohne Ritalin, Michaels Verlag, 2002 (3. Auf.)

Schäfer, B.:
– Money oder das 1x1 des Geldes, Herbig Verlag, 2000
– Ein Hund namens Money, Herbig, 2000

Schulenburg, J.-M. Graf. v. d. & Greiner, W.: Gesundheits-ökonomie, J.C.B. Mohr, 2000

Schwinghammer, H.: Knauers neuer Knigge, Weltbild Verlag, 2001 (2. Auf.)

Seneca, L. A.: De brevitate vitae, Über die Kürze des Lebens, Wissenschaftliche Buchgesellschaft, 1971

Sehlin, G.: Marias kleiner Esel, Urachhaus, 2000 (9. Auf.)

Seiwert, L. J.: Das neue 1 x 1 des Zeitmanagements, Gabal Verlag, 1996 (18. Auf.)

Simchen, H.: Die vielen Gesichter des ADS, Verlag W. Kohlhammer, 2003

Spallek, R.: Große Hilfe für kleine Chaoten, Walter Verlag, 2002 (4. Auf.)

Spitz, R.: Die Entstehung der ersten Objektbeziehungen, Ernst Klett Verlag, 1957

Steiner, R.: Ausgewählte Werke, Fischer Verlag, 1985

Stepski-Doliwa, S. v.:
– Die Platonische Erkenntnistheorie, 1988
– Theorie und Technik der analytischen Körpertherapie, 1989
– Sai Baba spricht zum Westen, Bd. 1, 1994
– Sai Baba spricht über Beziehungen, Bd. 2, 1995
– Sai Baba spricht über die Welt und Gott, Bd. 3, 1997
– Sai Baba spricht über Psychotherapie, Bd. 4, 2000
– Ich bin ich und ich bin gut – mein Dank, meine Erfolge, meine
  Ziele
  alle erschienen im Govinda Sai Verlag

Tomatis, A.:
– Das Ohr – die Pforte zum Schulerfolg,
  Verlag modernes Lernen, 2000 (3. Auf.)
– Der Klang des Lebens, rororo, 2001 (11. Auf.)

Ude-Pestel, A.: Betty, Protokoll einer Therapie,
  dtv, 2002 , (21. Auf.)

Watzlawick, P.:
– Anleitung zum Unglücklichsein, Piper Verlag, 1983
– et al.: Menschliche Kommunikation,
  Huber Verlag, 1974 (4. Auf.)

Webb, J. T. et. al.: Hochbegabte Kinder – ihre Eltern, ihre Lehrer,
  überarbeitet und ergänzt von Zimet, N. D. & Preckel, F.,
  Verlag Hans Huber, 2002 (3. Auf.)

Wild, R.: Sein zum Erziehen, Arbor Verlag, 1995 (5. Auf.)

Wirth, H.-J.: Narzissmus und Macht, Psychosozial-Verlag, 2002

Wit, M. de: Kinderkleidung, Verlag Freies Geistesleben, 1990

Zuckowski, R.: Der Spielmann mit all seinen Freunden,
  2 CD 537 518 - 2

Zürrer, R. & Risi, A.: Vegetarisch leben, Govinda Verlag, 1999

## Seminare von Dr. von Stepski-Doliwa

Informationen zu den Seminaren von Dr. von Stepski-Doliwa erhalten Sie sowohl über

www.vonstepski.de

als auch über

Frau Marianne Gorski
Heilpraktikerin und Therapeutin

Telefon:   0 30 / 23 63 59 05


## Bücher aus dem Govinda Sai Verlag

direkt zu bestellen bei:

Govinda Sai Verlag
Römerstraße 6a
D - 86947 Weil

Telefon:   0 81 95 / 93 18 78
Fax:       0 81 95 / 93 18 79
E-Mail:    verlag@govindasai.de

www.govindasai.de

Innerhalb Deutschlands liefern wir die Bücher an Privatkunden portofrei.

*Vorankündigung*

*Der sechste Band der Buchreihe „Sai Baba spricht ...“*
*von Stephan von Stepski-Doliwa*

# SAI BABA SPRICHT ÜBER ARCHITEKTUR

## Band 6

Sai Baba wird sich in diesem Buch von Dr. von Stepski-Doliwa mit dem auseinander setzen, was eine gute beziehungsweise eine schöne Architektur kennzeichnet.

Er wird die Frage beantworten, was eine gute von einer schlechten Architektur unterscheidet. Wann ein Gebäude uns seelisch und körperlich hilft, wann es „neutral" ist und wann es uns schadet.

Architektur hat nämlich nicht allein äußerlich mit der Gestaltung von Häusern, Dörfern und Städten zu tun, sondern ebenso mit unserer seelischen und geistigen Gesundheit.

Zudem drückt die Baukunst die geistige Haltung und die seelische Verfassung einer Epoche aus.

Sai Baba wird dies deutlich machen und anhand vieler Beispiele aufzeigen, wie wir bauen sollten, damit es für uns und unsere Umwelt gut ist.

Er wird aufzeigen, dass wir mit dem Begriff „schön" eine klare Vorstellung verbinden. Und dass es deshalb Gesetze in der Architektur gibt, die nicht allein die Baukunst, sondern unmittelbar unser Wohlbefinden betreffen.

Das Buch wird Ende 2007 erscheinen.

*Weitere Bände der Buchreihe „Sai Baba spricht ..."*
*von Stephan von Stepski-Doliwa*

## SAI BABA SPRICHT ÜBER DIE WELT UND GOTT

### Band 3

In diesem Buch hat Dr. Stephan von Stepski-Doliwa Geschichten von Sathya Sai Baba aufgezeichnet, in denen Er anhand von Gleichnissen Wissen über das Leben vermittelt. Sai Baba sagt, das Leben sei der beste Lehrer. Deswegen erzählt Er von verschiedenen Schicksalen, durch die wir berührt werden und so die Chance erhalten, uns selber zu betrachten und zu lernen.

ISBN 3-930889-05-6                    383 Seiten, gebunden, € 22

## SAI BABA SPRICHT ÜBER PSYCHOTHERAPIE

### Band 4

In diesem Buch von Dr. Stephan von Stepski-Doliwa spricht Sathya Sai Baba über verschiedene Therapie-Methoden wie z.B. Psychoanalyse, Gestalttherapie, Psychodrama und Systemische Therapie. Es gibt Kriterien an die Hand, mittels derer der Ratsuchende eine hilfreiche Therapie beziehungsweise einen guten Therapeuten erkennt.

ISBN 3-930889-10-2                    443 Seiten, gebunden, € 23

*Ebenfalls im Govinda Sai Verlag erschienen*

# JESUS UND BUDDHA

„Die Bergpredigten" – eine vergleichende Dokumentation
Dr. Sven Jaeggi

In einer Zeit der Globalisierung, in der Fernes immer näher rückt, ist es von großem Interesse zu sehen, wie fern beziehungsweise wie nah sich zwei Religionsstifter wie Jesus und Buddha sind.

Dieses Buch weist die gemeinsamen Wurzeln von Christentum und Buddhismus auf und zeigt, wie beide von der gleichen Quelle genährt werden. Uns wird bewusst macht, dass die Lösung der heutigen weltweiten Probleme nicht im Unterstreichen der Unterschiede, sondern im Auffinden der Gemeinsamkeiten besteht.

ISBN 3-930889-08-8                    68 Seiten, gebunden, € 13

# JESUS UND SAI BABA

Die *eine* Botschaft in Christentum und Hinduismus
Dr. Sven Jaeggi

Dr. Sven Jaeggi hat mit diesem Buch in sorgfältigster Arbeit eine vergleichende Darstellung der Lehren Jesu Christi mit denen Sathya Sai Babas geschaffen. In liebevoller Weise wird die gemeinsame Botschaft von Christentum, Hinduismus und anderen östlichen Glaubensrichtungen dokumentiert, sodass aus diesem Werk sowohl Laien als auch mit der Materie Vertraute schöpfen können.

ISBN 3-930889-04-8                    558 Seiten, gebunden, € 25

*Ebenfalls im Govinda Sai Verlag erschienen*

## CHRISTENTUM, PSYCHOLOGIE UND DIE WELT DER PHYSIK

Ein vergleichendes und erklärendes Buch der Weisheit,
speziell für den Westen formuliert
Dr. Sven Jaeggi

Vedanta ist nicht nur eine spezifisch indische Weisheitslehre oder
Theorie, sondern erklärt universell gültig das der Evolution zugrunde-
liegende Prinzip der Erhaltung, des Werdens und des Vergehens in der
Vergänglichkeit von Raum und Zeit. – Heute erkennen wir, dass
Religion und Wissenschaft – besonders die Physik – keine Gegensätze
sind, sondern nur unterschiedliche Modellvorstellungen oder Paradig-
men der Wirklichkeitserkenntnis.

ISBN 3-930889-13-7 344 Seiten, gebunden, € 27

*Ebenfalls im Govinda Sai Verlag erschienen*

## THEORIE UND TECHNIK
## DER ANALYTISCHEN KÖRPERTHERAPIE

Stephan von Stepski-Doliwa

Eine interessante und anschaulich geschriebene Darstellung vieler Therapiebereiche, die auf dem fundierten theoretischen Wissen und der reichhaltigen Praxiserfahrung des Autors beruht. Ein informatives Buch für Therapeuten und andere Therapie-Interessierte.

ISBN 3-930889-01-3　　　　　　　384 Seiten, gebundene, € 21

## DIE PLATONISCHE ERKENNTNISTHEORIE

Stephan von Stepski-Doliwa

In der Platonischen Philosophie lassen sich, neben der Naturphilosophie, drei Hauptgebiete unterscheiden: Die Ontologie, die Ethik und die Erkenntnistheorie. Die vorliegende Untersuchung weist auf, dass diese nicht drei voneinander getrennte Themen im Denken Platons darstellen, sondern aufs Engste miteinander verbunden sind. So kann die Ethik nicht ohne Ontologie, die Ontologie nicht ohne Erkenntnistheorie und die Erkenntnistheorie nicht ohne Ethik verstanden werden. Der letzte, alles begründende Grund im umfassenden philosophischen System Platons ist das Agathon, das letzte Gute beziehungsweise das Eins des PARMENIDES. Anhand der Interpretation des Dialogs PARMENIDES zeigt sich, dass Platon nicht nur die Notwendigkeit der Erkenntnis des letzten Grundes immer wieder betonte, sondern dass er diese letzte Erkenntnis selbst geleistet hat und den Weg dahin deutlich weist.

ISBN 3-631-40760-2　　　　　　　171 Seiten, € 15

*Ebenfalls im Govinda Sai Verlag erschienen*

## „SEI WIE DER LOTOS"

Photos: Barbara Wollschläger
Gestaltung: Volker Wollschläger

Die Lotosblume und ihre Bedeutung in den Aussagen von Sathya Sai Baba. Ein Bildband mit wunderschönen Photographien von Barbara Wollschläger. Im Zusammenspiel erschließen uns Texte und Bilder die tiefgründige Symbolkraft der Lotosblume.

ISBN 3-930889-03-X                    35 Seiten, gebunden, € 13


## MEIN FREUND SAI

Dieses Büchlein ist eine Perle aus Fürsorge, Liebe und Weisheit. Es ist eines jener Bücher, die wir immer dann gerne zu Rate ziehen, wenn wir mit einer der Fragen konfrontiert werden, die unser aller Leben bestimmen. Aber auch sonst erfreut und erfüllt uns dieses Bändchen mit der Freude und dem Licht, die so typisch sind für die Lehren, die aus der Tiefe unserer aller Sein, Bewusstsein und Glückseligkeit stammen.

ISBN 3-930889-09-9                    39 Seiten, gebunden, DIN A6, € 9